# Liebe Schülerinnen, liebe Schüler!

Diese Grammatik soll euch beim Lateinlernen mit dem Cursus-Text- und Übungsband begleiten. Sie dient nicht nur als **Lehr-** und **Nachschlagewerk** (z. B. bei Hausaufgaben), sondern auch als **Arbeitsbuch** zur Prüfungsvorbereitung. Damit ihr die Begleitgrammatik allerdings richtig und effektiv nutzen könnt, geben wir euch an dieser Stelle ein paar Tipps und Erklärungen.

- **Zu jeder Lektion des Text- und Übungsbandes** gibt es eine **Grammatiklektion**. Der jeweilige Grammatikstoff wird in diesen 36 Lektionen aufbereitet und erklärt.

- Im Anschluss an die 36 Lektionen befinden sich Abschnitte zu Methoden der Satzerschließung und Textanalyse, der Lautlehre, den Sprach- und Stilmitteln und ein **Anhang mit Übersichtstabellen** des ganzen behandelten Grammatikstoffes. Hier könnt ihr schnell etwas zur Wiederholung nachschlagen.

- Die Grammatik jeder Lektion wird nach **1. Formenlehre** und **2. Satzlehre** getrennt dargeboten. Der Übersicht, die jeder Lektion vorangestellt ist, könnt ihr entnehmen, was ihr Neues lernen werdet.

- In der **linken Spalte** jeder Seite ist der **unbedingt nötige Lernstoff** erklärt und vorgestellt. Tabellen und graphische Modelle helfen euch dabei, den Stoff zu ordnen und zu verstehen.

- In der **rechten Spalte** sind **Hinweise zur Anwendung** des Lernstoffes und **Lernhilfen** angeboten: weiterführende Erläuterungen, Lerntipps [!], Hinweise zum Übersetzen [Ü] oder Sprachvergleiche mit dem Englischen und Deutschen [⇄]. Über die QR-Codes **Video** könnt ihr Erklärvideos zum jeweiligen Stoff abrufen.

- **Alle vier Lektionen** stoßt ihr auf eine doppelseitige, fakultative „**Grammatik-Insel**“. Sie listet auf der linken Seite nochmals den Grammatikstoff der letzten vier Lektionen unter der Überschrift „**Grundwissen: Fakten**“ auf. Hierbei werden wieder **Formenlehre** und **Satzlehre** unterschieden. Unter der Überschrift „**Grundwissen: Überblick**“ werden lektionenübergreifend verschiedene Grammatikphänomene geordnet oder zusammengefasst.

- Auf der **rechten Seite** jeder „**Grammatik-Insel**“ könnt ihr euer **Wissen und Können an Aufgaben testen**. Die Aufgaben sind parallel zu den aufgeführten Punkten des Grundwissens gestaltet, sodass ihr passgenau wiederholen und üben könnt.
  Die Insel 8 bietet euch zusätzlich einen zusammenfassenden Überblick zu den wichtigsten Satzkonstruktionen und entsprechende Übungen dazu.

- Das **Sachverzeichnis** am Ende des Buches bietet euch die Möglichkeit, gezielt ein bestimmtes grammatisches Phänomen wiederzufinden.

Wir wünschen euch viel Erfolg beim Lateinlernen!

# Grammatische Grundbegriffe

Im Laufe deines Lateinunterrichts werden dir folgende grammatische Begriffe begegnen. Einige sind dir sicher schon bekannt, die anderen wirst du mit der Zeit kennenlernen.

## 1. Formenlehre

### 1.1 Wortarten

Veränderliche Wörter

| Fachbegriff | deutscher Begriff | Beispiel |
|---|---|---|
| **Nomina:** | | |
| Substantiv | Namen-/Hauptwort | amīca |
| Adjektiv | Eigenschaftswort | bonus, -a, -um |
| Artikel | Geschlechtswort | – |
| (Pronomen) | (Fürwort) | |
| Demonstrativ-Pronomen | hinweisendes Fürwort | hic, haec, hoc |
| ★ Indefinit-Pronomen | unbestimmtes Fürwort | aliquis, aliquid |
| Interrogativ-Pronomen | fragendes Fürwort | quis? |
| Personal-Pronomen | persönliches Fürwort | ego |
| Possessiv-Pronomen | besitzanzeigendes Fürwort | meus, -a, -um |
| Reflexiv-Pronomen | rückbezügliches Fürwort | sē |
| Relativ-Pronomen | bezügliches Fürwort | quī, quae, quod |
| Numerale | Zahlwort | duo, duae, duo |
| **Verb** | Tätigkeits-/Zeitwort | dīcere |

Unveränderliche Wörter

| Fachbegriff | deutscher Begriff | Beispiel |
|---|---|---|
| Präposition | Verhältniswort | per |
| Adverb | Umstandswort | nunc |
| Konjunktion | beiordnendes Bindewort | sed |
| Subjunktion | unterordnendes Bindewort | sī |
| Interjektion | Ausrufewort | ecce! |
| Negation | Verneinungswort | nōn |

### 1.2 Erscheinungsformen des Wortes

Substantiv/Adjektiv

| Kasus (Fall) | Numerus (Zahl) | Genus (Geschlecht) |
|---|---|---|
| Nominativ (1./Wer-/Was-Fall) | Singular (Einzahl) | Maskulinum (männlich) |
| Genitiv (2./Wessen-Fall) | Plural (Mehrzahl) | Femininum (weiblich) |
| Dativ (3./Wem-Fall) | | Neutrum (sächlich) |
| Akkusativ (4./Wen-/Was-Fall) | | |
| Ablativ (5. Fall) | | |
| Vokativ (6./Anredefall) | | |

Verb

| Person | Numerus (Zahl) | Modus (Aussageweise) | Tempus (Zeit) | Genus (Geschlecht) |
|---|---|---|---|---|
| 1. (ich/wir)<br>2. (du/ihr)<br>3. (er, sie, es/ sie) | Singular (Einzahl)<br>Plural (Mehrzahl) | Indikativ (Wirklichkeitsform)<br>Konjunktiv (Möglichkeitsform)<br>Imperativ (Befehlsform) | Präsens<br>Imperfekt<br>Futur<br>Perfekt<br>Plusquamperfekt | Aktiv (Tatform)<br>Passiv (Leideform) |
| Infinitiv (Grundform)<br>Partizip (Mittelwort) | | | | |

## 2. Satzlehre

Subjekt (Satzgegenstand)
Prädikat (Satzaussage)
Objekt (Satzergänzung)
Adverbiale (Umstandsbestimmung)
Attribut (Beifügung)

## 3. Zum Bau des Wortes

Im Lateinischen besteht wie in allen Sprachen jeder Satz aus unveränderlichen und veränderlichen Wörtern.

- Die **veränderlichen Wörter** sind **das Verb** und **das Nomen** (vor allem Substantiv und Adjektiv). Die Veränderungen treten in der Regel am Ende des Wortes auf.
- Jede Form der veränderlichen Wörter besteht aus **zwei Bestandteilen:**

1. Die **Form eines Verbs** besteht aus dem **Stamm** und der **Endung**.
   - Für **verschiedene Zeiten** werden **unterschiedliche Stämme** verwendet.
   - Der **Präsensstamm** bleibt immer **unverändert**.
   - Die Endung verändert sich je nach **Person, Numerus** (Zahl: Singular/Plural), **Tempus** (Zeit) usw.

Präsensstamm + **Endung**
**Tempus-Zeichen/Modus-Zeichen – *Person-Zeichen***

exspecta —— **ba** —— ***mus***
*wir* warte**ten**

Ü Richte beim Übersetzen der **Form eines Verbs** den Blick zunächst immer auf die **Endung**.

Der Stamm gibt dir immer die Bedeutung des Verbs an. Die Endung lässt dich jedoch am ***Person-Zeichen*** Person und Zahl (Sg./Pl.), am **Tempus-Zeichen** die Zeit des Verbs erkennen.

2. Die **Form eines Nomens** (Substantiv, Adjektiv) besteht aus dem **Stamm** und der **Endung**.
   - Der **Stamm** bleibt in der Regel **unverändert**.
   - Die Endung verändert sich jeweils nach **Kasus** (Fall) und **Numerus** (Zahl: Singular/Plural). Die Endung ist demnach immer durch das **Kasus-Zeichen** dargestellt.

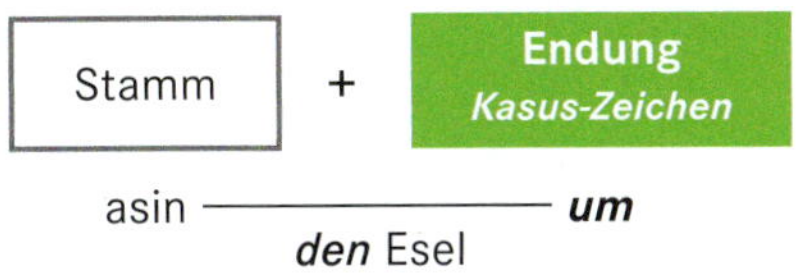


Ü Richte beim Übersetzen der **Form eines Nomens** den Blick zunächst immer auf die **Endung**.

Der Stamm gibt dir immer die Bedeutung des Nomens an. Die Endung lässt dich jedoch am ***Kasus-Zeichen*** den Fall und die Zahl (Sg./Pl.) des Nomens erkennen.

# 4. Zum Bau des Satzes

In jedem Satz sind bestimmte **Satzglieder** so zusammengefügt, dass in ihm eine sinnvolle Aussage ausgedrückt wird.
Die wichtigsten Satzglieder, gleichsam die Träger der Aussage, sind **Prädikat** und **Subjekt**.

- Das **Prädikat (P)** ist der **Satzkern**, von dem die anderen Satzglieder größtenteils abhängen:
  das **Subjekt** (**S** im Nominativ),
  das **Objekt** (**AO** im Akkusativ, **DO** im Dativ) und
  das **Adverbiale (Adv.)**.
- Nicht vom Prädikat abhängig sind die **Attribute (Attr.)**; diese bestimmen die anderen Satzglieder näher, denen sie jeweils beigefügt sind.

Ü Richte beim Übersetzen eines **Satzes** den Blick immer auf den **Satzkern**, also auf das **Prädikat**. Es steht in der Regel am Satzende. Das Prädikat gibt dir Hinweise auf das Subjekt und womöglich auf das oder die Objekte. Ordne auch das Adverbiale dem Prädikat zu.
Die Attribute stehen in der Regel beim Nomen, dem sie „beigefügt“ sind.

Alle Satzglieder erfüllen demnach in einem Satz verschiedene **Funktionen** (Aufgaben).
Das **Schema** eines Satzes lässt sich anschaulich in einem **graphischen Satzmodell** darstellen:

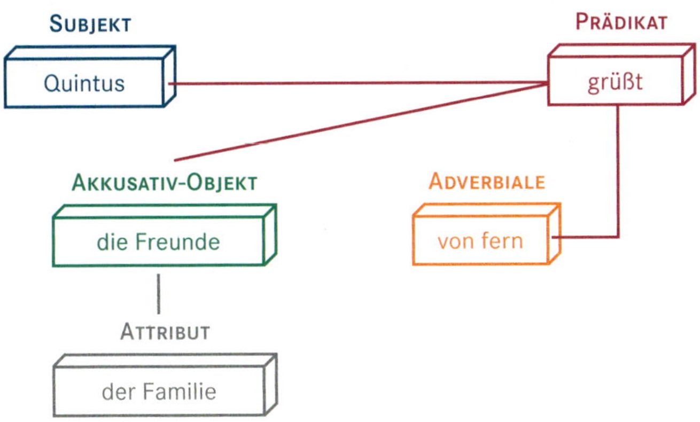

# 1. Formenlehre

## 1.1 Infinitiv (Präsens) des Verbs

Die Grundform eines Verbs (Tätigkeitswortes) heißt **Infinitiv.** Im Lateinischen ist der **Infinitiv** (Präsens) meistens zu erkennen an dem **Infinitiv-Zeichen**

-re

Verben werden im Wortschatz und Vokabelverzeichnis stets mit dem Infinitiv angegeben.

Das Infinitiv-Zeichen ist an den **Präsensstamm** des Verbs angefügt.

| Lateinisch | | Deutsch |
|---|---|---|
| Präsensstamm ↓ | Infinitiv-Zeichen ↓ | |
| clāmā | **-re** | (zu) schreien |
| iacē | **-re** | (zu) liegen |
| venī | **-re** | (zu) kommen |
| es | **-se** | (zu) sein |

! Beachte die Sonderform des Infinitivs *es-**se***.

## 1.2 Dritte Person Singular (Präsens) des Verbs

Die **3. Person Singular** (Einzahl) ist zu erkennen an dem **Person-Zeichen**

-t

Das Person-Zeichen ist an den **Präsensstamm** des Verbs statt des Infinitiv-Zeichens angefügt.

| | **Lateinisch** Präsensstamm | Endung | **Deutsch** |
|---|---|---|---|
| **3. P. Sg.** | clāma | **-t** | **er/sie/es** schreit |
| | iace | **-t** | **er/sie/es** liegt |
| | veni | **-t** | **er/sie/es** kommt |
| | es | **-t** | **er/sie/es** ist |
| | | ↑ Person-Zeichen 3. P. Singular | |

### 1.3 Nominativ Singular des Substantivs

Lateinische Substantive (Namen-/Hauptwörter) haben keinen Artikel. Sie zeigen den jeweiligen **Kasus** (Fall) und **Numerus** (Zahl: Singular/Plural) durch bestimmte **Kasus-Zeichen** an. Diese sind an den Stamm angefügt.
Kasus-Zeichen für den **Nominativ Singular** (1. Fall) sind:

-a -us -um

| Nominativ Singular | | Nominativ Singular |
|---|---|---|
| **Lateinisch** Stamm | Endung | **Deutsch** |
| amīc | **-a** | **die/eine** Freundin |
| asin | **-us** | **der/ein** Esel |
| silenti | **-um** | **die/eine** Ruhe |
| | ↑ Kasus-Zeichen | |

Das Englische hat wie die deutsche Sprache für Substantive Artikel: the/a girlfriend – die/eine Freundin.

Ü Nur aus dem Textzusammenhang kannst du entnehmen, ob im Deutschen der bestimmte Artikel „der, die, das" oder der unbestimmte Artikel „ein, eine, ein" benutzt werden muss.

### 1.4 Genus des Substantivs

Die Kasus-Zeichen weisen oft auf das lateinische **Genus** (Geschlecht) eines Substantivs hin.

| Nominativ Singular | Lateinisches Genus |
|---|---|
| -a | **Femininum *f*** *(weiblich)* |
| -us | **Maskulinum *m*** *(männlich)* |
| -um | **Neutrum *n*** *(sächlich)* |

Das lateinische und das deutsche Genus stimmen nicht immer überein, vgl. z. B. *silenti**um*** **n „die/eine** Ruhe" **f**.

## 2. Satzlehre

### 2.1 Satzglieder: Subjekt und Prädikat

| | |
|---|---|
| Asin**us** iace**t**. | **Der Esel** liegt da. |
| Nōn clāma**t**. | **Er** schreit nicht. |

Ein Satz besteht aus verschiedenen **Satzgliedern**, die jeweils unterschiedliche **Funktionen** (Aufgaben) erfüllen.
Das Substantiv *asinus* steht im **Nominativ** Singular.
Dieser Kasus zeigt an, **wer oder was** etwas tut.
Im Satz erfüllt er die **Funktion des Subjekts** (Satzgegenstand).
Die Verben *iacet* und *clāmat* zeigen an, **was jemand tut** oder **was geschieht**. Sie erfüllen die **Funktion des Prädikats** (Satzaussage).

Ü **Subjekt → wer oder was?**

Nach dem Subjekt fragst du immer **„wer oder was?"**. Suche dafür im Satz jeweils die Kasus-Zeichen für den Nominativ.

Das **Prädikat** steht im Lateinischen **meist am Satzende**. Im Deutschen steht es nach dem ersten Satzglied (hier: Adverbiale): *Subitō asinus clāmat.* – „Plötzlich schreit der Esel."

## 2.2 Darstellung im Satzmodell

Subjekt und Prädikat stehen als Satzglieder in der Regel an einer **bestimmten Stelle** des Satzes.
Dabei stellt das **Prädikat** in jedem Satz den **Satzkern** dar, von dem fast alle anderen Satzglieder abhängen. Die Satzglieder und ihre Abhängigkeit lassen sich in einem Modell **(Satzmodell)** darstellen:

Das Satzmodell soll dir helfen, den **Aufbau eines Satzes** zu verstehen.

Manchmal wird das **Subjekt allein durch das Person-Zeichen** ausgedrückt. Das Subjekt ist somit im Prädikat enthalten.

Ü Wenn du keinen Nominativ als Subjekt im Satz entdeckst, dann entnimm es dem Prädikat. Meist ist es im vorausgehenden Satz genannt (hier: *asinus* „der Esel“).

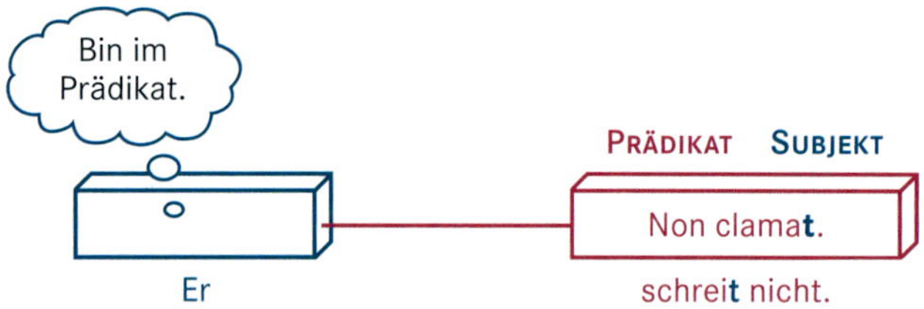

# 1. Formenlehre

## 1.1 Konjugationsklassen von Verben

Lateinische Verben lassen sich in Gruppen einteilen.
Dabei zeigt der **Kennvokal** am Ende des Präsensstamms an, zu welcher Gruppe das Verb gehört.
Diese Gruppen heißen **Konjugationsklassen.**

**Verben** können **konjugiert** werden, d. h. man verbindet den Stamm des Verbs mit einem Person-Zeichen, z. B. *clāmat* „er, sie, es ruft".

| Präsensstamm | Infinitiv-Zeichen | Konjugationsklasse |
|---|---|---|
| Kennvokal ↓ | | |
| clām**ā** | **-re** | **ā**-Konjugation |
| iac**ē** | **-re** | **ē**-Konjugation |
| ven**ī** | **-re** | **ī**-Konjugation |
| **es** | **-se** | Sonderkonjugation |

## 1.2 Dritte Person Plural (Präsens) des Verbs

Die **3. Person Plural** (Mehrzahl) ist zu erkennen an dem **Person-Zeichen**

**-nt**

Dieses Person-Zeichen ist an den **Präsensstamm** des Verbs, ggf. mit Sprechvokal, angefügt.

| | Lateinisch Präsensstamm | | Endung | Deutsch |
|---|---|---|---|---|
| 3. P. Pl. | clāma | | **-nt** | **sie** schreien |
| | iace | | **-nt** | **sie** liegen |
| | veni | *u* | **-nt** | **sie** kommen |
| | s | *u* | **-nt** | **sie** sind |
| | | ↑ *Sprechvokal* | ↑ Person-Zeichen 3. P. Plural | |

Der **Sprechvokal** ist eingefügt, damit sich die Verbindung von Präsensstamm und Endung (hier: *s-nt*) besser aussprechen lässt.

### 1.3 Nominativ Plural des Substantivs

Die Kasus-Zeichen für den **Nominativ Plural** (Mehrzahl) sind:

**-ae** **-ī** **-a**

Diese Kasus-Zeichen sind an den Stamm des Substantivs angefügt.

| Nominativ Singular | | Nominativ Plural | |
|---|---|---|---|
| **Lateinisch** Stamm Endung | **Deutsch** | **Lateinisch** Stamm Endung | **Deutsch** |
| amīc **-a** | die Freundin | amīc **-ae** | die Freundinnen |
| asin **-us** | der Esel | asin **-ī** | die Esel |
| dōn **-um** | das Geschenk | dōn **-a** | die Geschenke |
| ↑ Kasus-Zeichen Nom. Sg. | | ↑ Kasus-Zeichen Nom. Pl. | |

! Nur wenn du den Nominativ Singular eines Wortes kennst, kannst du entscheiden, worauf das Kasus-Zeichen ***-a*** hinweist: *amīc**a*** **(Sg.)** „die Freundin" ⟷ *dōn**a*** **(Pl.)** „die Geschenke" (von *dōnum*, **Sg.**).

### 1.4 Vokativ des Substantivs

Personen können angeredet werden. Dafür gibt es einen eigenen Kasus, den **Vokativ** (6. Fall). Dieser hat nur für den Singular der Wörter auf *-us* ein eigenes Kasus-Zeichen. Sonst ist er mit dem Nominativ identisch.

| | |
|---|---|
| Salvē, Quīnt**e**! | Sei gegrüßt, Quintus! |
| Salvē, Flāvia! | Sei gegrüßt, Flavia! |
| Salvēte, amīcī! | Seid gegrüßt, Freunde! |

Ü Achte darauf, den Namen im Nominativ wiederzugeben, vgl. *Salvē, **Quīnte**!* – „Sei gegrüßt, **Quintus**!".

! Beachte: Bei Namen auf *-ius* lautet das Kasus-Zeichen ***-ī***: *Salvē, Lūcī!* – „Sei gegrüßt, Lucius!"

## 2. Satzlehre

### 2.1 Kongruenz von Prädikat und Subjekt

Der **Numerus** des Prädikats gibt Auskunft über den Numerus des Subjekts. **Prädikat und Subjekt stimmen in ihrem Numerus überein.** Diese **Übereinstimmung** nennt man **Kongruenz.**

**Satzmodell**

SUBJEKT: Amic**i** — Die Freunde — Nominativ **Plural**

PRÄDIKAT: clama**nt.** — rufen. — 3. P. **Plural**

Kongruenz (Übereinstimmung)

⇄ Auch im Deutschen und im Englischen gibt es diese Übereinstimmung zwischen Subjekt und Prädikat: er schreit/sie schreien – he cries/they cry.

Ü Betrachte immer zuerst die Endung des Prädikats. Sie zeigt dir den Numerus des Subjekts an. Suche dieses dann im Satz.

### 2.2 Satzarten beim Hauptsatz

Wir können mit der Sprache unterschiedliche Absichten ausdrücken: etwas **aussagen, ausrufen** oder **fragen**.
Deshalb unterscheidet man **drei Satzarten**. Diese enden jeweils mit unterschiedlichen Satzzeichen.

**Satzarten →**
**. – ! – ?**

| Sprechabsicht | Beispiel | Satzart | Satzzeichen |
|---|---|---|---|
| „aussagen“ | Amīcī appropinquant.<br>Die Freunde kommen näher. | **Aussagesatz** | Punkt |
| „ausrufen“,<br>„auffordern“ | Salvēte, amīcī!<br>Seid gegrüßt, Freunde! | **Ausrufesatz/ Aufforderungssatz** | Ausrufezeichen |
| „fragen“ | Cūr rīdent?<br>Warum lachen sie? | **Fragesatz** | Fragezeichen |

# Lektion 3

**1. Formenlehre**

1.1 Erste/Zweite Person Singular und Plural (Präsens) des Verbs
1.2 Konjugationsschema Präsens der ā-, ē-, ī-Konjugation und von *esse*
1.3 Deklinationsklassen von Substantiven
1.4 Akkusativ des Substantivs

**2. Satzlehre**

2.1 Satzglied: Akkusativ-Objekt
2.2 Satzglied: Adverbiale

## 1. Formenlehre

### 1.1 Erste/Zweite Person Singular und Plural (Präsens) des Verbs

Wie bei der 3. Person Singular sind auch hier die **Person-Zeichen** an den **Präsensstamm** des Verbs angefügt.

Die **Person-Zeichen** für den **Singular** lauten:

**-ō** „ich“ — 1. P. Singular

**-s** „du“ — 2. P. Singular

Die **Person-Zeichen** für den **Plural** lauten:

**-mus** „wir“ — 1. P. Plural

**-tis** „ihr“ — 2. P. Plural

Ü Anhand des Person-Zeichens kannst du erkennen, wer oder was in einem Satz etwas tut bzw. ist. Achte genau auf dessen Signale.
Zum Beispiel:
*Asinus **es**.* – „**Du** bist ein Esel.“
*Clāmā**tis**.* – „**Ihr** schreit.“

## 1.2 Konjugationsschema Präsens der ā-, ē-, ī-Konjugation und von *esse*

Die Tabelle zeigt das Konjugationsschema für das **Präsens** (Gegenwart) der ā-, ē- und ī-Konjugation:

| | ā-Konj. | | ē-Konj. | | ī-Konj. | |
|---|---|---|---|---|---|---|
| **Infinitiv** | clāmāre | (zu) schreien | tacēre | (zu) schweigen | audīre | (zu) hören |
| **1.P.Sg.** | clāmō* | ich schreie | taceō | ich schweige | audiō | ich höre |
| **2.P.Sg.** | clāmās | du schreist | tacēs | du schweigst | audīs | du hörst |
| **3.P.Sg.** | clāmat | er, sie, es schreit | tacet | er, sie, es schweigt | audit | er, sie, es hört |
| **1.P.Pl.** | clāmāmus | wir schreien | tacēmus | wir schweigen | audīmus | wir hören |
| **2.P.Pl.** | clāmātis | ihr schreit | tacētis | ihr schweigt | audītis | ihr hört |
| **3.P.Pl.** | clāmant | sie schreien | tacent | sie schweigen | audi*u*nt | sie hören |

* clāmō: entstanden aus *clāmā-o* (Zusammenziehung von Vokalen)

Die Formen von *esse* lauten:

| | Sonderkonjugation | |
|---|---|---|
| **Infinitiv** | esse | (zu) sein |
| **1.P.Sg.** | s*u*m | ich bin |
| **2.P.Sg.** | es | du bist |
| **3.P.Sg.** | est | er, sie, es ist |
| **1.P.Pl.** | s*u*mus | wir sind |
| **2.P.Pl.** | estis | ihr seid |
| **3.P.Pl.** | s*u*nt | sie sind |

! Bei den **Präsensformen von *esse*** wechselt der Stamm (*es-* bzw. *s-*).

! Der **Sprechvokal** ist eingefügt, damit sich die Verbindung von Präsensstamm und Endung (hier: *s-m, s-mus, s-nt*) besser aussprechen lässt.

Das **Person-Zeichen der 1. Person Singular** lautet hier **-m**.
*u-* ist jeweils ein Sprechvokal.

## 1.3 Deklinationsklassen von Substantiven

Genau wie Verben (→ L 2, 1.1) lassen sich auch Substantive in Gruppen einteilen. Diese Gruppen heißen **Deklinationsklassen**. Wir unterscheiden zunächst zwei Deklinationsklassen, die **ā-Deklination** und die **o-Deklination**.

**Substantive** können **dekliniert**, d. h. in einen anderen Kasus und Numerus gesetzt werden, z. B. *amīca – amīcae* „die Freundin – die Freundinnen".

Substantiv mit Nom.-Sg.-Endung *-a*,
z. B. amīca → **ā-Deklination**

Substantiv mit Nom.-Sg.-Endung *-us* oder *-um*,
z. B. servus, dōnum → **o-Deklination**

### 1.4 Akkusativ des Substantivs

Der **Akkusativ** (4. Fall) hat für die jeweiligen Deklinationsklassen **unterschiedliche Kasus-Zeichen**. Diese lauten:

| | Singular | Plural | |
|---|---|---|---|
| - in der ā-Deklination: | -am | -ās | |
| | **Singular m/n** | **Plural m** | **Plural n** |
| - in der o-Deklination: | -um | -ōs | -a |

! *a* zeigt verschiedene Kasus an: *amīca* (Nom. Sg.) „die/eine Freundin"; *dōna* (Nom./**Akk.** Pl.) „die Geschenke".

Diese Kasus-Zeichen sind an den Stamm angefügt. Die Tabelle zeigt eine erste Übersicht über das Deklinationsschema:

Beim Neutrum sind die Kasus-Zeichen für den Nominativ und den Akkusativ gleich.

| | ā-Deklination | | o-Deklination | | | |
|---|---|---|---|---|---|---|
| | **Femininum** | | **Maskulinum** | | **Neutrum** | |
| | **Singular** | **Plural** | **Singular** | **Plural** | **Singular** | **Plural** |
| **Nom.** | amīc-**a**<br>die Freundin | amīc-**ae**<br>die Freundinnen | serv-**us**<br>der Sklave | serv-**ī**<br>die Sklaven | dōn-**um**<br>das Geschenk | dōn-**a**<br>die Geschenke |
| **Akk.** | amīc-**am**<br>die Freundin | amīc-**ās**<br>die Freundinnen | serv-**um**<br>den Sklaven | serv-**ōs**<br>die Sklaven | dōn-**um**<br>das Geschenk | dōn-**a**<br>die Geschenke |

# 2. Satzlehre

## 2.1 Satzglied: Akkusativ-Objekt

Caecilia serv**um** vocat. Caecilia ruft **den/einen Sklaven**.

Das Substantiv *servum* steht im **Akkusativ.** Es gibt im Satz eine Satzergänzung zu dem Prädikat *vocat* „er, sie, es ruft" an und antwortet auf die Frage **„wen oder was?"** (ruft sie).
Im Satz erfüllt es die **Funktion des Akkusativ-Objekts**.

**Satzmodell**

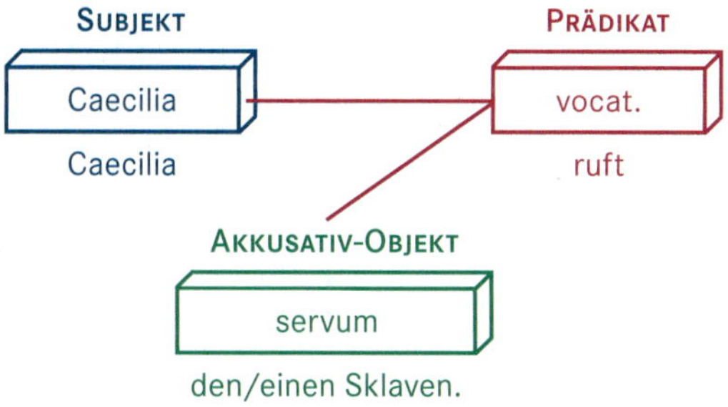


Ü **Akkusativ-Objekt → wen oder was?**

Das Akkusativ-Objekt steht im Lateinischen meist zwischen dem Subjekt und dem Prädikat. Überprüfe, ob das Prädikat die Frage **„wen oder was?"** zulässt, und suche dann das Substantiv mit der entsprechenden Endung.

Video 40501-36

## 2.2 Satzglied: Adverbiale

1. Flāviī **in īnsulam Crētam** nāvigant. — Die Flavier segeln **zur Insel Kreta**.
2. Flāvius Lepidus **valdē** gaudet. — Flavius Lepidus freut sich **sehr**.

Angaben zu **Ort, Zeit, Grund** oder **Art und Weise** einer Handlung erfüllen im Satz die **Funktion des Adverbiales** (Umstandsbestimmung).
Das Adverbiale antwortet auf die Fragen **„wo?"/„wohin?"**, **„wann?"/„wie lange?"**, **„warum?"** oder **„wie?"**.

**Satzmodelle**
**(Satz 1)**

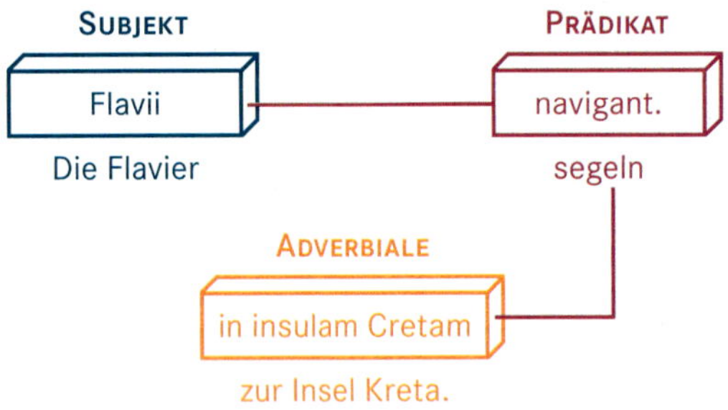


**(Satz 2)**

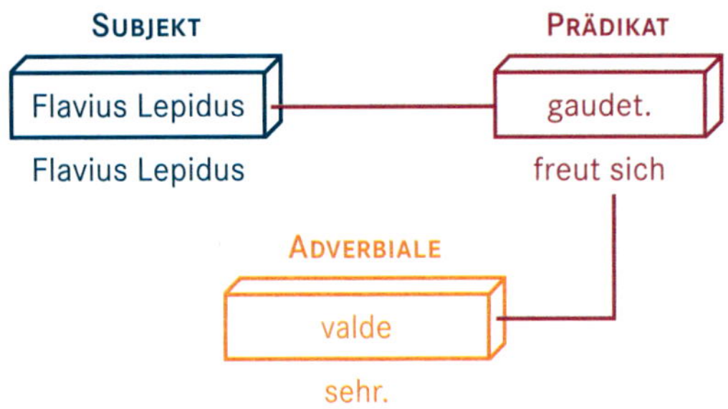

# 1. Formenlehre

## 1.1 Konsonantische Deklination des Substantivs

Es gibt im Lateinischen eine dritte Deklinationsklasse, die **konsonantische Deklination.**
Hierzu gehören in der Regel Substantive, die im Nominativ Singular nicht auf *-a, -us* oder *-um* enden, z. B. *imperātor* „der/ein Kaiser, der/ein Feldherr".

| | Konsonantische Deklination | | | |
|---|---|---|---|---|
| | Stamm Singular | Endung | Stamm Plural | Endung |
| **Nom.** | imperātor | | imperātōr | -ēs |
| **Akk.** | imperātōr | -em | imperātōr | -ēs |
| | | ↑ Kasus-Zeichen | | ↑ Kasus-Zeichen |

Die ā- und die o-Deklination weisen den **Kennvokal** a- bzw. o- auf. Dieser Kennvokal ist im Kasus-Zeichen mit enthalten: *amīc-**am**/amīc-**ōs***, er ist aber bei einigen Kasus nicht immer zu erkennen, z. B. *amīc-ī*.
Die konsonantische Deklination hat keinen Kennvokal. Zur besseren Aussprache ist deshalb in das Kasus-Zeichen manchmal ein **Sprechvokal** eingefügt: *imperātōr-**e**m – imperātōr-**ē**s.*

Manche Substantive der konsonantischen Deklination haben im Nominativ Singular einen anderen Stamm als in den restlichen Kasus, z. B.
Nom. Sg. *homō* – restliche Kasus: ***homin**-em/-ēs*,
Nom. Sg. *rēx* – restliche Kasus: ***rēg**-em/-ēs.*

## 1.2 Genitiv des Substantivs

Der **Genitiv** (2. Fall) hat für die jeweiligen Deklinationsklassen **unterschiedliche Kasus-Zeichen.**
Diese lauten:

| | Singular | Plural |
|---|---|---|
| - in der ā-Deklination: | -ae | -ārum |
| - in der o-Deklination: | -ī | -ōrum |
| - in der kons. Deklination: | -is | -um |

Diese Kasus-Zeichen sind an den Stamm angefügt.

Im **Wortschatz,** im **Vokabelverzeichnis** und im **Wörterbuch** werden lateinische Substantive immer mit ihrem **Genitiv Singular** angegeben. Dadurch kannst du erkennen, zu welcher **Deklinationsklasse** ein Substantiv gehört.

! Lerne also bei Substantiven immer den Genitiv mit.

Deklinationsschema

| | ā-Deklination | | o-Deklination | | | |
|---|---|---|---|---|---|---|
| | Femininum | | Maskulinum | | Neutrum | |
| | Singular | Plural | Singular | Plural | Singular | Plural |
| **Nom.** | amīc-**a**<br>die Freundin | amīc-**ae**<br>die Freundinnen | serv-**us**<br>der Sklave | serv-**ī**<br>die Sklaven | dōn-**um**<br>das Geschenk | dōn-**a**<br>die Geschenke |
| **Gen.** | amīc-**ae**<br>der Freundin | amīc-**ārum**<br>der Freundinnen | serv-**ī**<br>des Sklaven | serv-**ōrum**<br>der Sklaven | dōn-**ī**<br>des Geschenkes | dōn-**ōrum**<br>der Geschenke |
| **Akk.** | amīc-**am**<br>die Freundin | amīc-**ās**<br>die Freundinnen | serv-**um**<br>den Sklaven | serv-**ōs**<br>die Sklaven | dōn-**um**<br>das Geschenk | dōn-**a**<br>die Geschenke |

| | Konsonantische Deklination | | | |
|---|---|---|---|---|
| | Singular | Plural | Singular | Plural |
| **Nom.** | imperātor<br>der Kaiser | imperātōr-**ēs**<br>die Kaiser | homō<br>der Mensch | homin-**ēs**<br>die Menschen |
| **Gen.** | imperātōr-**is**<br>des Kaisers | imperātōr-**um**<br>der Kaiser | homin-**is**<br>des Menschen | homin-**um**<br>der Menschen |
| **Akk.** | imperātōr-**em**<br>den Kaiser | imperātōr-**ēs**<br>die Kaiser | homin-**em**<br>den Menschen | homin-**ēs**<br>die Menschen |

# 2. Satzlehre

## 2.1 Satzglied: Genitiv-Attribut

| | |
|---|---|
| Familia amīc**ae** Circum Māximum intrat. | Die Familie **der Freundin** betritt den Circus Maximus. |

Das Substantiv *amīcae* steht im Genitiv. Es erfüllt im Satz die **Funktion des Genitiv-Attributs** (Beifügung) zu dem Substantiv *familia* und antwortet auf die Frage **„wessen?“** (Familie). Das Genitiv-Attribut drückt hier die **Zugehörigkeit** zu einer Person oder Sache aus. In der Regel steht es hinter dem Substantiv, das es näher beschreibt.

Ü **Genitiv-Attribut → wessen?**

Im Deutschen kann der Genitiv auch mit „von“ wiedergegeben werden:
*familia* ***Flāviae***
„**Flavias** Familie/
die Familie **von Flavia**“.

Video
40501-38

## Satzmodell

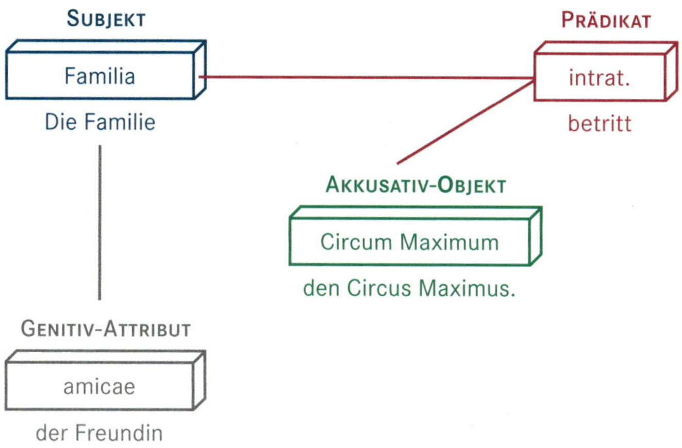
SUBJEKT
Familia
Die Familie
PRÄDIKAT
intrat.
betritt
AKKUSATIV-OBJEKT
Circum Maximum
den Circus Maximus.
GENITIV-ATTRIBUT
amicae
der Freundin

## Grundwissen: Fakten

### Formenlehre

1 Wörter eines Satzes sind entweder **unveränderlich** (z. B. *nam, cūr?*) oder **veränderlich**.
Veränderliche Wörter sind Substantive (z. B. *amīcus*) oder Verben (z. B. *audīre*).
**Verben** gehören je nach ihrem Kennvokal verschiedenen **Konjugationsklassen** an:
ā-Konjugation (z. B. *clāmāre*),
ē-Konjugation (z. B. *tacēre*),
ī-Konjugation (z. B. *audīre*). → **L 2, 1.1**
Das Verb ***esse*** ist eine **Sonderform** mit einer eigenen Konjugation. → **L 2, 1.1**

2 Verben können **konjugiert** werden. An den **Präsensstamm**, ggf. mit Sprechvokal, wird ein **Person-Zeichen** angefügt. Die **Person-Zeichen** lauten: ***-ō, -s, -t, -mus, -tis, -nt.*** → **L 3, 1.2**

3 Der **Infinitiv** ist zu erkennen an dem **Infinitiv-Zeichen *-re*** (Ausnahme: *es-se*). → **L 1, 1.1**

4 **Substantive** gehören verschiedenen **Deklinationsklassen** an:
ā-Deklination (z. B. *amīca*), → **L 3, 1.3**
o-Deklination (z. B. *amīcus, dōnum*), → **L 3, 1.3**
konsonantische Deklination (z. B. *imperātor*). → **L 4, 1.1**

5 Substantive können **dekliniert**, d. h. in einen anderen **Kasus** und **Numerus** gesetzt werden.

6 **Kasus-Zeichen** *(z. B. -am, -ēs, -ōrum)* weisen auf die verschiedenen **Kasus (Nominativ, Genitiv, Akkusativ, Vokativ)** hin. → **L 1, 1.3/L 2, 1.3–4/L 3, 1.4/L 4,1.2**

### Satzlehre

7 Ein Satz besteht aus verschiedenen **Satzgliedern,** die unterschiedliche **Funktionen** erfüllen.
Das **Prädikat** stellt den **Satzkern** dar, von dem fast alle anderen Satzglieder **(Subjekt, Akkusativ-Objekt, Adverbiale)** abhängen.
Das **Genitiv-Attribut** bestimmt ein Substantiv näher, dem es „beigefügt" ist.

| *Quīntus* | *in vīllam* | *properat* | *et familiam* | *amīcae* | *salūtat.* |
|---|---|---|---|---|---|
| S. | Adv. | P. | Akk.-Obj. | Gen.-Attr. | P. |

– „Quintus eilt ins Haus und begrüßt die Familie der Freundin."

→ **L 1, 2.1/L 3, 2.1–2/L 4, 2.1**

8 Drei **Satzarten** werden unterschieden:
**Aussagesatz, Aufforderungssatz/Ausrufesatz, Fragesatz.** → **L 2, 2.2**

## Grundwissen: Überblick

9 Für die Kasus Nominativ, Genitiv und Akkusativ Sg. und Pl. weisen die verschiedenen Deklinationen besondere Endungen auf. Allerdings zeigen **gleiche Endungen manchmal verschiedene Kasus** an. Welcher Kasus vorliegt, lässt sich oft nur aus dem Satzzusammenhang erschließen:
***-ī:*** *amīc-**ī*** (Gen. Sg.): des Freundes – *amīc-**ī*** (Nom. Pl.): die Freunde
***-ae:*** *amīc-**ae*** (Gen. Sg.) der Freundin – *amīc-**ae*** (Nom. Pl.): die Freundinnen
***-a:*** *amīc-**a*** (Nom. Sg.): die Freundin – *dōn-**a*** (Nom./Akk. Pl.): die Geschenke
***-um:*** *amīc-**um*** (Akk. Sg.): den Freund – *dōn-**um*** (Nom./Akk. Sg): das Geschenk – *homin-**um*** (Gen. Pl.): der Menschen

## Ich kann schon ...

1 **Wortarten (Substantive, Verben, unveränderliche Wörter) unterscheiden.**
stare – tum – silentium – furor – valde – videre – statim – populus – parere – amor – esse – sed – tacere – certe – homo – nuntius – neque – porta – malum

2 **Verben ihrer Konjugationsklasse zuordnen.**
dare – iubere – gaudere – esse – venire – cessare – timere – audire – intrare – sedere – salutare – iacere – videre – patere – cogitare

3a **Verben auf den Infinitiv zurückführen.**
properat – iacemus – tenetis – sunt – venio – intras – do – gaudemus – audiunt – estis – vocas – parent – licet – cogitas – spectamus

b **die Verbform bestimmen und den Numerus vertauschen.**
tacemus – salutas – sum – paramus – audit – vident – est – venio – pares – rogo – stamus – patent – cogitatis – intramus

4 **Substantive ihrer Deklinationsklasse zuordnen.**
asinus – signum – clamor – provincia – homo – amicus – serva – villa – consul – equus – initium – porta – reges – mala

5 **deklinierte Substantive auf den Nominativ Singular zurückführen.**
amicas – consulis – amores – deorum – pericula – insulae – avum – mali – populorum – homines – populi – consulem – dona – nuntios – reges

6 **Substantive nach Kasus und Numerus bestimmen.**
amicum – deae – consules – imperatoris – lacrimas – malorum – equos – servi – verborum – clamoris – reginae – spectacula – amice – portarum – regum – furorem – servarum

7 **Satzglieder bestimmen und diese in einem Satzmodell darstellen.**
1. Imperator apparet. 2. Populus valde gaudet, nam verba imperatoris audit.
3. Iam pompa[1] venit et amici simulacra deorum et dearum vident.

1) **pompa, -ae** f: Festzug

8 **Satzarten unterscheiden und übersetzen.**
1. Quintus et Flavia in circum! properant. 2. Ibi Lucium et Gaium exspectant. Sic cogitant: Ubi amici sunt? Cur non veniunt? 3. Tandem Quintus clamat: „Ecce, ibi iam veniunt!“
4. Flavia et Quintus amicos salutant et circum! intrant. Quantus[1] clamor hominum!

1) **quantus:** was für ein

9a **angeben, welcher Kasus vorliegt oder vorliegen kann, und Substantive auf den Nominativ Singular zurückführen.**
villae – equi – pericula – populum – signum – verba – dea – furoris – servae – avi – lacrima – insulae – nuntii – clamoris – asinum – silentium – dei – regina – mala – regum

b **aus dem Satzzusammenhang entscheiden, welcher Kasus vorliegt.**
1. Servae avum matronae salutant. 2. Amici dona dant. 3. Donum servae valde placet.

# 1. Formenlehre

## 1.1 Konsonantische Konjugation des Verbs

Es gibt neben der ā-, ē- und ī-Konjugation eine weitere große Gruppe von Verben. Sie weisen keinen Kennvokal auf.
Das **Person-Zeichen** für die **1. Person Singular** ist unmittelbar an den **Präsensstamm** angefügt, der auf einen **Konsonanten** endet. Man nennt diese Konjugationsklasse deshalb **konsonantische Konjugation.**
Bei den übrigen Person-Zeichen und dem Infinitiv-Zeichen sind zur besseren Aussprache Sprechvokale eingefügt: *-i-* oder *-u-* bei den Person-Zeichen, *-e-* beim Infinitiv-Zeichen.

| léց | *e* | -re | (zu) lesen |
|---|---|---|---|
| ↑ | ↑ | ↑ | |
| Präsensstamm | *Sprechvokal* | Infinitiv-Zeichen | |

! Die Infinitive gleichen denen der ē-Konjugation. Lerne also immer die 1. P. Sg. mit, damit du weißt, zu welcher Konjugationsklasse das Verb gehört.
Der Infinitiv von Verben der konsonantischen Konjugation ist auf der drittletzten Silbe betont (→ Betonungsregel 8, S. 133). Der Sprechvokal *-e-* vor dem Infinitiv-Zeichen ist nämlich kurz.

| | Konsonantische Konjugation<br>Präsensstamm | | Endung | |
|---|---|---|---|---|
| **1.P.Sg.** | leg | | -ō | ich lese |
| **2.P.Sg.** | leg | *i* | -s | du liest |
| **3.P.Sg.** | leg | *i* | -t | er, sie, es liest |
| **1.P.Pl.** | leg | *i* | -mus | wir lesen |
| **2.P.Pl.** | leg | *i* | -tis | ihr lest |
| **3.P.Pl.** | leg | *u* | -nt | sie lesen |
| | | ↑<br>*Sprechvokal* | | |

Zur besseren Aussprache sind zwischen dem Präsensstamm und den Person-Zeichen, die mit einem Konsonanten beginnen, die Sprechvokale *-i-* oder *-u-* eingefügt.
Die Formen gleichen denen der ī-Konjugation.

## 1.2 Dativ des Substantivs

Der **Dativ** (3. Fall) hat für die jeweiligen Deklinationsklassen **unterschiedliche Kasus-Zeichen.**
Diese lauten:

| | Singular | Plural |
|---|---|---|
| - in der ā-Deklination: | -ae | -īs |
| - in der o-Deklination: | -ō | -īs |
| - in der kons. Deklination: | -ī | -ibus |

Diese Kasus-Zeichen sind an den jeweiligen Stamm angefügt.

Ü Einige Kasus-Zeichen sind dir bereits bei anderen Kasus begegnet.
Nur der **Textzusammenhang** hilft bei der genauen Bestimmung.

Deklinationsschema

| | ā-Deklination | | o-Deklination | | | |
|---|---|---|---|---|---|---|
| | Femininum | | Maskulinum | | Neutrum | |
| | Singular | Plural | Singular | Plural | Singular | Plural |
| Nom. | amīc-**a**<br>die Freundin | amīc-**ae**<br>die Freundinnen | serv-**us**<br>der Sklave | serv-**ī**<br>die Sklaven | dōn-**um**<br>das Geschenk | dōn-**a**<br>die Geschenke |
| Gen. | amīc-**ae**<br>der Freundin | amīc-**ārum**<br>der Freundinnen | serv-**ī**<br>des Sklaven | serv-**ōrum**<br>der Sklaven | dōn-**ī**<br>des Geschenkes | dōn-**ōrum**<br>der Geschenke |
| Dat. | amīc-**ae**<br>der Freundin | amīc-**īs**<br>den Freundinnen | serv-**ō**<br>dem Sklaven | serv-**īs**<br>den Sklaven | dōn-**ō**<br>dem Geschenk | dōn-**īs**<br>den Geschenken |
| Akk. | amīc-**am**<br>die Freundin | amīc-**ās**<br>die Freundinnen | serv-**um**<br>den Sklaven | serv-**ōs**<br>die Sklaven | dōn-**um**<br>das Geschenk | dōn-**a**<br>die Geschenke |

| | Konsonantische Deklination | |
|---|---|---|
| | Singular | Plural |
| Nom. | imperātor<br>der Kaiser | imperātōr-**ēs**<br>die Kaiser |
| Gen. | imperātōr-**is**<br>des Kaisers | imperātōr-**um**<br>der Kaiser |
| Dat. | imperātōr-**ī**<br>dem Kaiser | imperātōr-**ibus**<br>den Kaisern |
| Akk. | imperātōr-**em**<br>den Kaiser | imperātōr-**ēs**<br>die Kaiser |

! Da manche Kasus-Zeichen unterschiedliche Kasus anzeigen, z. B. *-ī (amīcī – imperātōrī)*, ist es wichtig zu wissen, wie der Nominativ Singular des Nomens lautet und zu welcher Deklinationsklasse es gehört. Dann kannst du den Kasus bestimmen.

# 2. Satzlehre

## 2.1 Satzglied: Dativ-Objekt

| | |
|---|---|
| Cōnsulēs **imperātōrī** pārent. | Die Konsuln gehorchen **dem Kaiser**. |
| Imperātor **populō** spectāculum dat. | Der Kaiser gibt **für das Volk** ein Schauspiel. |

Die Substantive *imperātōrī* und *populō* stehen im **Dativ**. Sie geben eine Satzergänzung zu dem jeweiligen Prädikat an und antworten auf die Frage „**wem?**“ bzw. „**für wen?**“.
Im Satz erfüllen sie die **Funktion des Dativ-Objekts**.

Ü **Dativ-Objekt → wem?, für wen?**

Betrachte immer zuerst das Prädikat. Lässt dieses die Fragen „wem?“ oder „für wen?“ zu, dann kann im Satz ein Dativ stehen.

Satzmodelle

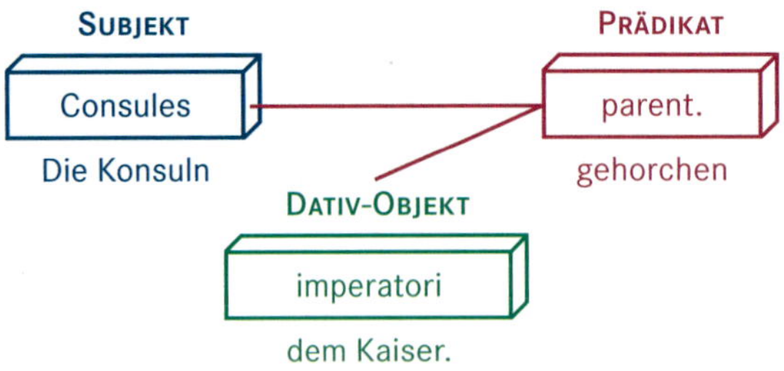


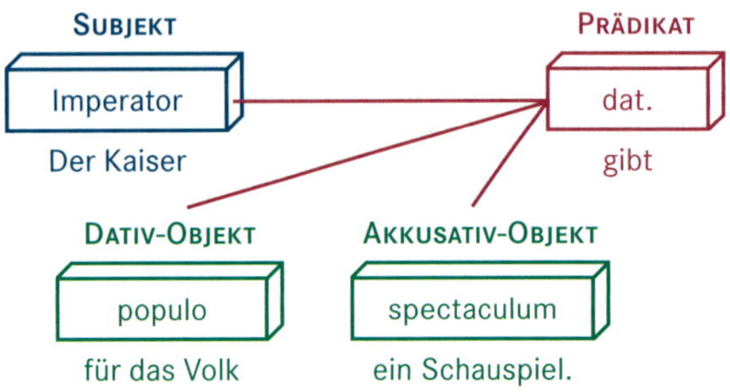


Die Objekte (Satzergänzungen) hängen immer vom Prädikat (Satzaussage) ab.

Im Deutschen wie auch im Englischen tritt das Prädikat immer an die zweite Stelle im Satz:
Die Schüler hören auf den Lehrer. – The pupils listen to the teacher.

# Lektion 6

**1. Formenlehre**
1.1 Modus einer Verbform
1.2 Imperativ des Verbs
1.3 Adjektive der ā-/o-Deklination

**2. Satzlehre**
2.1 Satzglied: Adjektiv-Attribut
2.2 Prädikatsnomen

# 1. Formenlehre

## 1.1 Modus einer Verbform

Durch die Endung einer Verbform wird auch angezeigt, **wie etwas geschieht**. Dies bezeichnet man als **Modus** (Aussageweise).
Der **Modus**, der ausdrückt, dass etwas **wirklich geschieht** oder geschehen ist, heißt **Indikativ** (Wirklichkeitsform), der **Modus**, der ausdrückt, dass etwas **geschehen soll**, heißt **Imperativ** (Befehlsform).

## 1.2 Imperativ des Verbs

Vom **Imperativ** (Befehlsform) eines Verbs gibt es zwei Formen,
- den **Imperativ Singular** (Befehlsform, die sich an eine Person richtet) und den

- **Imperativ Plural** (Befehlsform, die sich an zwei oder mehrere Personen richtet).

| | Imperativ Singular | |
|---|---|---|
| | **Lateinisch** Präsensstamm | **Deutsch** |
| ā-Konjugation | Clāmā! | Schrei! |
| ē-Konjugation | Tacē! | Schweig! |
| ī-Konjugation | Venī! | Komm! |
| Kons. Konjugation | Leg*e*! ↑ *Sprechvokal* | Lies! |
| Sonderkonjugation | Es! | Sei! |

In der konsonantischen Konjugation gibt es wenige Ausnahmen:
*Dīc!* – Sprich! *(Ab)dūc!* – Führe (weg)!

Der **Imperativ Plural** ist zu erkennen am Imperativ-Plural-Zeichen

-te

Dieses Imperativ-Plural-Zeichen ist an den jeweiligen **Präsensstamm**, ggf. mit Sprechvokal, angefügt.

| | Imperativ Plural | | |
|---|---|---|---|
| | **Lateinisch** Präsensstamm | Endung | **Deutsch** |
| ā-Konjugation | Clāmā | -**te**! | Schreit! |
| ē-Konjugation | Tacē | -**te**! | Schweigt! |
| ī-Konjugation | Venī | -**te**! | Kommt! |
| Kons. Konjugation | Leg *i* ↑ *Sprechvokal* | -**te**! | Lest! |
| Sonderkonjugation | Es | -**te**! | Seid! |
| | | ↑ Imperativ-Plural-Zeichen | |

Häufig steht beim Imperativ ein **Vokativ** (→ L 2, 1.4): Tacē, **serve**! – „Schweig, **Sklave**!“

Bei den Verben der **konsonantischen Konjugation** wird in der Regel der Sprechvokal *-e* an den Präsensstamm angefügt.

Ü Achte bei der Übersetzung auf das **Satzzeichen**. Steht ein **Ausrufezeichen** am Ende des Satzes, ist fast immer ein **Imperativ** im Satz.

Bei den Verben der **konsonantischen Konjugation** wird der Sprechvokal *-i* an den Präsensstamm angefügt.

## 1.3 Adjektive der ā-/o-Deklination

Es gibt **Adjektive** (Eigenschaftswörter) mit den **Endungen *-us, -a, -um*** für den Nominativ Singular. Sie zeigen die Genera an:

| | | | |
|---|---|---|---|
| -us → | Maskulinum: | laetus | „froh, fröhlich“ |
| -a → | Femininum: | laeta | |
| -um → | Neutrum: | laetum | |

Das Englische kennt jeweils nur eine Adjektivform, z. B. the lucky boy „der frohe Junge“; the lucky girl „das frohe Mädchen“; the lucky children „die frohen Kinder“.

Diese Adjektive werden wie die Substantive der **ā-/o-Deklination** dekliniert.

**Deklinationsschema**

| | | Maskulinum | Femininum | Neutrum |
|---|---|---|---|---|
| Sg. | Nom. | laetus | laeta | laetum |
| | Gen. | laetī | laetae | laetī |
| | Dat. | laetō | laetae | laetō |
| | Akk. | laetum | laetam | laetum |
| | Vok. | laete | laeta | (laetum) |
| Pl. | Nom. | laetī | laetae | laeta |
| | Gen. | laetōrum | laetārum | laetōrum |
| | Dat. | laetīs | laetīs | laetīs |
| | Akk. | laetōs | laetās | laeta |
| | Vok. | laetī | laetae | (laeta) |

Da in der Regel nur Lebewesen sinnvoll angeredet werden können, wird die grammatische Vokativform im Neutrum hier nur zur Vollständigkeit aufgeführt.

# 2. Satzlehre

## 2.1 Satzglied: Adjektiv-Attribut

| | |
|---|---|
| Nūnti**us** *laetus* Domitiō placet. | Die *frohe* Botschaft gefällt Domitius. |
| Sed *multī* homin**ēs** perīcula terr**ārum** *novārum* timent. | Aber *viele* Menschen fürchten die Gefahren *neuer* Länder. |

! Im Lateinischen steht das Adjektiv in der Regel **nach** dem Substantiv, dem es beigefügt ist. *multī, -ae, -a* steht immer, *māgnus, -a, -um* meist **vor** dem Substantiv.

Ü Bei der Wiedergabe im Deutschen tritt das Adjektiv **vor** das Substantiv, dem es beigefügt ist.

Adjektive sind in der Regel in einem Satz nicht allein verwendet. Meistens sind sie **einem Substantiv beigefügt**. Sie stimmen in **Kasus, Numerus** und **Genus** mit dem Substantiv überein, auf das sie sich beziehen. Diese Übereinstimmung heißt **KNG-Kongruenz**.
Im Satz erfüllen Adjektive die **Funktion des Attributs**.

**Satzmodell**

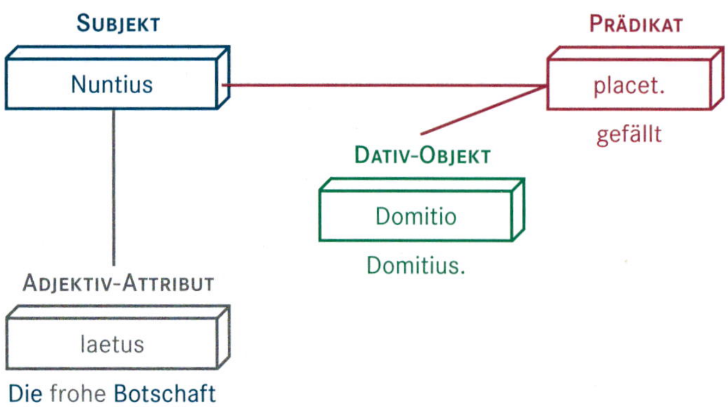

### 2.2 Prädikatsnomen

Flāvia *maesta* est. — Flavia ist *traurig*.

Syrus *servus* est. — Syrus ist *ein Sklave*.

Zusammen mit einer Form von *esse* bildet das Adjektiv *maestus* bzw. das Substantiv *servus* hier das Prädikat. Zugleich beschreiben sie aber auch das Subjekt *Flāvia* bzw. *Syrus*.
Diese Verwendung des Adjektivs bzw. Substantivs nennt man **Prädikatsnomen.**
Im Satzmodell lässt sich das folgendermaßen darstellen:

Das Verb *esse* „sein" ist in der Regel ein sogenanntes Hilfsverb. Es braucht meistens eine Ergänzung:
*Flāvia, laeta es!* –
„Flavia, sei fröhlich!"

## Lektion 7

**1. Formenlehre**
1.1 Ablativ des Substantivs

**2. Satzlehre**
2.1 Adverbiale: Ablativ in präpositionaler Verbindung

# 1. Formenlehre

### 1.1 Ablativ des Substantivs

Der **Ablativ** (5. Fall) ist ein Kasus, den es im Deutschen nicht gibt. Er kann mit bestimmten **Präpositionen** (Verhältniswörtern) verbunden sein.
Der Ablativ hat für die jeweiligen Deklinationsklassen **unterschiedliche Kasus-Zeichen.**
Diese lauten:

| | Singular | Plural |
|---|---|---|
| - in der ā-Deklination: | -ā | -īs |
| - in der o-Deklination: | -ō | -īs |
| - in der kons. Deklination: | -e | -ibus |

Diese Kasus-Zeichen sind an den Stamm angefügt.

Ü Die Kasus-Zeichen des Ablativs Plural sind gleich denen des Dativs. Nur der **Textzusammenhang** hilft bei der genauen Bestimmung. Achte besonders auf Präpositionen.

## Vollständiges Deklinationsschema

| | ā-Deklination | | o-Deklination | | | |
|---|---|---|---|---|---|---|
| | Femininum | | Maskulinum | | Neutrum | |
| | Singular | Plural | Singular | Plural | Singular | Plural |
| Nom. | amīc-**a**<br>die Freundin | amīc-**ae**<br>die Freundinnen | serv-**us**<br>der Sklave | serv-**ī**<br>die Sklaven | dōn-**um**<br>das Geschenk | dōn-**a**<br>die Geschenke |
| Gen. | amīc-**ae**<br>der Freundin | amīc-**ārum**<br>der Freundinnen | serv-**ī**<br>des Sklaven | serv-**ōrum**<br>der Sklaven | dōn-**ī**<br>des Geschenkes | dōn-**ōrum**<br>der Geschenke |
| Dat. | amīc-**ae**<br>der Freundin | amīc-**īs**<br>den Freundinnen | serv-**ō**<br>dem Sklaven | serv-**īs**<br>den Sklaven | dōn-**ō**<br>dem Geschenk | dōn-**īs**<br>den Geschenken |
| Akk. | amīc-**am**<br>die Freundin | amīc-**ās**<br>die Freundinnen | serv-**um**<br>den Sklaven | serv-**ōs**<br>die Sklaven | dōn-**um**<br>das Geschenk | dōn-**a**<br>die Geschenke |
| Abl. | cum amīc-**ā**<br>mit der Freundin | cum amīc-**īs**<br>mit den Freundinnen | cum serv-**ō**<br>mit dem Sklaven | cum serv-**īs**<br>mit den Sklaven | sine dōn-**ō**<br>ohne das Geschenk | sine dōn-**īs**<br>ohne die Geschenke |

| | Konsonantische Deklination | |
|---|---|---|
| | Singular | Plural |
| Nom. | imperātor<br>der Kaiser | imperātōr-**ēs**<br>die Kaiser |
| Gen. | imperātōr-**is**<br>des Kaisers | imperātōr-**um**<br>der Kaiser |
| Dat. | imperātōr-**ī**<br>dem Kaiser | imperātōr-**ibus**<br>den Kaisern |
| Akk. | imperātōr-**em**<br>den Kaiser | imperātōr-**ēs**<br>die Kaiser |
| Abl. | cum imperātōr-**e**<br>mit dem Kaiser | cum imperātōr-**ibus**<br>mit den Kaisern |

# 2. Satzlehre

## 2.1 Adverbiale: Ablativ in präpositionaler Verbindung

| | |
|---|---|
| Quīntus **cum amīcīs in forō** ambulat. | Quintus geht **mit seinen Freunden auf dem Forum** spazieren. |

Die Ausdrücke *cum amīcīs* „mit den/seinen Freunden“ und *in forō* „auf dem Forum“ geben einen **näheren Umstand** an, die **Begleitung** („**mit wem?**“) und den **Ort** („**wo?**“).
Eine solche **präpositionale Verbindung** erfüllt im Satz die **Funktion des Adverbiales** (→ L 3, 2.2).

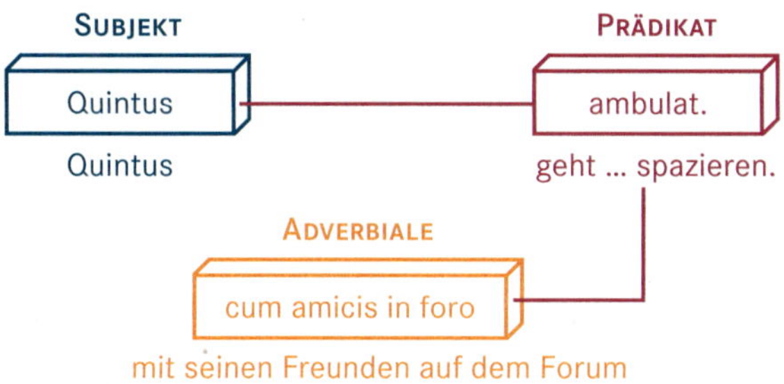


Ü Im Deutschen wird der Ablativ stets mit dem Kasus wiedergegeben, den die deutsche Präposition verlangt, vgl. *in forō* „auf dem Forum“; *in spectāculō* „während des Schauspiels/beim Schauspiel“.

Durch eine präpositionale Verbindung wird ausgedrückt, wo, wann, wie etc. eine Handlung stattfindet.

Ü **Adverbiale → wo? wann?/ wie? womit? mit wem?/ ohne wen oder was?**

| Ort/Zeit | | Fragen |
|---|---|---|
| in forō | **auf** dem Marktplatz | wo? |
| in spectāculō | **während** des Schauspiels | wann? |

| Mittel/Begleitung | | Fragen |
|---|---|---|
| cum voluptāte | **mit** Vergnügen | wie? womit? |
| cum cōnsulibus | **mit** den Konsuln | mit wem? |

| Trennung | | Fragen |
|---|---|---|
| sine amīcīs | **ohne** Freunde | ohne wen? |
| sine mente | **ohne** Bewusstsein | ohne was? |

# 2. Satzlehre

## 2.1 Adverbiale: Ablativ ohne Präposition

Der Ablativ tritt sehr häufig ohne eine Präposition im Satz auf.

| | |
|---|---|
| 1. **Tōtā urbe** clāmor est. | **In der ganzen Stadt** ist Geschrei. |
| 2. Iam **prīmā lūce** imperātor appāret. | Schon **am frühen Morgen** erscheint der Kaiser. |
| 3. Hominēs **māgnā vōce** imperātōrem salūtant. | Die Menschen begrüßen den Kaiser **mit lauter Stimme**. |

*Tōtā urbe, prīmā lūce* und *māgna vōce* stehen im Ablativ. Auch ohne Präposition beschreiben sie einen Umstand näher und antworten auf die Fragen **„wo?“**, **„wann?“** und **„wie?“**. Im Satz erfüllen sie die **Funktion des Adverbiales**.

Ü **Ablativ → wo? wann?/ wie? womit?/ warum? worüber?/ ohne was? wovon? woher?**

Bei der Wiedergabe im Deutschen wird der Ablativ **mit einer Präposition** wiedergegeben. Stelle beim **Ablativ** stets **Fragen** (s. oben).
Wähle dann für die deutsche Übersetzung eine passende Präposition.

Satzmodell (Satz 3)

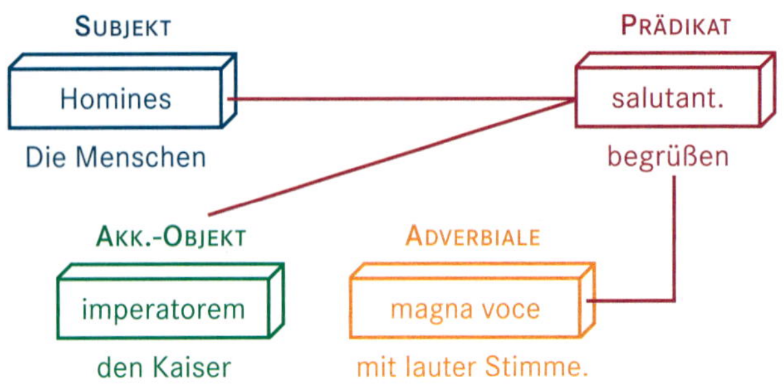

## 2.2 Ablativfunktionen im Überblick

Der Ablativ (mit und ohne Präposition) antwortet auf sehr verschiedene Fragen. Er gibt dabei unterschiedliche **Umstände** näher an.
Als Umstandsangabe erfüllt der Ablativ im Satz die **Funktion des Adverbiales.**

Es gibt drei unterschiedliche **Grundfunktionen** des Ablativs:

| Ablativfunktionen | Lateinisch | Deutsch | Fragen |
|---|---|---|---|
| Ort/Zeit | in forō (esse)<br>tōtā urbe (esse)<br>prīmā lūce (salūtāre) | **auf** dem Marktplatz (sein)<br>**in** der ganzen Stadt (sein)<br>**am** frühen Morgen/<br>**beim** ersten (Tages-)Licht (begrüßen) | wo?<br><br>wann? |
| Mittel/<br>Begleitung/<br>Grund | māgnā vōce (clāmāre)<br>cum amīcīs (ambulāre)<br>spectāculō (gaudēre) | **mit** lauter Stimme (rufen)<br>**mit** den Freunden (spazieren)<br>(sich) **über** das Schauspiel (freuen) | wie? womit?<br>mit wem?<br>warum? worüber? |
| Trennung | lacrimīs (vacāre)<br>dē vīllā (dēcēdere) | **ohne** Tränen/frei **von** Tränen (sein)<br>**aus** dem Haus (weggehen) | ohne wen/was?<br>wovon? woher? |

## Grundwissen: Fakten

### Formenlehre

1 **Verben**, deren Präsensstamm auf einen **Konsonanten** endet und **keinen Kennvokal** aufweist, gehören zur **konsonantischen Konjugation**, z. B. *legere*. → **L 5, 1.1**

2 Der **Imperativ** ist die **Befehlsform eines Verbs**. Die Form im Singular sieht aus wie der Infinitiv ohne das Infinitiv-Zeichen *-re*. Der Imperativ im **Plural** ist zu erkennen am Imperativ-Plural-Zeichen ***-te***, z. B. *Audī!* „Hör (zu)!", *Audīte!* „Hört (zu)!" → **L 6, 1.2**

3 Nach dem **Dativ** eines Substantivs fragt man **„wem?"** bzw. **„für wen?"**. Die **Kasus-Zeichen** lauten ***-ae, -ō, -īs*** (ā-/o-Dekl.), ***-ī, -ibus*** (kons. Dekl.). → **L 5, 1.2**

4 Nach dem **Ablativ** fragt man u. a. **„wo?"**, **„wann?"**, **„wie?"**, **„womit?"**, **„mit wem?"**, **„warum?"**. Die **Kasus-Zeichen** lauten ***-ā, -ō, -īs*** (ā-/o-Dekl.), ***-e, -ibus*** (kons. Dekl.). Er kann **mit und ohne Präposition** stehen. → **L 7, 1.1/L 8, 2.1**

5 **Adjektive** der **ā-/o-Deklination** haben die Endungen der Substantive der ā-/o-Deklination. Sie stehen in **KNG-Kongruenz zu dem Substantiv**, das sie näher beschreiben, z. B. *amī**cam** nov**am*** „eine neue Freundin", *cōnsul**ī** nov**ō*** „dem neuen Konsul". → **L 6, 1.3**

### Satzlehre

6 Im **Satzmodell** erfüllen der **Dativ** die **Funktion des Dativ-Objekts**, der **Ablativ** die **Funktion des Adverbiales, Adjektive** die **Funktion des Attributs.** → **L 5, 2.1/L 6, 2.1/L 7 und 8, 2.1**

*Cōnsulēs novī imperātōrī cum voluptāte pārent.* – „Die neuen Konsuln gehorchen dem Kaiser mit Vergnügen."

S. Adj.-Attr. Dat.-Obj. Adv. P.

7 Mit einer Form von *esse* stellt ein Adjektiv bzw. ein Substantiv das **Prädikatsnomen** dar. → **L 6, 2.2**

*Nūntius laetus est.* – „Der Bote ist fröhlich."

S. PN P.

Galla *serva est*. – „Galla ist eine Sklavin."

S. PN P.

## Grundwissen: Überblick

8 Die **Endung** (das Kasus-Zeichen) ***-is*** kann auf ganz unterschiedliche Kasus hinweisen:

- Abl. Pl. der ā-/o-Dekl.: *lacrim-**īs*** „mit/durch Tränen", *cum amīc-**īs*** „mit den Freunden/Freundinnen";
- Dat. Pl. der ā-/o-Dekl.: *terr-**īs*** „den Ländern";
- Nom./Gen. Sg. der kons. Dekl.: *nāv-**is*** „das Schiff/des Schiffes";
- Gen. Sg. der kons. Dekl.: *imperātōr-**is*** „des Kaisers".

9 Mit den **verschiedenen Kasus** der Substantive werden im Satz die **einzelnen Funktionen** angezeigt:

- das **Subjekt** mit dem **Nominativ**,
- das **Objekt** mit dem **Akkusativ** oder **Dativ** als Akkusativ- bzw. Dativ-Objekt,
- das **Adverbiale** mit dem **Ablativ** oder **einer präpositionalen Verbindung,**
- das **Attribut** mit dem **Genitiv** als Genitiv-Attribut.

## Ich kann schon ...

1 **Verbformen ihrer Konjugationsklasse zuordnen.**
dicis – solent – ludunt – necamus – curritis – veniunt – valet – convenit – emit – defenditis – stas – petunt – continet – ambulatis – amamus

2 **Imperativformen bestimmen und übersetzen.**
ama – valete – vide – audite – curre – mane – cogitate – es – supera – tenete – dic – abducite – este – petite – accede

3 **Dativformen auf den Nominativ Singular zurückführen und übersetzen.**
piratis – feminae – navi – clamoribus – oculo – homini – fortunae – servis – menti – foris – auxilio – dominae – foro

4a **eine Ablativform erkennen, bestimmen und auf den Nominativ Singular zurückführen.**
oratore – patribus – lacrimae – periculis – populus – donis – nuntiorum – imperatore – signo – furore – vocis – aquis – vitia – fuga – armis – iudicis

b **passende Fragen zu den Ablativverbindungen stellen und sie übersetzen.**
in foro – cum amicis – cum voluptate – magna voce – in aqua – multis cum lacrimis – sine mente – laetis clamoribus – prima luce – memoria patrum

5 **Substantiven passende Adjektive zuordnen und die Verbindungen übersetzen.**
homines – venti – pericula – femina – imperator – servae – dei

laetae – novi – multa – magnus – alieni – secundi – maesta

6 **Satzglieder bestimmen und in einem Satzmodell darstellen.**
1. Prima luce homines in forum currunt. 2. In foro magnus orator verba nova dicit. 3. Cuncti magno clamore oratorem exspectant.

7 **Adjektiv und Substantiv als Prädikatsnomen im Satz erkennen und übersetzen.**
1. Syrus robustus est, Galla laeta est. 2. Syrus et Galla servi boni sunt. 3. Pater Quinti in foro est. 4. Domitius magnus orator est. 5. Verba iucunda cunctis placent.

8 **den Kasus von Substantiven bestimmen und entsprechend übersetzen.**
matris – reis – armis – donis – vocis – lucis – epistulis – vitiis – oratoris – urbis – oculis – piratis – mentis – servis – servitutis – medicis – consulis – furis

9 **Satzglieder bestimmen.**
1. Amici senatoris consulem magna voce salutant. 2. Populus prima luce magna cum voluptate in Circo Maximo spectacula spectat. 3. Homines tota Italia spectacula equorum exspectant, Romam[1] veniunt, ibi cunctis placet in circo[!] sedere. 4. Populus initium spectaculi exspectat. Imperator signum dat et populo voluptatem parat. 5. Populus spectaculis gaudet.

1) **Rōmam**: nach Rom

**1. Formenlehre**

1.1 Endung *-(e)r* bei Substantiven und Adjektiven der o-Deklination

**2. Satzlehre**

2.1 Accusativus cum Infinitivo (AcI)

# 1. Formenlehre

## 1.1 Endung *-(e)r* bei Substantiven und Adjektiven der o-Deklination

Es gibt einige **Substantive der o-Deklination**, die im Nominativ Singular auf **-(e)r** enden:

pu**er**, puerī m „der Junge";
ag**er**, agrī m „der Acker";
vi**r**, virī m „der Mann".

! Zur konsonantischen Deklination gehören dagegen *pater, patris* m und *māter, mātris* f.

Ebenso gibt es **Adjektive der ā-/o-Deklination**, die im **Nominativ Singular Maskulinum** auf ***-er*** enden, z. B. *mis**er**, misera, miserum* „elend, unglücklich".
Ansonsten weisen die Wörter die bekannten Endungen der ā-/o-Deklination auf.

**Deklinationsschema**

| | **Substantiv auf *-er* der o-Deklination** | |
|---|---|---|
| | **Singular** | **Plural** |
| **Nom.** | puer<br>der Junge | puer-**ī**<br>die Jungen |
| **Gen.** | puer-**ī**<br>des Jungen | puer-**ōrum**<br>der Jungen |
| **Dat.** | puer-**ō**<br>dem Jungen | puer-**īs**<br>den Jungen |
| **Akk.** | puer-**um**<br>den Jungen | puer-**ōs**<br>die Jungen |
| **Abl.** | cum puer-**ō**<br>mit dem Jungen | cum puer-**īs**<br>mit den Jungen |

| | **Adjektiv auf *-er* der o-Deklination** | | | | | | | |
|---|---|---|---|---|---|---|---|---|
| | | **Maskulinum** | **Femininum** | **Neutrum** | | **Maskulinum** | **Femininum** | **Neutrum** |
| **Nom.** | **Sg.** | miser | misera | miserum | **Pl.** | miserī | miserae | misera |
| **Gen.** | | miserī | miserae | miserī | | miserōrum | miserārum | miserōrum |
| **Dat.** | | miserō | miserae | miserō | | miserīs | miserīs | miserīs |
| **Akk.** | | miserum | miseram | miserum | | miserōs | miserās | misera |
| **Abl.** | | miserō | miserā | miserō | | miserīs | miserīs | miserīs |

# 2. Satzlehre

## 2.1 Accusativus cum Infinitivo (AcI)

1. Pater *Rōmānōs* pūgnās gladiātōrum[!] *amāre* **scit**. — Der Vater **weiß**, *dass die Römer* die Kämpfe der Gladiatoren *lieben./ die Römer lieben* die Kämpfe der Gladiatoren.
2. Marōnilla *pūgnās gladiātōrum*[!] *malās esse* **dīcit**. — Maronilla **sagt**, *dass die Kämpfe der Gladiatoren schlecht sind./ die Kämpfe der Gladiatoren seien schlecht.*
3. Pūblius *gladiātōrēs*[!] *intrāre* **videt**. — Publius **sieht** *die Gladiatoren einziehen./..., dass die Gladiatoren einziehen.*

Zu den Akkusativen *Rōmānōs* (1.), *pūgnās* (2.) und *gladiātōrēs* (3.) ist jeweils ein Infinitiv getreten: *amāre* (1.), <*malās*> *esse* (2.) und *intrāre* (3.).

Diese besondere Konstruktion heißt **Accusativus cum Infinitivo (AcI)**. Da diese Konstruktion eine vollständige Aussage enthält, spricht man auch von einer **satzwertigen Konstruktion.**
Die Wiedergabe im Deutschen erfolgt häufig durch einen dass-Satz.

Ü Oft wird der AcI auch mit einem verkürzten dass-Satz wiedergegeben (1./2.).

Video 40501-39

### Satzmodell (Satz 1)

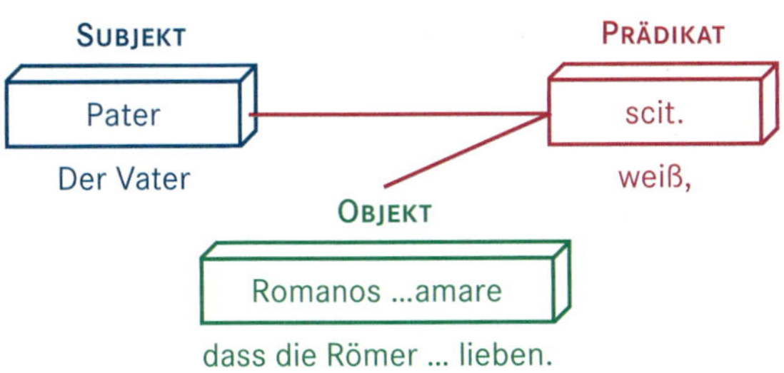


**Merke dir:**
Der AcI steht bei Verben

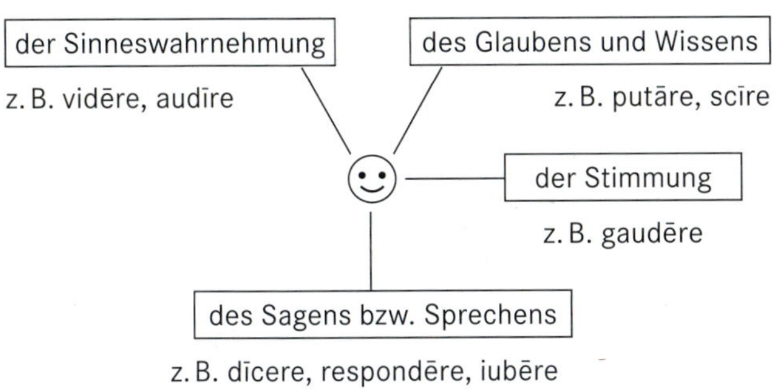


und er steht nach Ausdrücken wie *appāret* „es ist offensichtlich" und *placet* „es macht Spaß".

! Der AcI ist die Konstruktion, die dir im Lateinischen am häufigsten begegnet. Merke dir die Arten von Verben („Kopfverben"), von denen der AcI abhängig sein kann.

⇄ Im Englischen sind es ebenfalls „Kopfverben", von denen diese Konstruktion abhängt, z. B. to see „sehen"; to know „wissen"; to make „veranlassen".

! Achte bei der Satzerschließung darauf, ob ein Infinitiv vorhanden ist. Wenn das Prädikat ein „Kopfverb" oder ein unpersönlicher Ausdruck ist, ist vermutlich ein AcI im Satz.

## Erkennungs- und Übersetzungshilfe

| | |
|---|---|
| Vorgehensweise bei der Übersetzung: | Pūblius gladiātōrēs! iam pūgnāre putat. |
| 1. Markiere den Infinitiv. | Pūblius gladiātōrēs! iam pūgnāre putat. |
| 2. Überprüfe, ob das Prädikat ein „Kopfverb" oder ein unpersönlicher Ausdruck ist. | putat: „Kopfverb" |
| 3. Wenn ja, suche im Satz den (ersten) Akkusativ. | Pūblius gladiātōrēs! iam pūgnāre putat. |
| 4. Setze eine Klammer vor den Akkusativ und nach dem Infinitiv. | Pūblius (gladiātōrēs! iam pūgnāre) putat. |
| 5. Übersetze die Wörter außerhalb der Klammern. | *Publius glaubt (...).* |
| 6. Füge dann den Satz innerhalb der Klammern an die bereits übersetzten Wörter an. Benutze dafür zunächst einen „dass-Satz". | *Publius glaubt, **dass** die Gladiatoren schon kämpfen.* |
| 7. Suche auch nach einer anderen Möglichkeit der deutschen Wiedergabe. | *Publius glaubt, die Gladiatoren kämpfen/kämpften schon.* |

Ü Das Prädikat, von dem ein AcI abhängt, steht im Lateinischen in der Regel am Satzende. Stelle dieses in einem ersten Schritt beim Übersetzen unmittelbar hinter das Subjekt. Mache dann davon den dass-Satz abhängig. Prüfe auch, ob eine andere Möglichkeit der Wiedergabe besser passt.

| | | Akkusativ | Infinitiv | |
|---|---|---|---|---|
| **Lateinisch** | Pūblius | gladiātōrēs! | iam pūgnāre | putat. |
| **Deutsch** | Publius glaubt, | dass die Gladiatoren<br>die Gladiatoren | schon kämpfen./<br>kämpfen/kämpften schon. | |
| | | **Subjekt** | **Prädikat** | |

# 1. Formenlehre

## 1.1 Imperfekt

Das **Imperfekt** (1. Vergangenheitstempus) ist zu erkennen an dem **Tempus-Zeichen** -ba-.

Dieses ist zwischen dem **Präsensstamm**, ggf. mit Sprechvokal, und den Person-Zeichen eingefügt.

| **Lateinisch (Imperfekt)** Präsensstamm | | Endung | | **Deutsch (Präteritum)** |
|---|---|---|---|---|
| clāmā | | -**ba** | -nt | sie schrien |
| tacē | | -**ba** | -nt | sie schwiegen |
| audi | *ē* | -**ba** | -nt | sie hörten |
| leg | *ē* | -**ba** | -nt | sie lasen |
| | ↑ *Sprechvokal* | ↑ Tempus-Zeichen | ↑ Person-Zeichen | |

Im Englischen erkennst du die erste Vergangenheit (Simple Past) häufig an dem angefügten *-ed*:
he wants – he want**ed**.

Die Person-Zeichen sind mit Ausnahme der 1. Person Singular gleich denen des Präsens.

### Konjugationsschema Imperfekt

| | ā-Konjugation | | ē-Konjugation | | ī-Konjugation | |
|---|---|---|---|---|---|---|
| **1.P.Sg.** | clāmā**ba**m | ich schrie | tacē**ba**m | ich schwieg | audiē**ba**m | ich hörte |
| **2.P.Sg.** | clāmā**bā**s | du schriest | tacē**bā**s | du schwiegst | audiē**bā**s | du hörtest |
| **3.P.Sg.** | clāmā**ba**t | er, sie, es schrie | tacē**ba**t | er, sie, es schwieg | audiē**ba**t | er, sie, es hörte |
| **1.P.Pl.** | clāmā**bā**mus | wir schrien | tacē**bā**mus | wir schwiegen | audiē**bā**mus | wir hörten |
| **2.P.Pl.** | clāmā**bā**tis | ihr schriet | tacē**bā**tis | ihr schwiegt | audiē**bā**tis | ihr hörtet |
| **3.P.Pl.** | clāmā**ba**nt | sie schrien | tacē**ba**nt | sie schwiegen | audiē**ba**nt | sie hörten |

| | Konsonantische Konjugation | |
|---|---|---|
| **1.P.Sg.** | legē**ba**m | ich las |
| **2.P.Sg.** | legē**bā**s | du last |
| **3.P.Sg.** | legē**ba**t | er, sie, es las |
| **1.P.Pl.** | legē**bā**mus | wir lasen |
| **2.P.Pl.** | legē**bā**tis | ihr last |
| **3.P.Pl.** | legē**ba**nt | sie lasen |

| | esse | |
|---|---|---|
| **1.P.Sg.** | er**a**m | ich war |
| **2.P.Sg.** | er**ā**s | du warst |
| **3.P.Sg.** | er**a**t | er, sie, es war |
| **1.P.Pl.** | er**ā**mus | wir waren |
| **2.P.Pl.** | er**ā**tis | ihr wart |
| **3.P.Pl.** | er**a**nt | sie waren |

# 2. Satzlehre

## 2.1 Verwendung des Imperfekts

1. Flāvia diū lībera puella **erat**. — Flavia **war** lange ein freies Mädchen.
2. Semper servīs labōrēs **impōnēbat**. — Immer **trug** sie den Sklaven Arbeiten **auf**.
3. In Italiā servae cēnam **parābant**. — In Italien **waren** Sklavinnen **gewohnt**, das Mahl **zu bereiten**.

Das lateinische Imperfekt wird im Deutschen mit dem Präteritum wiedergegeben. Es drückt besonders aus:
- **Zustände** oder **andauernde Vorgänge der Vergangenheit** (1.);
- **Gewohnheiten** und **wiederholte Handlungen der Vergangenheit** (2./3.).

Ü Im Deutschen verwendet man, um eine Gewohnheit oder eine sich wiederholende Handlung auszudrücken, außer den Adverbien wie „häufig, meist“ zuweilen auch den Ausdruck „gewohnt sein“.

## 2.2 Satzreihe

| Flavia domina erat; | (sed) in Gallia parere debet. |
|---|---|
| Flavia war Herrin; | (aber) in Gallien muss sie gehorchen. |

Bei einer **Satzreihe** stehen zwei oder mehrere **Hauptsätze gleichwertig** nebeneinander.

**Hauptsätze** können in einem Text durch Punkt, Komma oder Semikolon getrennt stehen. Sie sind einander **beigeordnet**. Meist sind sie jedoch durch **Konjunktionen** (beiordnende Bindewörter) **miteinander verknüpft**.
Eine solche Verbindung heißt **Satzreihe**.
Konjunktionen sind z. B.
*et* „und“, *sed* „aber“, *nam* „denn“, *itaque* „deshalb“.

## 2.3 Satzgefüge

| Galla maesta est, | |
|---|---|
| | quod Flavia Gallos barbaros putat. |
| ↓ | |
| Hauptsatz | Gliedsatz |
| Galla ist traurig, | **weil** Flavia die Gallier für Barbaren hält. |

Bei einem **Satzgefüge** ist dem Hauptsatz ein **Gliedsatz untergeordnet**; dieser gibt in der Regel einen näheren Umstand zur Aussage des Hauptsatzes an.

Sätze können auch so miteinander verbunden werden, dass dem Hauptsatz ein anderer Satz **untergeordnet** ist. Diesen Satz nennt man **Gliedsatz**. Hauptsatz und Gliedsatz sind durch **Subjunktionen** (unterordnende Bindewörter) miteinander verbunden.
Eine solche Verbindung von Sätzen heißt **Satzgefüge**.

Ü Achte bei einem Satzgefüge immer auf die Subjunktion. Übersetze zunächst den Hauptsatz und füge dann den Gliedsatz ein. Achte darauf, dass im **Deutschen** das **Prädikat im Gliedsatz** am **Satzende** steht.

Die Subjunktion gibt die **Sinnrichtung** des Gliedsatzes an. Dieser erfüllt die **Funktion des Adverbiales**.

| Subjunktion | Sinnrichtung | Gliedsatzart |
|---|---|---|
| dum (während) | Angabe der Zeit | Temporalsatz |
| quod (weil) | Angabe des beachteten Grundes | Kausalsatz |
| etsī (auch wenn, obwohl) | Angabe des nicht beachteten Grundes | Konzessivsatz |
| sī (wenn, falls) | Angabe der Bedingung (möglicher Grund) | Konditionalsatz |

# 1. Formenlehre

## 1.1 Perfekt-Bildung mit *-v-*, *-u-*, *-s-*

Jedes Verb hat neben dem Präsensstamm auch einen **Perfektstamm**. Dieser wird gebraucht, um bestimmte Zeiten, z. B. das Perfekt, zu bilden.
Das **Perfekt** kann durch Hinzufügen der **Bildungselemente *-v-*, *-u-*** oder ***-s-*** gebildet sein. Präsensstamm und Bildungselement ergeben den **Perfektstamm**.

Der Perfektstamm unterscheidet sich in der Regel vom Präsensstamm. Er muss deshalb immer mitgelernt werden. Die Art der Perfekt-Bildung ist unabhängig von der Konjugationsklasse.

| Bildungs-element | Perfekt-stamm | Präsens-stamm | Infinitiv |
|---|---|---|---|
| -v- | clāmā**v**- | clāmā- | clāmāre (schreien) |
| -u- | tac**u**- | tacē- | tacēre (schweigen) |
| -s- | mān**s**- | manē- | manēre (bleiben) |
| | dī**x**- (< dics) | dīc- | dīcere (sagen) |

## 1.2 Person-Zeichen des Perfekts

Das zweite Vergangenheitstempus ist das **Perfekt**. Es hat **eigene Person-Zeichen**, die an den **Perfektstamm** eines Verbs angefügt sind:

- **-ī** „ich“
- **-istī** „du“
- **-it** „er, sie, es“
- **-imus** „wir“
- **-istis** „ihr“
- **-ērunt** „sie“

Führe eine Perfektform auf den Infinitiv Präsens zurück, indem du das Bildungselement weglässt.
Stelle dann am Person-Zeichen die Person und den Numerus fest.

### Konjugationsschema Perfekt

| | ā-Konjugation | | ē-Konjugation | |
|---|---|---|---|---|
| **1.P.Sg.** | clāmāv**ī** | ich habe gerufen/rief | tacu**ī** | ich habe geschwiegen/schwieg |
| **2.P.Sg.** | clāmāv**istī** | du hast gerufen/riefst | tacu**istī** | du hast geschwiegen/schwiegst |
| **3.P.Sg.** | clāmāv**it** | er, sie, es hat gerufen/rief | tacu**it** | er, sie, es hat geschwiegen/schwieg |
| **1.P.Pl.** | clāmāv**imus** | wir haben gerufen/riefen | tacu**imus** | wir haben geschwiegen/schwiegen |
| **2.P.Pl.** | clāmāv**istis** | ihr habt gerufen/rieft | tacu**istis** | ihr habt geschwiegen/schwiegt |
| **3.P.Pl.** | clāmāv**ērunt** | sie haben gerufen/riefen | tacu**ērunt** | sie haben geschwiegen/schwiegen |

| | ī-Konjugation | | Kons. Konjugation | |
|---|---|---|---|---|
| 1.P.Sg. | audīvī | ich habe gehört/hörte | dīxī | ich habe gesagt/sagte |
| 2.P.Sg. | audīv**istī** | du hast gehört/hörtest | dīx**istī** | du hast gesagt/sagtest |
| 3.P.Sg. | audīv**it** | er, sie, es hat gehört/hörte | dīx**it** | er, sie, es hat gesagt/sagte |
| 1.P.Pl. | audīv**imus** | wir haben gehört/hörten | dīx**imus** | wir haben gesagt/sagten |
| 2.P.Pl. | audīv**istis** | ihr habt gehört/hörtet | dīx**istis** | ihr habt gesagt/sagtet |
| 3.P.Pl. | audīv**ērunt** | sie haben gehört/hörten | dīx**ērunt** | sie haben gesagt/sagten |

| | esse | |
|---|---|---|
| 1.P.Sg. | fuī | ich bin gewesen/war |
| 2.P.Sg. | fu**istī** | du bist gewesen/warst |
| 3.P.Sg. | fu**it** | er, sie, es ist gewesen/war |
| 1.P.Pl. | fu**imus** | wir sind gewesen/waren |
| 2.P.Pl. | fu**istis** | ihr seid gewesen/wart |
| 3.P.Pl. | fu**ērunt** | sie sind gewesen/waren |

# 2. Satzlehre

## 2.1 Verwendung des Perfekts

1. Rōmānī iam diū nāvigābant, cum subitō pīrātae **appāruērunt** et nāvem **invāsērunt**. — Die Römer waren schon lange auf See, als plötzlich Piraten **auftauchten/erschienen** und das Schiff **angriffen**.
2. Virōs in aquam **praecipitāvērunt** et fēminās **abdūxērunt**. — Die Männer **stießen** sie ins Wasser und die Frauen **verschleppten** sie.
3. Nautae nāvis Graecae virōs ex aquā **trāxērunt**. — Seeleute eines griechischen Schiffes **zogen** die Männer aus dem Wasser.
4. Ecce! Graecī Rōmānōs **servāvērunt**. — Seht! Griechen **haben** Römer **gerettet**.

Das **Perfekt** beschreibt im Lateinischen meist Vorgänge und Handlungen, die sich nur **einmal ereigneten** und **abgeschlossen** sind. In einem **erzählenden Text** gibt es **aufeinander folgende Handlungen** wieder, die das Geschehen vorantreiben. Dieses **erzählende Perfekt** wird im Deutschen mit dem Präteritum wiedergegeben (1.–3.).
Das **Perfekt** kann aber auch Einzelereignisse als **Ergebnis der Vergangenheit** beschreiben. Dieses **feststellende Perfekt** wird auch im Deutschen mit Perfekt wiedergegeben (4.).

Ü Ob in einem Satz ein erzählendes oder ein feststellendes Perfekt vorliegt, lässt sich meist nur aus dem **Textzusammenhang** erschließen.

# Stammformenliste der Perfektformen

Die 1. P. Sg. Perfekt gehört wie die 1. P. Sg. Präsens zu den **Stammformen** eines Verbs. Im Folgenden sind die Perfektformen lektionsweise und alphabetisch nach ihren Bildungselementen aufgelistet.

| | | | | |
|---|---|---|---|---|
| **1** | **-v-** | clāmāvī<br>cōgitāvī<br>exspectāvī<br>properāvī | → clāmāre<br>→ cōgitāre<br>→ exspectāre<br>→ properāre | schreien, (laut) rufen<br>denken (an); nachdenken (über); *(m. Inf.)* beabsichtigen<br>warten (auf), erwarten<br>eilen; sich beeilen |
| | **-u-** | iacuī<br>patuī<br>placuī<br>tacuī | → iacēre<br>→ patēre<br>→ placēre<br>→ tacēre | (da)liegen<br>offen stehen; offenkundig sein; sich erstrecken<br>gefallen<br>schweigen, still sein |
| | **-s-** | – | – | – |

| | | | | |
|---|---|---|---|---|
| **2** | **-v-** | apportāvī<br>appropinquāvī<br>cessāvī<br>dēlectāvī<br>salūtāvī | → apportāre<br>→ appropinquāre<br>→ cessāre<br>→ dēlectāre<br>→ salūtāre | herbeitragen, (mit)bringen<br>sich nähern, näher kommen<br>zögern; sich Zeit lassen<br>erfreuen, Freude machen<br>(be)grüßen |
| | **-u-** | appāruī<br>timuī | → appārēre<br>→ timēre | erscheinen, sich zeigen; offensichtlich sein<br>(sich) fürchten, Angst haben (vor) |
| | **-s-** | rīsī | → rīdēre | lachen |

| | | | | |
|---|---|---|---|---|
| **3** | **-v-** | administrāvī<br>amāvī<br>audīvī<br>intrāvī<br>nāvigāvī<br>parāvī<br>rogāvī<br>scīvī<br>vocāvī | → administāre<br>→ amāre<br>→ audīre<br>→ intrāre<br>→ nāvigāre<br>→ parāre<br>→ rogāre<br>→ scīre<br>→ vocāre | verwalten<br>lieben<br>(an-, er-, zu-)hören<br>eintreten; betreten<br>segeln; mit dem Schiff fahren<br>(vor-, zu)bereiten; *(m. Inf.)* vorhaben<br>fragen; bitten<br>wissen, kennen; können<br>rufen; nennen |
| | **-u-** | debuī<br>licuit<br>pāruī<br>tenuī | → debēre<br>→ licet<br>→ pārēre<br>→ tenēre | *(m. Inf.)* müssen; verdanken; schulden<br>es ist möglich; es ist erlaubt, *(jmd.)* darf<br>gehorchen<br>(zurück-, fest)halten |
| | **-s-** | iussī | → iubēre | *(jmdm.)* befehlen, *(jmdn.)* beauftragen |

| | | | | |
|---|---|---|---|---|
| **4** | **-v-** | incitāvī<br>spectāvī | → incitāre<br>→ spectāre | antreiben, anfeuern<br>(an)schauen; betrachten |
| | **-u-** | – | – | – |
| | **-s-** | – | – | – |

| | | | | |
|---|---|---|---|---|
| 5 | -v- | dormīvī<br>petīvī<br><br>quaesīvī | → dormīre<br>→ petere<br><br>→ quaerere | schlafen<br>bitten, verlangen; angreifen; aufsuchen;<br>gehen zu/fahren nach<br>suchen; fragen |
| | -u- | – | – | – |
| | -s- | dēcessī<br>dīxī<br>invāsī<br>lūsī<br>plausī<br>sūmpsī | → dēcēdere<br>→ dīcere<br>→ invādere<br>→ lūdere<br>→ plaudere<br>→ sūmere | weggehen, gehen (aus)<br>sagen; sprechen; *(m. doppeltem Akk.)* nennen<br>eindringen, angreifen<br>spielen<br>Beifall klatschen, applaudieren<br>nehmen |

| | | | | |
|---|---|---|---|---|
| 6 | -v- | necāvī<br>ōrāvī<br>praecipitāvī<br>pūgnāvī<br>superāvī | → necāre<br>→ ōrāre<br>→ praecipitāre<br>→ pūgnāre<br>→ superāre | töten<br>(er)bitten; beten<br>*(jmdn.)* hinabstürzen; stoßen; hinabstürzen, (herunter)fallen<br>kämpfen<br>(be)siegen; übertreffen |
| | -u- | – | – | – |
| | -s- | abdūxī | → abdūcere | wegführen; (weg)bringen; verschleppen |

| | | | | |
|---|---|---|---|---|
| 7 | -v- | ambulāvī<br>portāvī | → ambulāre<br>→ portāre | (spazieren) gehen<br>tragen; bringen |
| | -u- | continuī | → continēre | (an-, auf-, fest)halten; enthalten |
| | -s- | accessī<br>mānsī | → accēdere<br>→ manēre | herantreten; hingehen<br>bleiben; erwarten |

| | | | | |
|---|---|---|---|---|
| 8 | -v- | putāvī<br>spērāvī<br>vacāvī | → putāre<br>→ spērāre<br>→ vacāre | glauben, meinen; *(m. doppeltem Akk.)* halten für<br>(er)hoffen; erwarten<br>frei sein *(von)*, *(etw.)* nicht haben |
| | -u- | exposuī<br>valuī | → expōnere<br>→ valēre | ausstellen; aussetzen; darlegen<br>gesund sein; Einfluss haben |
| | -s- | – | – | – |

| | | | | |
|---|---|---|---|---|
| 9 | -v- | – | – | – |
| | -u- | horruī | → horrēre | erschrecken *(vor)*; Entsetzen empfinden *(vor)*;<br>sich scheuen *(etw. zu tun)* |
| | -s- | cessī | → cēdere | (weg-, aus)gehen; nachgeben; überlassen |

| | | | | |
|---|---|---|---|---|
| 10 | -v- | cūrāvī<br>errāvī<br>labōrāvī<br>mūtāvī<br>sacrificāvī | → cūrāre<br>→ errāre<br>→ labōrāre<br>→ mūtāre<br>→ sacrificāre | sorgen *(für)*, sich kümmern *(um)*<br>(sich) irren; umherirren<br>arbeiten; sich anstrengen; (Not) leiden<br>(ver)ändern; verwandeln<br>opfern |
| | -u- | caruī<br>imposuī<br>oportuit | → carēre<br>→ impōnere<br>→ oportet | frei sein *(von etw.)*, *(etw.)* nicht haben<br>setzen, stellen, legen (in, an, auf); auftragen; bringen<br>es ist nötig; es ist angebracht; *(jmd.)* soll |
| | -s- | vīxī | → vīvere | leben |

**1. Formenlehre**
1.1 Perfekt-Bildung mit Reduplikation, Dehnung und ohne Veränderung
1.2 Zusammenfassung aller Perfekt-Bildungen
1.3 Neutra der konsonantischen Deklination
Stammformenliste der Perfektformen

**2. Satzlehre**
–

# 1. Formenlehre

## 1.1 Perfekt-Bildung mit Reduplikation, Dehnung und ohne Veränderung

Das Perfekt kann im Lateinischen auch gebildet sein

- durch **Reduplikation** (Verdoppelung der Anfangslaute, z. B. **cucu**rrī < **cu**rrere: ich bin gelaufen/lief);
- durch **Dehnung des Stammes** (z. B. v**ē**nī < venīre: ich bin gekommen/kam);
- **ohne Veränderung des Stammes** (z. B. dēfendī < dēfendere: ich habe verteidigt/verteidigte).

Perfekt und Präsens unterscheiden sich bei den Verben mit Perfekt-Bildung ohne Veränderung des Stammes häufig nur durch das Person-Zeichen:

dēfenditis: ihr verteidigt
dēfend**istis**: ihr **habt verteidigt**

Ü In der 3. P. Sg. und 1. P. Pl. entscheidet zuweilen nur der **Textzusammenhang**, um welches Tempus es sich handelt: *dēfendit* „er, sie, es verteidigt“ und „er, sie, es hat verteidigt“/ dēfendimus „wir verteidigen“ und „wir haben verteidigt“.

## 1.2 Zusammenfassung aller Perfekt-Bildungen

| Perfektstamm | | | Person-Zeichen |
|---|---|---|---|
| vorne | in der Mitte | hinten | |
| | clāmā- | -v- | -ī |
| | tac- | -u- | -istī |
| | mān- | -s- | -it |
| | vēn- | – | -imus |
| cu- | curr- | – | -istis |
| | dēfend- | – | -ērunt |

Reduplikationsperfekt (cu-)
Dehnungsperfekt (vēn-)
Perfekt ohne Veränderung (dēfend-)
v-Perfekt (-v-)
u-Perfekt (-u-)
s-Perfekt (-s-)

## 1.3 Neutra der konsonantischen Deklination

Auch in der konsonantischen Deklination gibt es Neutra. Diese haben im Nominativ und Akkusativ identische Formen.

! Vergleiche die Neutra der o-Deklination (→ L 3, 1.4).

Deklinationsschema

| | Singular | Plural |
|---|---|---|
| **Nom.** | corpus<br>der Körper | corpor**a**<br>die Körper |
| **Gen.** | corporis<br>des Körpers | corporum<br>der Körper |
| **Dat.** | corporī<br>dem Körper | corporibus<br>den Körpern |
| **Akk.** | corpus<br>den Körper | corpor**a**<br>die Körper |
| **Abl.** | dē corpore<br>über den Körper | dē corporibus<br>über die Körper |

# Stammformenliste der Perfektformen

Im Folgenden sind die Perfektformen lektionsweise und alphabetisch nach ihren Bildungsweisen aufgelistet.

| | | | | |
|---|---|---|---|---|
| 1 | **Reduplikation** | stetī | → stāre | (da)stehen |
| | **Dehnung** | vēnī | → venīre | kommen |
| | **ohne Veränderung** | – | – | – |

| | | | | |
|---|---|---|---|---|
| 2 | **Reduplikation** | – | – | – |
| | **Dehnung** | – | – | – |
| | **ohne Veränderung** | – | – | – |

| | | | | |
|---|---|---|---|---|
| 3 | **Reduplikation** | respondī* | → respondēre | antworten, entgegnen |
| | **Dehnung** | – | – | – |
| | **ohne Veränderung** | – | – | – |

* aus respopondī > respondī

| | | | | |
|---|---|---|---|---|
| 4 | **Reduplikation** | dedī | → dare | (von sich) geben |
| | **Dehnung** | sēdī<br>vīdī | → sedēre<br>→ vidēre | (da)sitzen<br>sehen |
| | **ohne Veränderung** | – | – | – |

| | | | | |
|---|---|---|---|---|
| 5 | **Reduplikation** | accurrī* | → accurrere | herbeilaufen, angelaufen kommen |
| | **Dehnung** | lēgī | → legere | lesen; sammeln; auswählen |
| | **ohne Veränderung** | – | – | – |

* aus accucurrī > accurrī

| | | | | |
|---|---|---|---|---|
| 6 | **Reduplikation** | – | – | – |
| | **Dehnung** | – | – | – |
| | **ohne Veränderung** | dēfendī | → dēfendere | verteidigen; abwehren |

| | | | | |
|---|---|---|---|---|
| 7 | **Reduplikation** | cucurrī | → currere | laufen; eilen |
| | **Dehnung** | – | – | – |
| | **ohne Veränderung** | – | – | – |

| | | | | |
|---|---|---|---|---|
| 8 | **Reduplikation** | – | – | – |
| | **Dehnung** | convēnī<br>ēmī | → convenīre<br>→ emere | zusammenkommen; -passen; *(m. Akk.)* treffen<br>kaufen |
| | **ohne Veränderung** | – | – | – |

| | | | | |
|---|---|---|---|---|
| 9 | **Reduplikation** | – | – | – |
| | **Dehnung** | cōnsēdī<br>ēgī | → cōnsīdere<br>→ agere | sich setzen, sich niederlassen<br>tun; handeln;<br>(*m. Adv. und* cum) umgehen *(m. jmdm.)* |
| | **ohne Veränderung** | – | – | – |

| | | | | |
|---|---|---|---|---|
| 10 | **Reduplikation** | addidī | → addere | hinzufügen |
| | **Dehnung** | – | – | – |
| | **ohne Veränderung** | statuī | → statuere | beschließen, entscheiden; aufstellen; festsetzen |

## Grundwissen: Fakten

### Formenlehre

1 Das **Imperfekt** (1. Vergangenheitstempus) ist an dem Tempus-Zeichen ***-ba-*** zu erkennen, das zwischen dem Präsensstamm, ggf. mit Sprechvokal, und den Person-Zeichen eingefügt ist. Im Deutschen wird es mit Präteritum wiedergegeben, z. B. *clāmā**bat*** „er, sie, es schrie, rief". Das Verb ***esse*** hat eigene Formen: *eram, erās, ...* → **L 10, 1.1**

2 Das **Perfekt** (2. Vergangenheitstempus) hat einen eigenen Stamm, den **Perfektstamm**. Es gibt sechs **verschiedene Bildungsweisen** des Perfektstamms. → **L 12, 1.2**

3 Das Perfekt hat eigene **Person-Zeichen**, sie lauten ***-ī, -istī, -it, -imus, -istis, -ērunt***. Sie sind dem Perfektstamm angefügt. → **L 11, 1.2**
Das Perfekt wird im Deutschen mit Perfekt oder Präteritum wiedergegeben.

4 Zur o-Deklination gehören auch einige Substantive und Adjektive auf *-(e)r.* → **L 9, 1.1**

### Satzlehre

5 Der **AcI** (Accusativus cum Infinitivo) ist eine **satzwertige Konstruktion.** Er beschreibt einen Vorgang, der von bestimmten Verben („Kopfverben") oder unpersönlichen Ausdrücken abhängt. Das **Subjekt** steht innerhalb des AcI im **Akkusativ**, das **Prädikat** im **Infinitiv**. Dieser Vorgang wird in der Regel mit einem dass-Satz wiedergegeben. → **L 9, 2.1**

6 **Imperfekt** und **Perfekt** beschreiben **unterschiedliche zeitliche Vorstellungen**:
- Imperfekt: Zustände, andauernde Vorgänge sowie sich wiederholende Handlungen der Vergangenheit; → **L 10, 2.1**
- Perfekt: einen einmaligen Vorgang der Vergangenheit (erzählendes Perfekt) oder ein Ereignis als Ergebnis der Vergangenheit (feststellendes Perfekt). → **L 11, 2.1**

7 Bei einer **Satzreihe** werden Hauptsätze durch **Konjunktionen** gleichwertig miteinander verbunden. → **L 10, 2. 2**
Bei einem **Satzgefüge** ist ein Gliedsatz dem Hauptsatz durch eine **Subjunktion** untergeordnet. Der Gliedsatz kann **verschiedene Sinnrichtungen** (z. B. temporal, kausal, konzessiv, konditional) haben. → **L 10, 2.3**

## Grundwissen: Überblick

8 Die bisher gelernten Zeiten sind auf verschiedene Weise gebildet:
- das **Präsens**, indem an den **Präsensstamm**, ggf. mit Sprechvokal, die Person-Zeichen angefügt sind;
- das **Imperfekt**, indem zwischen dem **Präsensstamm**, ggf. mit Sprechvokal, und den Person-Zeichen das **Tempus-Zeichen *-ba-*** eingefügt ist;
- das **Perfekt**, indem an einen auf verschiedene Weise gebildeten **Perfektstamm** die entsprechenden Person-Zeichen angefügt sind.

9 Die Person-Zeichen für das Präsens sind ***-ō, -s, -t, -mus, -tis, -nt***
(Ausnahme bei *esse:* ***-m*** für die 1. P. Sg.: *su-m*).
Die Person-Zeichen für das Imperfekt sind ***-m, -s, -t, -mus, -tis, -nt***.
Die Person-Zeichen für das Perfekt sind ***-ī, -istī, -it, -imus, -istis, -ērunt***.

## Ich kann schon ...

1 **Imperfektformen in ihre Bestandteile zerlegen und übersetzen.**
vivebant – audiebas – dabatis – agebamus – quaerebant – flebam – veniebat – timebatis – curabamus – vivebas – ducebant

2 **die Art der Perfekt-Bildung benennen.**
iussī – dēfendērunt – dīxistī – amāvimus – dedit – vēnit – mīsistis – ēgimus – tetigit – statuī – īnstituistis – iussērunt – cōnsēdī – vīxistī – habuit – crediderunt

3 **Perfektformen bestimmen und übersetzen.**
risistis – cucurrimus – caruit – legi – dederunt – stetistis – sedimus – viderunt – necavit – fui – audiverunt – dixit – emisti – iussimus

4 **Substantive ihrer Deklinationsklasse zuordnen und ihre KNG bestimmen.**
mores – pueros – matrem – victoris – agris – regi – patroni – patri – vitam – virum – corporum – adversarios – sacra – hospitio – gratia

5 **einen AcI in einem Satz einklammern und den Satz übersetzen.**
1. Quis pugnas gladiatorum[!] non placere dicit? 2. Romani Gallos homines barbaros esse putant. 3. Galla Romanos Galliam terram asperam putare non gaudet. 4. Sed Gallos humanitate non carere apparet. 5. Cuncti tum multos servos e Gallia in urbem Romam venire sciebant.

6 **die unterschiedliche Verwendung von Imperfekt und Perfekt erkennen und entsprechend übersetzen.**
1. Multa de Germanis legi: Germani deis sacrificabant. Servitutem non amabant. Terram semper defendebant. 2. Quis dixit: „Veni, vidi, vici[1]“? 3. Nox erat. Familia dormiebat. Subito servus in villam properavit et clamavit: „Barbari veniunt!“

1) **vīcī:** ich siegte

7a **erkennen, ob das Bindewort einen Haupt- oder Gliedsatz einleitet, und seine deutsche Bedeutung nennen.**
quod – nam – et – si – sed – quamquam – neque – etsi – enim – autem – itaque

b **Satzreihen von Satzgefügen unterscheiden und die Art des Gliedsatzes angeben.**
1. Quamquam piratae navem invaserunt, de salute non desperavimus. 2. Nam nautae magno cum ardore pugnabant. 3. Itaque multos servaverunt. 4. Sed multi alii valde timebant, quod fortuna secunda non erat. 5. Iam valde maesti erant, cum subito navis Graeca apparuit. 6. Statim Graeci homines ex aqua traxerunt et ad terram portaverunt. 7. Piratas autem in fugam dederunt.

8 **das Tempus einer Verbform und ihren Infinitiv Präsens nennen.**
navigabatis – sunt – tenemus – dixit – accurrerunt – plausi – tetigerunt – fuimus – dormimus – convenistis – valebas – petivisti – statuunt – vivebant – eram – flevimus – sum – paruerunt – incitabat – cessimus – errant – eratis – defendimus – es

9 **feststellen, welche Person und welches Tempus in der Endung angezeigt wird, und entsprechend übersetzen.**
estis – salutabamus – apparuistis – fuerunt – places – timuimus – venimus – invasisti – ludunt – movimus – imponimus – egit – eras – carebatis – addidisti – colebam

# 1. Formenlehre

## 1.1 Personal-Pronomen der ersten und zweiten Person (Zusammenfassung)

Deklinationsschema

| | | 1. Person | | 2. Person | |
|---|---|---|---|---|---|
| | | **Lateinisch** | **Deutsch** | **Lateinisch** | **Deutsch** |
| **Sg.** | **Nom.** | ego | ich | tū | du |
| | **Dat.** | mihī | mir | tibī | dir |
| | **Akk.** | mē | mich | tē | dich |
| | **Abl.** | mēcum/sine mē | mit mir/ohne mich | tēcum/sine tē | mit dir/ohne dich |
| **Pl.** | **Nom.** | nōs | wir | vōs | ihr |
| | **Dat.** | nōbīs | uns | vōbīs | euch |
| | **Akk.** | nōs | uns | vōs | euch |
| | **Abl.** | nōbīscum/ sine nōbīs | mit uns/ ohne uns | vōbīscum/ sine vōbīs | mit euch/ ohne euch |

## 1.2 Plusquamperfekt

Das dritte Vergangenheitstempus ist das **Plusquamperfekt**.

Es ist zu erkennen an dem **Tempus-Zeichen** -era-.

Dieses ist zwischen dem **Perfektstamm** und den Person-Zeichen eingefügt.

| | Lateinisch | Deutsch | Lateinisch | Deutsch |
|---|---|---|---|---|
| **1.P.Sg.** | clāmāv**era**m | ich hatte geschrien | cucurr**era**m | ich war gelaufen |
| **2.P.Sg.** | clāmāv**erā**s | du hattest geschrien | cucurr**erā**s | du warst gelaufen |
| **3.P.Sg.** | clāmāv**era**t | er, sie, es hatte geschrien | cucurr**era**t | er, sie, es war gelaufen |
| **1.P.Pl.** | clāmāv**erā**mus | wir hatten geschrien | cucurr**erā**mus | wir waren gelaufen |
| **2.P.Pl.** | clāmāv**erā**tis | ihr hattet geschrien | cucurr**erā**tis | ihr wart gelaufen |
| **3.P.Pl.** | clāmāv**era**nt | sie hatten geschrien | cucurr**era**nt | sie waren gelaufen |

| | esse | |
|---|---|---|
| 1.P.Sg. | fu**era**m | ich war gewesen |
| 2.P.Sg. | fu**erā**s | du warst gewesen |
| 3.P.Sg. | fu**era**t | er, sie, es war gewesen |
| 1.P.Pl. | fu**erā**mus | wir waren gewesen |
| 2.P.Pl. | fu**erā**tis | ihr wart gewesen |
| 3.P.Pl. | fu**era**nt | sie waren gewesen |

# 2. Satzlehre

## 2.1 Verwendung des Personal-Pronomens der ersten und zweiten Person

Der **Nominativ der Personal-Pronomina** wird nur zur **Betonung** der Person, insbesondere in **Gegensätzen**, verwendet. In der Regel wird die Person nur durch das Person-Zeichen angezeigt.

1. Galla bene labōrat, Flāvia. Cūr **tū** nōn pārēs? — Galla arbeitet gut, Flavia. Warum gehorchst **du** nicht?
2. **Nōs** dominī sumus. — **Wir** sind die Herren.
3. Itaque **ego *vōbīs*** labōrēs impōnō et **vōs *mihī*** pārēre dēbētis. — Deshalb erteile **ich *euch*** Arbeitsaufträge und **ihr** müsst ***mir*** gehorchen.

## 2.2 Verwendung des Plusquamperfekts

1. Vir Gallus Flāviam in Āfricā ēmit. — Ein gallischer Mann hat Flavia in Afrika gekauft.
2. Flāvia ex Cyprō īnsulā in Āfricam **vēnerat**. — Flavia **war** von der Insel Zypern nach Afrika **gekommen**.
3. Etsī nautae nāvem māgnō ārdōre **dēfenderant**, pīrātae superāvērunt. — Obwohl die Seeleute das Schiff mit großer Leidenschaft **verteidigt hatten**, haben die Piraten gesiegt.

Das **Plusquamperfekt** *vēnerat* „er, sie, es war gekommen" erfasst einen Vorgang der Vergangenheit, der **schon vor einem anderen Vorgang der Vergangenheit**, *ēmit* „er, sie, es hat gekauft", **abgelaufen** ist.

In einem Satzgefüge (3.) drückt das **Plusquamperfekt im Gliedsatz** aus, dass dessen Handlung gegenüber der Handlung des Hauptsatzes **vorzeitig** ist.

### 2.3 Dativ des Besitzers

1. **Dominō** māgna vīlla *est*. — **Der Herr** *besitzt* ein großes Landhaus. (Wörtlich: **Dem Herrn** *ist* ein schönes Landhaus.)
2. **Gallīs** hūmānitās nōn *est*. — **Die Gallier** *haben* keine Bildung. (Wörtlich: **Den Galliern** *ist* keine Bildung.)

Ü Wenn ein Dativ mit einer **Form von *esse*** verbunden ist, so liegt in der Regel ein **Dativ des Besitzers** vor. Übersetze zunächst immer wörtlich und dann mit „haben/besitzen“.
***Mihī** amīcus **est**.* –
„**Mir ist** ein Freund.“ →
„**Ich habe** einen Freund.“

Der Dativ in Verbindung mit der 3. P. Sg./Pl. von *esse* gibt den **Besitzer einer Sache** oder **Eigenschaft** an. Er heißt deshalb **Dativ des Besitzers**.
Im Deutschen wird er mit dem Nominativ wiedergegeben, die Form von *esse* mit „haben“ oder „besitzen“.

# Lektion 14

**1. Formenlehre**
1.1 Infinitiv Perfekt

**2. Satzlehre**
2.1 AcI: gleichzeitiges und vorzeitiges Zeitverhältnis
2.2 Zeitangaben (Zusammenfassung)

## 1. Formenlehre

### 1.1 Infinitiv Perfekt

Der **Infinitiv Perfekt** ist zu erkennen an dem **Infinitiv-Zeichen**

**-isse**

Dieses ist an den **Perfektstamm** des Verbs angefügt.

| Lateinisch | | Deutsch |
|---|---|---|
| Perfektstamm ↓ | Infinitiv-Zeichen ↓ | |
| clāmāv | **-isse** | gerufen (zu) haben |
| tacu | **-isse** | geschwiegen (zu) haben |
| māns | **-isse** | geblieben (zu) sein |
| cucurr | **-isse** | gelaufen (zu) sein |
| vēn | **-isse** | gekommen (zu) sein |
| dēfend | **-isse** | verteidigt (zu) haben |
| fu | **-isse** | gewesen (zu) sein |

# 2. Satzlehre

## 2.1 AcI: gleichzeitiges und vorzeitiges Zeitverhältnis

In einem **AcI** kann ein **Infinitiv Präsens** oder ein **Infinitiv Perfekt** vorkommen. Es werden dadurch unterschiedliche **Zeitverhältnisse** ausgedrückt.

| | |
|---|---|
| 1. Quīntus noctem iam **appropinquāre** dīcit. | Quintus **sagt**, dass sich die Nacht schon **nähere**. |
| 2. Domitius iter nōn semper iūcundum **fuisse** scit. | Domitius **weiß**, dass die Reise nicht immer erfreulich **gewesen ist**. |
| 3. Quis nōn videt Domitium in viam **cecidisse**? | Wer **sieht nicht**, dass Domitius auf die Straße **gefallen ist**? |

Der **Infinitiv Präsens (Infinitiv der Gleichzeitigkeit)** drückt im AcI einen Vorgang aus, der **gleichzeitig** zur Handlung des Prädikats verläuft (1.).
Dieses Zeitverhältnis nennt man **Gleichzeitigkeit**.

Video
40501-40

Der **Infinitiv Perfekt (Infinitiv der Vorzeitigkeit)** drückt im AcI dagegen einen **Vorgang** aus, der **vor** der Handlung des Prädikats, also **vorzeitig**, verlaufen ist (2./3.).
Dieses Zeitverhältnis nennt man **Vorzeitigkeit**.

Ü Achte bei der Wiedergabe im Deutschen darauf, das Tempus zu verwenden, das die Vorzeitigkeit ausdrückt (→ auch L 13, 2.2).

## 2.2 Zeitangaben (Zusammenfassung)

! Beachte, dass der **Akkusativ** auch auf die Frage **„wie lange?"** und der **Ablativ** auf die Frage **„wann?"** antwortet.

**Zeitangaben** können im Lateinischen unterschiedlich ausgedrückt sein:

| | | |
|---|---|---|
| **diū** | lange | *Adverb* |
| **multās hōrās** | viele Stunden lang | *Akk. der zeitlichen Ausdehnung* |
| **prīmā lūce** | am frühen Morgen/beim ersten (Tages-)Licht | *Abl. der Zeit* |
| **post pūgnam** | nach dem Kampf | *Akk. in präpositionaler Verbindung* |
| **in spectāculō** | während des Schauspiels | *Abl. in präpositionaler Verbindung* |
| **dum dormiunt** | während sie schlafen/schliefen | *temporaler Gliedsatz* |

# 1. Formenlehre

## 1.1 Adjektive der konsonantischen Deklination

Es gibt auch **Adjektive**, die die Endungen der **konsonantischen Deklination** aufweisen. Man unterscheidet hier nach der **Anzahl der Endungen im Nominativ Singular** für das Maskulinum, Femininum und Neutrum **drei Gruppen**, nämlich **dreiendige**, **zweiendige** und **einendige** Adjektive:

| m | f | n | |
|---|---|---|---|
| ācer, | ācris, | ācre „scharf" | → „dreiendig" |

| m | f | n | |
|---|---|---|---|
| brevis, | brevis, | breve „kurz" | → „zweiendig" |

| m | f | n | |
|---|---|---|---|
| fēlīx, | fēlīx, | fēlīx „glücklich" | → „einendig" |

### Deklinationsschema

| | | *scharf* | | | *kurz* | | |
|---|---|---|---|---|---|---|---|
| | | **m** | **f** | **n** | **m** | **f** | **n** |
| **Sg.** | **Nom.** | ācer | ācris | ācre | brevis | brevis | breve |
| | **Gen.** | ācris | ācris | ācris | brevis | brevis | brevis |
| | **Dat.** | ācrī | ācrī | ācrī | brevī | brevī | brevī |
| | **Akk.** | ācrem | ācrem | ācre | brevem | brevem | breve |
| | **Abl.** | ācrī | ācrī | ācrī | brevī | brevī | brevī |
| **Pl.** | **Nom.** | ācrēs | ācrēs | ācr**ia** | brevēs | brevēs | brev**ia** |
| | **Gen.** | ācr**ium** | ācr**ium** | ācr**ium** | brev**ium** | brev**ium** | brev**ium** |
| | **Dat.** | ācribus | ācribus | ācribus | brevibus | brevibus | brevibus |
| | **Akk.** | ācrēs | ācrēs | ācr**ia** | brevēs | brevēs | brev**ia** |
| | **Abl.** | ācribus | ācribus | ācribus | brevibus | brevibus | brevibus |
| | | „dreiendig" | | | „zweiendig" | | |

| | | *glücklich* | | |
|---|---|---|---|---|
| | | m | f | n |
| Sg. | Nom. | fēlīx | fēlīx | fēlīx |
| | Gen. | fēlīcis | fēlīcis | fēlīcis |
| | Dat. | fēlīcī | fēlīcī | fēlīcī |
| | Akk. | fēlīcem | fēlīcem | fēlīx |
| | Abl. | fēlīc**ī** | fēlīc**ī** | fēlīc**ī** |
| Pl. | Nom. | fēlīcēs | fēlīcēs | fēlīc**ia** |
| | Gen. | fēlīc**ium** | fēlīc**ium** | fēlīc**ium** |
| | Dat. | fēlīcibus | fēlīcibus | fēlīcibus |
| | Akk. | fēlīcēs | fēlīcēs | fēlīc**ia** |
| | Abl. | fēlīcibus | fēlīcibus | fēlīcibus |
| | | „einendig“ | | |

! Beachte die Endungen, die von den Formen der konsonantischen Deklination abweichen:
Abl. Sg. *-ī*,
Nom./Akk. Pl. n ***-ia***,
Gen. Pl. ***-ium***.

Bei „einendigen“ Adjektiven bleibt die Form im Nominativ Singular unabhängig vom grammatischen Geschlecht des Substantivs gleich:

| m | f | n |
|---|---|---|
| amīc**us fēlīx** | amīc**a fēlīx** | iter **fēlīx** |
| der glückliche Freund | die glückliche Freundin | die glückliche Reise |

! Stelle stets fest, zu welchem Substantiv ein Adjektiv in KNG-Kongruenz steht. In der Regel steht das Adjektiv hinter dem Substantiv, das es näher beschreibt.

Bei „zweiendigen“ Adjektiven heißt es:

| m | f | n |
|---|---|---|
| gladi**us brevis** | epistul**a brevis** | iter **breve** |
| das kurze Schwert | der kurze Brief | die kurze Reise |

## 1.2 Possessiv-Pronomen

**Possessiv-Pronomina** (besitzanzeigende Fürwörter) werden wie die Adjektive der ā-/o-Deklination dekliniert. Sie richten sich in **KNG** nach ihrem **Bezugswort**, dem „Besitz“.

| | Lateinisch | Deutsch | Lateinisch | Deutsch |
|---|---|---|---|---|
| | Singular | | Plural | |
| 1. P. | meus, mea, meum | mein | noster, nostra, nostrum | unser |
| 2. P. | tuus, tua, tuum | dein | vester, vestra, vestrum | euer |
| 3. P. | suus, sua, suum | sein/ihr | suus, sua, suum | ihre |

Ü Die Wiedergabe des Possessiv-Pronomens ***suus, sua, suum*** richtet sich immer nach dem **Subjekt des Satzes**, dem „Besitzer“:
***Quīntus*** *amīcōs* ***suōs*** *salūtat.* – „**Quintus** grüßt **seine** Freunde.“
***Flāviī*** *amīcōs* ***suōs*** *salūtant.* – **Die Flavier** grüßen **ihre** Freunde.“

### 1.3 Reflexives Personal-Pronomen

Das **reflexive** (rückbezügliche) **Personal-Pronomen** gibt es nur in **drei Kasus**:

| | Lateinisch | Deutsch |
|---|---|---|
| **Dat.** | sibī | (für) sich |
| **Akk.** | sē | sich |
| **Abl.** | sēcum | mit/bei sich |

Die Reflexiv-Pronomina beziehen sich immer auf das **Subjekt des Satzes** zurück.

## 2. Satzlehre

### 2.1 Verwendung des reflexiven Personal-Pronomens

| | |
|---|---|
| 1. Domitiī **sē** ad iter parant. | Die Domitier bereiten **sich** auf die Reise vor. |
| 2. Caecilia in marī altō **sibī** timet. | Caecilia hat auf hoher See Angst um **sich**. |
| 3. Domitius **sē** nūlla perīcula timēre et iter **sibī** placēre dīcit. | Domitius sagt, **er** fürchte keine Gefahren und die Reise gefalle **ihm**. |

Das reflexive Personal-Pronomen der 3. Person **bezieht sich immer auf das Subjekt** des Satzes zurück (1./2.).

In einem **AcI** bezieht sich das reflexive Personal-Pronomen in der Regel auf das Subjekt des Satzes, von dem der AcI abhängt. ***sē*** wird mit **„er“** (3.)/**„sie“** (Sg.) oder mit **„sie“** (Pl.), ***sibī*** mit **„ihm“** (3.) .)/**„ihr“** oder **„ihnen“** wiedergegeben.

Ü

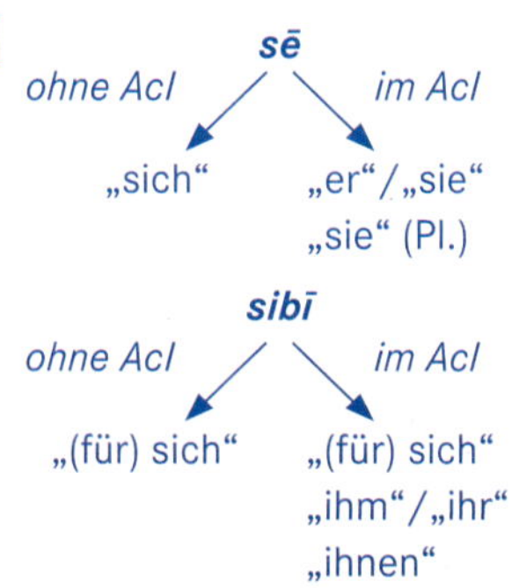

# 1. Formenlehre

## 1.1 Pronomen *is, ea, id*

| | Singular | | | Plural | | |
|---|---|---|---|---|---|---|
| | m | f | n | m | f | n |
| **Nom.** | is | ea | id | iī (eī) | eae | ea |
| **Gen.** | eius | eius | eius | eōrum | eārum | eōrum |
| **Dat.** | eī | eī | eī | eīs (iīs) | eīs (iīs) | eīs (iīs) |
| **Akk.** | eum | eam | id | eōs | eās | ea |
| **Abl.** | (cum) eō | (cum) eā | eō | (cum) eīs (iīs) | (cum) eīs (iīs) | eīs (iīs) |

# 2. Satzlehre

## 2.1 *is, ea, id* als Demonstrativ-Pronomen

Domitiī ad cēnam Flāviōrum veniunt. — Die Domitier kommen zum Gastmahl der Flavier.
**Ea cēna** grandis est. — **Dieses Gastmahl** ist großartig.

Video 40501-41

Das **Demonstrativ-Pronomen** (hinweisendes Fürwort) ***is, ea, id*** verweist auf eine Person oder Sache zurück, die bereits genannt ist. Es wird mit ***„dieser, diese, dieses"*** wiedergegeben.
Das Pronomen ist in der Regel **mit einem Substantiv** verwendet, mit dem es in **KNG** übereinstimmt.

## 2.2 *is, ea, id* als Personal-Pronomen

***Dominus*** multōs amīcōs ad cēnam vocāvit. Flāvius **eum** salūtat et **eī** grātiās agit. — *Der Herr* hat viele Freunde zu einem Gastmahl eingeladen. Flavius begrüßt **ihn** und dankt **ihm**.

Das Pronomen ***is, ea, id*** wird auch als **Personal-Pronomen der 3. Person Sg./Pl.** verwendet. Es verweist auf eine Person oder Sache zurück, die bereits genannt ist, und wird mit **„er, sie, es"** wiedergegeben.

## 2.3 *is, ea, id* als Possessiv-Pronomen

**Domitiīs** cēna **apud Flāvium** placet. — **Den Domitiern** gefällt das Gastmahl **bei Flavius**.

Gaudium **eōrum** māgnum est; nam cēnae **eius** semper grandēs sunt. — **Ihre** Freude ist groß; denn **seine** Gastmähler sind immer **großartig**.

Die **Genitive** des Pronomens ***is, ea, id*** werden auch **als nicht-reflexives Possessiv-Pronomen der 3. Person** verwendet. Sie verweisen auf einen oder mehrere „Besitzer“ zurück, die nicht Subjekt des Satzes sind.

Ü Achte bei der Übersetzung darauf, für welche Person oder Sache das Pronomen verwendet wird. Darüber gibt dir der **Textzusammenhang** Auskunft. Vergleiche:
*Aufīdius Flāviam arcessit.* – „Aufidius holt Flavia.“
***Eius** familia valdē gaudet.* – „**Ihre** Familie freut sich sehr.“

## 2.4 Possessiv-Pronomina (Zusammenfassung)

| | 1. Person | 2. Person | 3. Person reflexiv | 3. Person nicht-reflexiv |
|---|---|---|---|---|
| **Sg.** | me**us**, me**a**, me**um**<br>mein, meine | tu**us**, tu**a**, tu**um**<br>dein, deine | su**us**, su**a**, su**um**<br>sein, seine; ihr, ihre | **eius**<br>sein, seine; dessen<br>ihr, ihre; deren |
| **Pl.** | noster, nostr**a**, nostr**um**<br>unser, unsere | vester, vestr**a**, vestr**um**<br>euer, eure | | **eōrum**, **eārum**, **eōrum**<br>ihr, ihre; deren |

Das **reflexive** Possessiv-Pronomen der 3. Person verweist auf einen oder mehrere **„Besitzer“** zurück, die **Subjekt des Satzes** sind.
Die **nicht-reflexiven** Possessiv-Pronomina der 3. Person verweisen auf einen oder mehrere **„Besitzer“** zurück, die **nicht Subjekt des Satzes** sind.

Ü Unterscheide:
***Quīntus** Lūcium cum Sextō forum intrāre videt.* – „**Quintus** sieht, dass Lucius mit Sextus das Forum betritt.“
*Amīcum **suum** cum gaudiō salūtat, amīcum **eius** salūtāre cessat.* – „**Seinen** Freund begrüßt er freudig, er zögert <aber>, dessen Freund zu begrüßen.“

## 2.5 Konditionales Satzgefüge

| | |
|---|---|
| 1. Hominēs, **sī** amīcī eōs ad cēnam invitant, gaudent. | Menschen freuen sich, **wenn/falls** Freunde sie zum Essen einladen. |
| 2. **Nisī** autem in tempore ad cēnam veniunt, amīcī nōn gaudent. | **Wenn/Falls** sie aber **nicht** rechtzeitig zum Essen kommen, freuen sich die Freunde nicht. |

Ein Satzgefüge, dessen Gliedsatz ein **Konditionalsatz** ist, heißt **konditionales Satzgefüge**.
Konditionalsätze geben eine **Bedingung** an: ***sī*** „wenn, falls", ***nisī*** „wenn nicht".
Sie erfüllen im Satz die **Funktion des Adverbiales**.

### Satzmodell (Satz 1)

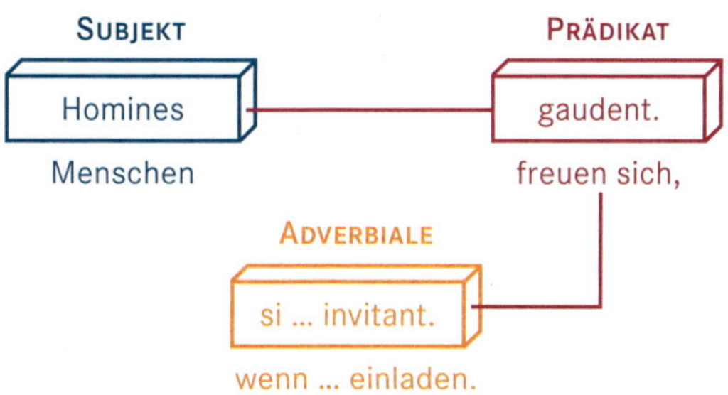

## Grundwissen: Fakten

### Formenlehre

1 Das **Plusquamperfekt** (3. Vergangenheitstempus) ist am Tempus-Zeichen ***-era-*** zu erkennen, das zwischen dem Perfektstamm und den Person-Zeichen eingefügt ist, z. B. *clāmāv**erat*** „er, sie, es hatte gerufen". → **L 13, 1.2**

2 Der **Infinitiv Perfekt** ist am **Infinitiv-Zeichen *-isse*** zu erkennen, das an den Perfektstamm angefügt ist, z. B. *clāmāv**isse*** „gerufen (zu) haben". → **L 14, 1.1**

3 Das **Personal-Pronomen der 1./2. Person** *(ego, nōs/tū, vōs)* hat eine eigene Deklination. Das **reflexive Personal-Pronomen der 3. Person** weist nur drei Kasus auf: *sē, sibī, sēcum*. Das **nicht-reflexive** ist durch *is, ea, id* ausgedrückt. →**L 13, 1.1/L 15, 1.3/L 16, 1.1**

4 Das **Possessiv-Pronomen der 1./2. Person** ist durch die Formen *meus, noster/tuus, vester* ausgedrückt. Das **reflexive Possessiv-Pronomen der 3. Person** ist durch *suus, -a, -um,* das **nicht-reflexive** durch die Genitive *eius/eōrum, eārum* ausgedrückt. → **15, 1.2/L 16, 1.1**

5 Es gibt **einendige** *(fēlīx)*, **zweiendige** *(brevis, breve)* und **dreiendige** *(ācer, ācris, ācre)* **Adjektive der konsonantischen Deklination.** Ausnahmen in der Deklination bilden Ablativ Singular ***-ī***, Genitiv Plural ***-ium***, Nominativ/Akkusativ Plural n ***-ia***. → **L 15, 1.1**

### Satzlehre

6 ***is, ea, id*** verweist als **Demonstrativ-Pronomen** und als **nicht-reflexives Personal-Pronomen der 3. Person** auf eine Person oder Sache zurück, die bereits genannt ist. → **L 16, 2.1–2**

7 Das **reflexive Possessiv-Pronomen der 3. Person *(suus, -a, -um)*** verweist auf einen oder mehrere „Besitzer" zurück, die **Subjekt des Satzes** sind.
Die **nicht-reflexiven Possessiv-Pronomina der 3. Person *(eius/eōrum, eārum)*** verweisen auf einen oder mehrere „Besitzer" zurück, die **nicht Subjekt des Satzes** sind. → **L 16, 2.3–4**

8 In einem **AcI** drückt der **Infinitiv Präsens** ein **gleichzeitiges**, der **Infinitiv Perfekt** ein **vorzeitiges Zeitverhältnis** aus. → **L 14, 2.1**

9 Der Dativ drückt in Verbindung mit einer Form von *esse* (3. P. Sg./Pl.) ein Besitzverhältnis aus: **Dativ des Besitzers.** → **L 13, 2.3**

## Grundwissen: Überblick

10 **Das Wortende *-i*** kann beim Nomen und Verb ganz Unterschiedliches anzeigen:
***-ī* beim Nomen (Substantiv und Adjektiv)**
- Nom. Pl. m der Subst. und Adj. der o-Dekl.: *vir-**ī** bon-**ī*** „gute Männer";
- Gen. Sg. m und n der Subst. und Adj. der o-Dekl.: *māgn-**ī** medic-**ī*** „des großen Arztes", *dōn-**ī** pulchr-**ī*** „des schönen Geschenkes";
- Dat. Sg. der Subst. und Adj. der kons. Dekl.: *sort-**ī** grav-**ī*** „dem schweren Los";
- Abl. Sg.: *v-**ī*** „mit Gewalt", *in mar-**ī*** „auf dem Meer";
- Abl. Sg. der Adj. der kons. Dekl.: *cum fēlīc-**ī** amīcō* „mit dem glücklichen Freund".

***-ī* beim Verb**
- 1. P. Sg. beim Perfekt: *clāmāv-**ī*** „ich habe gerufen", *cucurr-**ī*** „ich bin gelaufen";
- Imperativ Sg. der ī-Konj.: *audī!* „höre!".

## Ich kann schon ...

1 **zu Verbformen im Plusquamperfekt die Grundform nennen und die Formen übersetzen.**
paraverat – fueram – plauseramus – luseras – legerant – parueratis – sederant – decesseramus – statuerat – defenderant – placuerat – miseram – steteramus – dederas – cognoveratis – scripserat – cecideramus – manseras

2 **die Grundform zum Infinitiv Perfekt nennen und die Sätze übersetzen.**
1. Bene egisse iucundum est. 2. Multa spectacula vidisse placet.
3. Non superavisse maestum est. 4. Multos amicos cognovisse bona fortuna est.
5. Durum atque miserum est patria decessisse.

3 **die Formen des Personal-Pronomens nach Person und Kasus bestimmen.**
sibi – nos – ego – nobis – tibi – tecum – me – tu – vos – sine te – se – mihi – vobiscum

4 **feststellen, ob das Possessiv-Pronomen reflexiv oder nicht-reflexiv ist, und eine Begründung dazu angeben.**
1. Flavia lacrimas suas non tenet. 2. Cuncti lacrimas eius vident. –
3. Romani patriam suam defendunt. 4. Nam Galli patriam eorum invadunt. –
5. Romani urbem suam semper servabant. 6. Urbem eorum ceteri populi petiverunt.

5 **Adjektive den Deklinationen zuordnen und den entsprechenden Kasus angeben.**
felici – longi – aequae – acria – miserum – brevium – omnibus – publicis – facilis – libentes

6 **Formen des Personal-Pronomens der 3. Person erkennen, auf die entsprechende Person beziehen und die Sätze übersetzen.**
1. Pater in viam ceciderat. Filius ei auxilium dabat. 2. Graeci multa invenerunt. Quis ea nescit? 3. Humanitas Graecorum egregia erat; eam omnes homines praestare debent.

7 **den „Besitzer“ erkennen, auf den sich das Possessiv-Pronomen bezieht, und die Sätze entsprechend übersetzen.**
1. Quintus patrem suum in summo periculo esse sciebat; ceteri autem patrem eius periculum superavisse sciebant. 2. Romani gladiis suis multos populos superaverunt; Germani autem gladios eorum non timuerunt.

8 **das Zeitverhältnis im AcI bestimmen und die Sätze entsprechend übersetzen.**
1. Graecos hominibus semper hospitium praebere scimus. 2. Quintus patrem in viam cecidisse clamat. 3. Quis Romanos omnes populos petivisse scribit? 4. Omnes deos sibi favere sciunt.

9 **den Dativ des Besitzers erkennen und in Sätzen entsprechend übersetzen.**
1. Quis non amicis favet? 2. Etiam Romanis mores barbari sunt. 3. Rex bonus civibus suis vitam felicem praebet. 4. Multis Graecis magna sapientia erat. 5. Hospitibus in cena magnum gaudium est. 6. Faventne dei omnibus?

10a **erklären, was durch das Wortende *-i* jeweils angezeigt wird.**
barbari – regi – dedi – viri – vi – vidi – veni – agri – victori – vixi – pii – voci – miseri – favi – vocavi – homini – equi – aperi – brevi – defendi – regni – promisi – opinioni – posui

b **erklären, warum in folgenden Verbindungen das Wortende *-i* eindeutig festgelegt ist.**
homines boni – omnis medici – oculi acres – cuncti pueri – felici vita – in mari alto – saxi asperi – nulli homines – brevi tempore – oculos aperi

**1. Formenlehre**
1.1 Pronomen *quī, quae, quod*
1.2 Demonstrativ-Pronomina *hic, haec, hoc – ille, illa, illud*

**2. Satzlehre**
2.1 *quī, quae, quod* als Relativ-Pronomen (Relativsatz)
2.2 Verwendung der Demonstrativ-Pronomina *hic – ille*

# 1. Formenlehre

## 1.1 Pronomen *quī, quae, quod*

Das Pronomen ***quī, quae, quod*** „der, die, das; wer, was" weist Endungen auf, die mit denen von *is, ea, id* weitgehend übereinstimmen (→ L 16, 1.1).

Deklinationsschema

| | Lateinisch | | | Deutsch | | | Lateinisch | | | Deutsch |
|---|---|---|---|---|---|---|---|---|---|---|
| | Singular | | | | | | Plural | | | |
| | m | f | n | m | f | n | m | f | n | m/f/n |
| **Nom.** | quī | quae | quod | der | die | das | quī | quae | quae | die |
| **Gen.** | cuius | cuius | cuius | dessen | deren | dessen | quōrum | quārum | quōrum | deren |
| **Dat.** | cui | cui | cui | dem | der | dem | quibus | quibus | quibus | denen |
| **Akk.** | quem | quam | quod | den | die | das | quōs | quās | quae | die |
| **Abl.** | quōcum | quācum | quōcum | mit dem | mit der | mit dem | quibuscum | quibuscum | quibuscum | mit denen |

## 1.2 Demonstrativ-Pronomina *hic, haec, hoc – ille, illa, illud*

***hic, haec, hoc*** „dieser, diese, dieses" und ***ille, illa, illud*** „jener, jene, jenes" sind weitere **Demonstrativ-Pronomina**. Sie haben ähnliche Endungen wie das Pronomen *is, ea, id* (→ L 16, 1.1).

Deklinationsschema *hic, haec, hoc*

| | Lateinisch | | | Deutsch | | | Lateinisch | | | Deutsch |
|---|---|---|---|---|---|---|---|---|---|---|
| | Singular | | | | | | Plural | | | |
| | m | f | n | m | f | n | m | f | n | m/f/n |
| **Nom.** | hic | haec | hoc | dieser | diese | dieses | hī | hae | haec | diese |
| **Gen.** | huius | huius | huius | dieses | dieser | dieses | hōrum | hārum | hōrum | dieser |
| **Dat.** | huic | huic | huic | diesem | dieser | diesem | hīs | hīs | hīs | diesen |
| **Akk.** | hunc | hanc | hoc | diesen | diese | dieses | hōs | hās | haec | diese |
| **Abl.** | (cum) hōc | (cum) hāc | hōc | mit diesem | mit dieser | mit diesem | (cum) hīs | (cum) hīs | hīs | mit diesen |

Deklinationsschema *ille, illa, illud*

| | Lateinisch | | | Deutsch | | | Lateinisch | | | Deutsch |
|---|---|---|---|---|---|---|---|---|---|---|
| | Singular | | | | | | Plural | | | |
| | m | f | n | m | f | n | m | f | n | m/f/n |
| **Nom.** | ille | illa | illud | jener | jene | jenes | illī | illae | illa | jene |
| **Gen.** | illīus | illīus | illīus | jenes | jener | jenes | illōrum | illārum | illōrum | jener |
| **Dat.** | illī | illī | illī | jenem | jener | jenem | illīs | illīs | illīs | jenen |
| **Akk.** | illum | illam | illud | jenen | jene | jenes | illōs | illās | illa | jene |
| **Abl.** | (cum) illō | (cum) illā | illō | mit jenem | mit jener | mit jenem | (cum) illīs | (cum) illīs | illīs | mit jenen |

# 2. Satzlehre

## 2.1 *quī, quae, quod* als Relativ-Pronomen (Relativsatz)

1. Paris, **quī** fīlius rēgis Trōiae erat, cēterōs fōrmā superāvit.

Paris, **der** der Sohn des Königs von Troia war, übertraf alle anderen an Schönheit.

2. Deae, **quae** pretium fōrmae sibī vindicābant, Paridī rēgnum, sapientiam, amōrem Helenae prōmīsērunt.

Die Göttinnen, **die** für sich den Preis der Schönheit beanspruchten, haben Paris Herrschaft, Weisheit und Helenas Liebe versprochen.

3. Paris, **cui** Venus amōrem Helenae prōmīserat, eī deae fāvit.

Paris, **dem** Venus Helenas Liebe versprochen hatte, entschied sich für diese Göttin.

↑ „**Bezugswort**“ des Relativ-Pronomens

Das **Relativ-Pronomen** (bezügliches Fürwort) ***quī, quae, quod*** „der, die, das; wer, was“ leitet einen Relativsatz ein. Es stimmt in **Numerus und Genus** mit seinem **Bezugswort** überein, das meist **vor** dem Relativsatz steht. Sein **Kasus** wird durch die **Funktion im Relativsatz** festgelegt.
Der **Relativsatz** ist ein Gliedsatz, er erfüllt die **Funktion des Attributs.**

Ü **Bestimme** vor der Übersetzung das **Bezugswort** des Relativ-Pronomens, damit du weißt, wer oder was näher beschrieben wird.
**Beginne stets** mit der Übersetzung des **Hauptsatzes.** Füge den **Relativsatz** dann direkt **hinter** dem übersetzten **Bezugswort** an.

Satzmodelle (Satz 1)

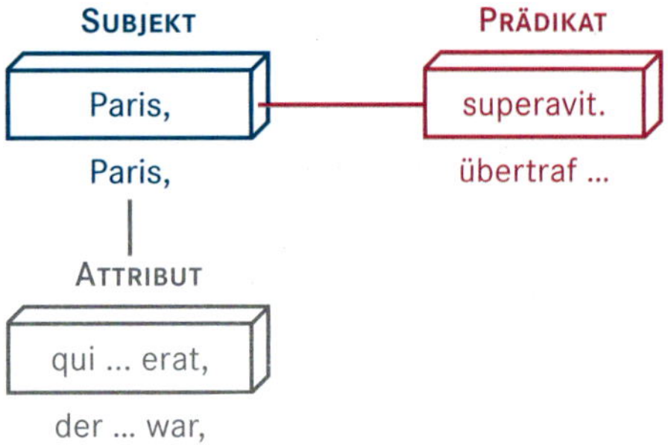


(Satz 3)

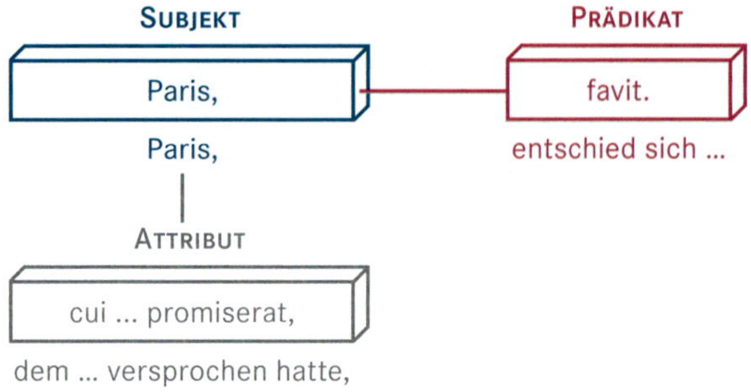


## 2.2 Verwendung der Demonstrativ-Pronomia *hic – ille*

### *hic, haec, hoc* „dieser, diese, dieses“

| | |
|---|---|
| Venus Paridī Helenam prōmīserat. | Venus hatte Paris Helena versprochen. |
| **Hoc** pretium eī valdē placuit. | **Dieser** Preis gefiel ihm sehr. |

*hic, haec, hoc* weist auf etwas hin, was dem Erzähler **unmittelbar vor Augen** steht.
Es stimmt in Kasus, Numerus und Genus mit dem Bezugswort überein (**KNG-Kongruenz**).

Ü Merke dir:
***Haec** dīxit: ...* –
„Er sagte **Folgendes**: ...“

### *ille, illa, illud* „jener, jene, jenes (berühmte)“

| | |
|---|---|
| 1. Graecī **illam** fābulam semper memoriā tenuērunt. | Die Griechen haben **jene (berühmte)** Geschichte immer in Erinnerung behalten. |
| 2. Graecī et Trōiānī dē Helenā certāvērunt. | Griechen und Troianer kämpften um Helena. |
| **Hī** Helenam abdūxērunt, **illī** eam redūxērunt. | **Diese** entführten Helena, **jene** holten sie zurück. |

*ille, illa, illud* weist im Gegensatz zu *hic, haec, hoc* auf etwas hin, was aus der Sicht des Erzählers zeitlich oder räumlich **weit(er) entfernt** ist. Es stimmt in Kasus, Numerus und Genus mit dem Bezugswort überein (**KNG-Kongruenz**).

# 1. Formenlehre

## 1.1 Genus verbi: Aktiv – Passiv

Neben den Formen des **Aktivs** gibt es auch im Lateinischen Formen des **Passivs**.
Das **Aktiv** stellt die **Tatform** *(ich rette, ich habe gerettet)* dar, während das **Passiv** die **„Leideform“** *(ich werde gerettet, ich bin gerettet worden)* angibt.

## 1.2 Partizip Perfekt Passiv (PPP; Partizip der Vorzeitigkeit)

Neben der 1. P. Sg. Präs. Akt. und der 1. P. Sg. Perf. Akt. haben sehr viele Verben noch **eine weitere Stammform**: das **Partizip Perfekt Passiv** (PPP; **Partizip der Vorzeitigkeit**).

Das PPP ist zu erkennen am **PPP-Zeichen** -t- oder -s-.

Es wird wie ein Adjektiv der ā-/o-Deklination auf *-us, -a, -um* dekliniert (→ L 6, 1.3).
In der Regel lässt sich diese Form recht leicht auf den Infinitiv Präsens zurückführen.

! Am besten lernst du das PPP bei den Stammformen mit.

| PPP | | Inf. Präsens | Übersetzung: Partizip II |
|---|---|---|---|
| servā | **-t**-us, -a, -um | servāre | gerettet |
| audī | **-t**-us, -a, -um | audīre | gehört |
| cap | **-t**-us, -a, -um | capere | erobert |
| mō | **-t**-us, -a, -um | movēre | bewegt |
| terri | **-t**-us, -a, -um | terrēre | erschreckt |
| relic | **-t**-us, -a, -um | relinquere | zurückgelassen |
| incēn | **-s**-us, -a, -um | incendere | entflammt |
| ius | **-s**-us, -a, -um | iubēre | beauftragt |
| | ↑ PPP-Zeichen | | |

Im Englischen wird das **Past Participle** in der Regel mit ***-ed*** gebildet:
to move – I have mov**ed**;
I was mov**ed**;
to save – I have sav**ed**;
I was sav**ed**.

## 1.3 PPP in der Stammformenreihe

Auch das PPP gehört zu den Stammformen eines Verbs. Gemeinsam mit der 1. P. Sg. Präsens Aktiv und der 1. P. Sg. Perfekt Aktiv bildet es eine **Stammformenreihe.** Nachfolgend ist dafür jeweils ein Verb aus den sechs verschiedenen Perfekt-Bildungen als Beispiel aufgeführt.
Die Stammformen aller Verben findest du in Tab 5.1–5, S. 150 ff.

**Perfekt-Bildung mit -v-**

| | | | | |
|---|---|---|---|---|
| amō | amāvī | amātum | amāre | lieben |

**Perfekt-Bildung mit -u-**

| | | | | |
|---|---|---|---|---|
| terreō | terruī | territum | terrēre | *(jmdn.)* erschrecken |

**Perfekt-Bildung mit -s-**

| | | | | |
|---|---|---|---|---|
| sentiō | sēnsī | sēnsum | sentīre | fühlen; merken; meinen |

**Perfekt-Bildung mit Reduplikation**

| | | | | |
|---|---|---|---|---|
| tangō | tétigī | tāctum | tangere | berühren |

**Perfekt-Bildung mit Dehnung**

| | | | | |
|---|---|---|---|---|
| moveō | mōvī | mōtum | movēre | bewegen; beeinflussen |

**Perfekt-Bildung ohne Veränderung**

| | | | | |
|---|---|---|---|---|
| statuō | statuī | statūtum | statuere | beschließen, entscheiden; aufstellen; festsetzen |

## 1.4 Perfekt Passiv

Verben sind häufig **im Aktiv** verwendet. Von den meisten kann auch **das Passiv** gebildet werden.
Das **Perfekt Passiv** ist am **PPP** und einer **Präsensform von *esse*** zu erkennen:

| | Lateinisch | | Deutsch |
|---|---|---|---|
| **Sg.** | servātus, -a, -um | sum<br>es<br>est | ich bin gerettet worden/wurde gerettet<br>du bist gerettet worden/wurdest gerettet<br>er, sie, es ist gerettet worden/wurde gerettet |
| **Pl.** | servātī, -ae, -a | sumus<br>estis<br>sunt | wir sind gerettet worden/wurden gerettet<br>ihr seid gerettet worden/wurdet gerettet<br>sie sind gerettet worden/wurden gerettet |
| **Infinitiv** | servātum, -am, -um/<br>servātōs, -ās, -a | esse | gerettet worden (zu) sein |

Die **Endung** des **PPP** richtet sich nach dem **Subjekt des Satzes.** Mit diesem stimmt es in Kasus, Numerus und Genus überein (**KNG-Kongruenz**).

Im Deutschen wird das Partizip II zur Bildung zusammengesetzter Verbformen verwendet:
ich habe **gerettet** (Perfekt Aktiv);
ich bin **gerettet** worden (Perfekt Passiv).

### 1.5 Plusquamperfekt Passiv

Das **Plusquamperfekt Passiv** ist am **PPP** und einer **Imperfektform von *esse*** zu erkennen:

| | Lateinisch | | Deutsch |
|---|---|---|---|
| **Sg.** | servātus, -a, -um | eram<br>erās<br>erat | ich war gerettet worden<br>du warst gerettet worden<br>er, sie, es war gerettet worden |
| **Pl.** | servātī, -ae, -a | erāmus<br>erātis<br>erant | wir waren gerettet worden<br>ihr wart gerettet worden<br>sie waren gerettet worden |

## 2. Satzlehre

### 2.1 Verwendung des Perfekt und Plusquamperfekt Passiv

1. Equus ante mūrōs Trōiae *ā Graecīs* **relictus erat**.

   Das Pferd **war** vor den Mauern Troias *von den Griechen* **zurückgelassen worden**.

2. Lāocoōn clāmāvit: „Equus nōn sine causā **relictus est**. Īnsidiae nōbīs **parātae sunt**."

   Laokoon schrie: „Das Pferd **ist** nicht ohne Grund **zurückgelassen worden**. Eine Falle **ist** uns **gestellt worden**."

Im Gegensatz zum Aktiv des Perfekts (→ L 11, 2.1) und Plusquamperfekts (→ L 13, 2.2) wird das **Passiv** verwendet, wenn das **Subjekt** des Satzes **nicht selbst gehandelt hat**, sondern etwas mit ihm geschehen ist (1./2.).
Die **handelnde Person** wird durch ***ā/ab*** mit Ablativ angegeben (1.).

# 2. Satzlehre

## 2.1 PPP als Participium coniunctum (PC)

1. **Circa** ā sociīs Ulixis **salūtāta** eōs in rēgiam suam invitāvit.
   **Die** von den Gefährten des Odysseus **gegrüßte Circe (Circe, die** von den Gefährten **gegrüßt worden war,**) lud diese in ihren Palast ein.
2. Ibī **sociī** ā Circā in suēs[1] **mūtātī** miseram agēbant vītam.
   Dort führten **die Gefährten,** ***als*** **sie** von Circe in Schweine **verwandelt worden waren**, ein elendes Leben.
3. **Ulixēs** Circam māgnā īrā **incēnsus** gladiō petīvit.
   **Odysseus** hat Circe, ***da er*** von großem Zorn **entbrannt war,** mit dem Schwert angegriffen.
4. **Sociī** furōre Circae **perturbātī** (tamen) iter cum Ulixe perrēxērunt.
   *Obwohl* **die Gefährten** durch Circes Wahnsinn **schockiert (worden) waren**, setzten sie (dennoch) die Fahrt mit Odysseus fort.

1) **sūs, suis** m: Schwein

Das **PPP** wird auch **ohne** eine **Form von *esse*** verwendet. Es erfüllt dann im Satz entweder die **Funktion des Attributs** oder **des Adverbiales.**
Das Partizip ist dabei fast immer mit einem Substantiv verbunden. Mit diesem **Bezugswort** stimmt es in **Kasus, Numerus** und **Genus** überein **(KNG-Kongruenz)**. Man nennt das auf diese Weise „verbundene Partizip" **Participium coniunctum (PC)**.

Ü Gelegentlich kann ein PPP ohne Bezugswort verwendet sein. Im Deutschen wird es mit einem Substantiv wiedergegeben:
**dictum:** (das Gesagte,) das Wort;
**scrīpta:** Schriftstücke;
**doctī:** Gelehrte.

## 2.2 PPP als Attribut

Als **Attribut** bestimmt das Participium coniunctum (PC) ein Substantiv näher (2.1, Satz 1).
Es kann auf verschiedene Weise übersetzt werden:
- mit deutschem **Partizip II:** „... gegrüßte ...";
- mit **Relativsatz:** „die ... gegrüßt worden war".

Auch im Englischen lassen sich Relativsätze verkürzen:
The preast who was attacked by two snakes died. →
The preast attacked by two snakes died.

Satzmodell (Satz 1)

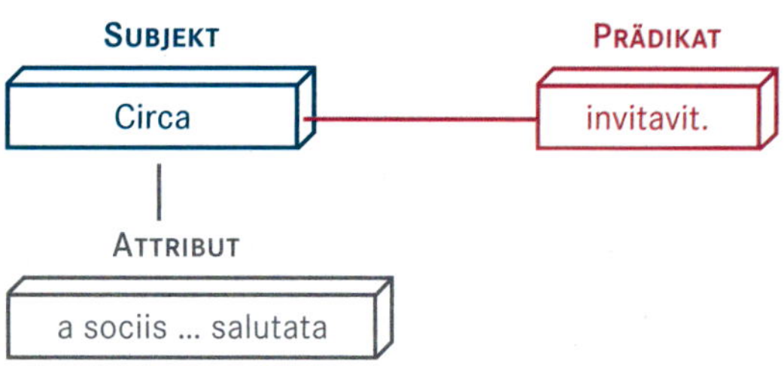

## 2.3 PPP als Adverbiale

Als **Adverbiale** bestimmt das Participium coniunctum (PC) das Prädikat des Satzes näher (2.1, Sätze 2–4).
Es stellt eine **satzwertige Konstruktion** dar.

**Satzmodell (Satz 3)**

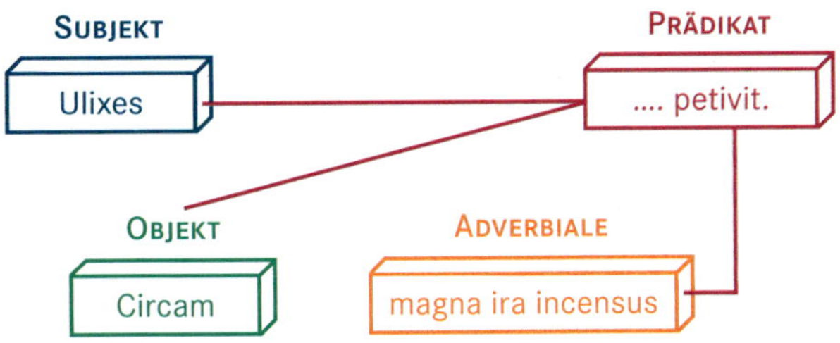


**Zeitverhältnis**

Die vom PC ausgedrückte Handlung ist immer **vorzeitig**, d. h. sie ist **vor** der im Prädikat erfassten Handlung abgelaufen.
Das **PPP** ist deshalb das **Partizip der Vorzeitigkeit** (→ L 18, 1.2).

Video
40502-52

In der **Funktion des Adverbiales** kann das PPP **verschiedene Sinnrichtungen** ausdrücken:

| Sinnrichtung | deutsche Subjunktion | grammatische Bezeichnung |
|---|---|---|
| 1. Zeit | nachdem/als | *temporal* |
| 2. beachteter Grund | weil/da | *kausal* |
| 3. nicht beachteter Grund | obwohl | *konzessiv* |

**Übersetzungsmöglichkeiten**

Das PC in der Funktion des Adverbiales kann verschieden übersetzt werden.
Ausgehend von einer zunächst wörtlichen Wiedergabe (2.1, Satz 4: *Die Gefährten, durch Circes Wahnsinn schockiert, ...*), lässt sich das PC übersetzen mit:

Ü Da das PPP eine vorzeitige Handlung zum Prädikat ausdrückt, muss es im Deutschen mit dem entsprechenden Tempus wiedergegeben werden (hier: Plusquamperfekt).

| 1. Beiordnung | 2. Unterordnung | 3. präpositionaler Verbindung |
|---|---|---|
| Das PC wird durch einen eigenen **Hauptsatz** wiedergegeben; die Sinnrichtung wird durch ein **zusätzliches Wort** ausgedrückt:<br><br>*Die Gefährten **waren** durch Circes Wahnsinn **schockiert worden**; trotzdem setzten sie die Fahrt mit Odysseus fort.* | Das PC wird als **Gliedsatz** wiedergegeben; dieser wird eingeleitet durch eine **Subjunktion**, die die Sinnrichtung ausdrückt:<br><br>***Obwohl** die Gefährten durch Circes Wahnsinn **schockiert worden waren**, setzten sie die Fahrt mit Odysseus fort.* | Das PPP wird zu einem **Substantiv** und mit einer **Präposition** verknüpft, die die Sinnrichtung ausdrückt:<br><br>***Trotz des Schocks** durch Circes Wahnsinn setzten die Gefährten die Fahrt mit Odysseus fort.* |

## Erkennungs- und Übersetzungshilfe

| Vorgehensweise bei der Übersetzung: | Sociī furōre Circae perturbātī iter cum Ulixe perrēxērunt. |
| --- | --- |
| 1. Markiere das Partizip, das ohne eine Form von *esse* steht. | Sociī furōre Circae perturbātī iter cum Ulixe perrēxērunt. |
| 2. Suche das Bezugswort, das in KNG-Kongruenz zu dem Partizip steht. | Sociī furōre Circae perturbātī iter cum Ulixe perrēxērunt. |
| 3. Öffne eine Klammer hinter dem Bezugswort und schließe sie hinter dem PPP. | Sociī (furōre Circae perturbātī) iter cum Ulixe perrēxērunt. |
| 4. Übersetze den Satz ohne die PC-Klammer. | *Die Gefährten (...) setzen mit Odysseus die Fahrt fort.* |
| 5. Übersetze die Aussage der PC-Klammer wörtlich separat. | *(durch Circes Wahnsinn schockiert)* |
| 6. Entscheide aus dem Textzusammenhang, ob das PC attributiv oder adverbial gebraucht ist. | *(adverbial, denn es gibt Begleitumstände an)* |
| 7. Wenn du eine adverbiale Verwendung erkennst, so überlege, welche Sinnrichtung durch das PC ausgedrückt ist. | *(Sinnrichtung konzessiv, auch temporal möglich)* |
| 8. Übersetze entsprechend der Sinnrichtung, z. B. mit einem Gliedsatz. | *(obwohl/als sie schockiert worden waren)* |
| 9. Verknüpfe schließlich die Aussage der PC-Klammer sinnvoll mit dem restlichen Satz. | *Die Gefährten setzten, obwohl sie durch Circes Wahnsinn schockiert worden waren, mit Odysseus die Fahrt fort.* |

Ü Ist das Bezugswort des PPP das Subjekt des Satzes, so gibt es für die Wiedergabe durch einen Gliedsatz im Deutschen zwei Möglichkeiten:
a) Das Subjekt bleibt außerhalb des Gliedsatzes, das Prädikat tritt an die zweite Stelle *(Die Gefährten setzten, obwohl sie ...).*
b) Das Subjekt wird in den Gliedsatz gezogen *(Obwohl die Gefährten ..., setzten sie ...).*

# 1. Formenlehre

## 1.1 Passiv im Präsensstamm: Präsens/Imperfekt

Das **Passiv** des **Präsens** und des **Imperfekts** hat eigene **Person-Zeichen**. Sie lauten:.

| | Singular | | Plural | |
|---|---|---|---|---|
| 1. P.: | -(o)r | „ich" | -mur | „wir" |
| 2. P.: | -ris | „du" | -minī | „ihr" |
| 3. P.: | -tur | „er, sie, es" | -ntur | „sie" |

Im **Präsens** sind sie an den **Präsensstamm**, ggf. mit Sprechvokal, angefügt, im **Imperfekt** an das Tempus-Zeichen ***-ba-***.

Der **Infinitiv Präsens Passiv** ist an folgenden **Infinitiv-Zeichen** zu erkennen, die an den **Präsensstamm** angefügt sind:

- in der ā-/ē-/ī-Konjugation: -rī
- in der kons. Konjugation: -ī

### Konjugationsschema Präsens Passiv

| | ā-Konjugation | | ē-Konjugation | | ī-Konjugation | |
|---|---|---|---|---|---|---|
| **Infinitiv** | vocā**rī** | gerufen (zu) werden | monē**rī** | ermahnt (zu) werden | audī**rī** | gehört (zu) werden |
| **1.P.Sg.** | voc**or** | ich werde gerufen | mone**or** | ich werde ermahnt | audi**or** | ich werde gehört |
| **2.P.Sg.** | vocā**ris** | du wirst gerufen | monē**ris** | du wirst ermahnt | audī**ris** | du wirst gehört |
| **3.P.Sg.** | vocā**tur** | er, sie, es wird gerufen | monē**tur** | er, sie, es wird ermahnt | audī**tur** | er, sie, es wird gehört |
| **1.P.Pl.** | vocā**mur** | wir werden gerufen | monē**mur** | wir werden ermahnt | audī**mur** | wir werden gehört |
| **2.P.Pl.** | vocā**minī** | ihr werdet gerufen | monē**minī** | ihr werdet ermahnt | audī**minī** | ihr werdet gehört |
| **3.P.Pl.** | voca**ntur** | sie werden gerufen | mone**ntur** | sie werden ermahnt | audi*u***ntur** | sie werden gehört |

| | Konsonantische Konjugation | |
|---|---|---|
| **Infinitiv** | mittī | geschickt (zu) werden |
| **1.P.Sg.** | mitt**or** | ich werde geschickt |
| **2.P.Sg.** | mitt*e***ris** | du wirst geschickt |
| **3.P.Sg.** | mitt*i***tur** | er, sie, es wird geschickt |
| **1.P.Pl.** | mitt*i***mur** | wir werden geschickt |
| **2.P.Pl.** | mitt*i***minī** | ihr werdet geschickt |
| **3.P.Pl.** | mitt*u***ntur** | sie werden geschickt |

**Für Verben der gemischten Konj. → Tab 4.2, S. 146.**

Konjugationsschema Imperfekt Passiv

| | ā-Konj. | ē-Konj. | ī-Konj. | Kons. Konj. | Deutsch | |
|---|---|---|---|---|---|---|
| **1.P.Sg.** | vocā**ba**r | monē**ba**r | audi*ē***ba**r | mitt*ē***ba**r | ich wurde | |
| **2.P.Sg.** | vocā**bā**ris | monē**bā**ris | audi*ē***bā**ris | mitt*ē***bā**ris | du wurdest | |
| **3.P.Sg.** | vocā**bā**tur | monē**bā**tur | audi*ē***bā**tur | mitt*ē***bā**tur | er, sie, es wurde | gerufen<br>ermahnt<br>gehört<br>geschickt |
| **1.P.Pl.** | vocā**bā**mur | monē**bā**mur | audi*ē***bā**mur | mitt*ē***bā**mur | wir wurden | |
| **2.P.Pl.** | vocā**bā**minī | monē**bā**minī | audi*ē***bā**minī | mitt*ē***bā**minī | ihr wurdet | |
| **3.P.Pl.** | vocā**ba**ntur | monē**ba**ntur | audi*ē***ba**ntur | mitt*ē***ba**ntur | sie wurden | |

**Für Verben der gemischten Konj. → Tab 4.2, S. 146.**

## 1.2 Bildung von Adverbien

Adjektive können durch eine besondere Endung zu **Adverbien** werden; sie treten dann „zum Verb" hinzu:

-ē   -iter   -er

| Deklination | Adjektiv | Adverb | Deutsche Übersetzung |
|---|---|---|---|
| ā-/o-Deklination | clārus, -a, -um<br>miser, -era, -erum<br>pulcher, -chra, -chrum | clār**ē**<br>miser**ē**<br>pulchr**ē** | hell, klar; berühmt<br>elend, unglücklich<br>schön |
| Kons. Deklination | ācer, ācris, ācre<br>brevis, breve<br>fēlīx<br>*aber:*<br>vehemēns | ācr**iter**<br>brev**iter**<br>fēlīc**iter**<br><br>vehement**er** | heftig, scharf<br>kurz<br>glücklich<br><br>heftig |

**Merke dir die Ausnahmen:**

bonus, -a, -um → Adverb: **bene** „gut"
facilis, facilis, facile → Adverb: **facile** „leicht"

# 2. Satzlehre

## 2.1 Verwendung der Adverbien

1. Aenēās deōs **piē** et **sānctē** coluit. — Aeneas verehrte die Götter **fromm** und **ehrfürchtig**.

2. Tamen eum Mercurius **ācriter** appellāvit: „Pete Italiam et conde gentem novam!“ — Trotzdem sprach ihn Merkur **scharf** an: „Suche Italien auf und gründe ein neues Volk!“

Ein **Adverb** bestimmt das Prädikat näher.
Es erfüllt im Satz die **Funktion des Adverbiales**.

**Satzmodell (Satz 1)**

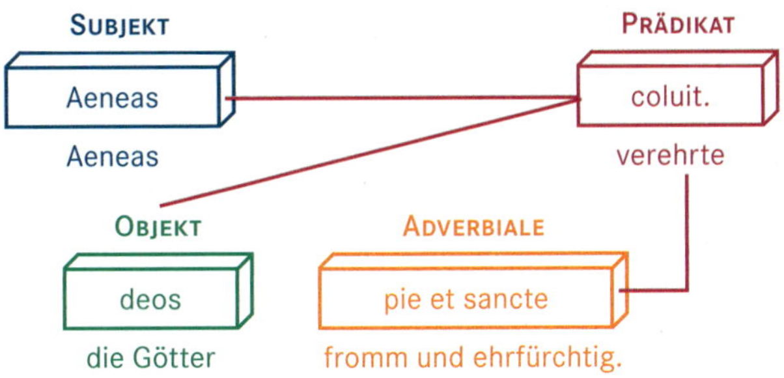

## Grundwissen: Fakten

### Formenlehre

1 Das **Pronomen *quī, quae, quod*** „der, die, das; wer, was" hat eine eigene Deklination mit ähnlichen Endungen wie *is, ea, id* (→ L 16, 1.1). → **L 17, 1.1**

2 Die **Demonstrativ-Pronomina *hic, haec, hoc*** „dieser, diese, dieses" und ***ille, illa, illud*** „jener, jene, jenes" werden ganz ähnlich wie das Pronomen *is, ea, id* dekliniert. → **L 17, 1.2**

3 Das **Partizip Perfekt Passiv (PPP; Partizip der Vorzeitigkeit)** ist eine Verbform, die dekliniert werden kann. Es ist an den Endungen ***-tus, -ta, -tum/-sus, -sa, -sum*** und ***-tī, -tae, -ta/ -sī, -sae, -sa*** zu erkennen. Diese sind an den manchmal leicht veränderten Präsensstamm angefügt, z. B. *lēc**tus*** „gelesen", *mis**sus*** „geschickt". → **L 18, 1.2**

4 Das **Perfekt Passiv** und das **Plusquamperfekt Passiv** sind zu erkennen an der Verbindung des **PPP** mit den **Formen des Präsens** bzw. **Imperfekts von *esse***, z. B. *territus es* „du bist erschreckt worden", *missus eram* „ich war geschickt worden". → **L 18, 1.4–5**

5 Das **Passiv** im **Präsensstamm** (Präsens, Imperfekt) hat eigene **Person-Zeichen**: ***-(o)r, -ris, -tur, -mur, -minī, -ntur***, z. B. voc***or***, *vocā**ris***, *vocā**tur***, *vocā**mur***, *vocā**minī***, *vocan**tur***. Das Tempus-Zeichen für das **Imperfekt** ist identisch mit dem des Aktivs, z. B. *vocā**bar*** „ich wurde gerufen". → **L 20, 1.1**

6 Der **Infinitiv Präsens Passiv** ist am **Infinitiv-Zeichen *-rī/-ī*** zu erkennen, das an den Präsensstamm angefügt ist. → **L 20, 1.1**
Der **Infinitiv Perfekt Passiv** ist am **PPP im Akk. Sg./Pl. mit *esse*** zu erkennen. → **L 18, 1.4**

7 Das **Adverb** ist an der Endung ***-ē*** (Adjektive der ā-/o-Deklination), z. B. *clār**ē*** „klar", bzw. ***-iter/-er*** (Adjektive der kons. Deklination), z. B. *ācr**iter*** „heftig", zu erkennen. → **L 20, 1.2**

### Satzlehre

8 **Relativ-Pronomina** leiten **Relativsätze** ein. Diese bestimmen ein Satzglied näher. Das Relativ-Pronomen stimmt mit diesem Bezugswort in Numerus und Genus überein.
Der Relativsatz erfüllt die **Funktion des Attributs**. → **L 17, 2.1**

9 Das **PPP ohne *esse*** ist häufig als **Participium coniunctum (PC)** verwendet. Es hat ein Bezugswort in KNG-Kongruenz. Im Deutschen lässt sich diese Konstruktion verschieden wiedergeben, z. B. mit einer präpositionalen Verbindung oder einem Gliedsatz. → **L 19, 2.1–3**

## Grundwissen: Überblick

10 Die Demonstrativ-Pronomina haben eine hinweisende Aufgabe:
***is, ea, id* weist** entweder auf etwas im vorausgehenden Satz Genanntes **zurück** oder auf einen folgenden Relativsatz **voraus**. ***hic, haec, hoc* weist** auf unmittelbar vor Augen Stehendes **hin**, ***ille, illa, illud*** auf etwas entfernter Liegendes **zurück**. Sie sind je nach ihrer Funktion unterschiedlich zu übersetzen. → **L 16, 2.1–3/L 17, 2.2**

11 Die beiden **Zeitverhältnisse** im **AcI** sind an folgenden **Infinitiven** zu erkennen:
- **Gleichzeitigkeit**: Infinitiv Präsens Aktiv/Passiv, z. B. *es**se***, *pūgnā**re** / audī**rī**, mitt**ī**;*
- **Vorzeitigkeit**: Infinitiv Perfekt Aktiv/Passiv, z. B. *fu**isse***, *pūgnāv**isse** / audī**tum esse**, mis**sōs esse*** → **L 14, 2.1**

## Ich kann schon ...

1 **Relativ-Pronomen und Demonstrativ-Pronomen unterscheiden und bestimmen.**
eius – quorum – quibus – quem – eum – eorum – cuius – quae – eis – qua – quos – eo – cui – quas – ei – qui

2 **Formen von *hic, haec, hoc* und *ille, illa, illud* mit den passenden Substantiven verbinden.**
horum – illis – illius – hunc – has – illarum – huius – hae – illud – his

puellae – deis – populorum – virum – nuptiarum – doloris – consilium – verbis – gentes

3 **PPP-Formen auf die Grundform zurückführen.**
paratus – relicta – praebitum – lecti – captos – abductas – administratos – territis – acta – aedificatum – promissum – neglecta – factorum – defensam – fracta – habitum – iussa

4 **Passivformen des Perfekts und Plusquamperfekts bestimmen und übersetzen.**
amati sunt – servata erat – sollicitati eratis – statutum est – relicti sunt – scripta erat – actum est - abducti estis – dicta sunt – tactus sum – sumpta erant – responsum est

5 **Passivformen des Präsensstamms bestimmen und übersetzen.**
superaris – neglegebantur - capitur – dividor – ducimini – relinqui – audiebaris – terremur – adduci – timebamini – institueris – additur – promittebatur – mitti – adducebamur

6 **Infinitiv Präsens und Perfekt Passiv unterscheiden und die Grundform dazu nennen.**
scriptum esse – accipi – moveri – petitas esse – perditum esse – opprimi – data esse

7 **zu Adverbien die entsprechenden Adjektive und deren Bedeutung nennen.**
iucunde – vehementer – breviter – aeque – grate – pulchre – libenter – bene – dure

8 **das Relativ-Pronomen bestimmen, sein Bezugswort nennen und den Relativsatz übersetzen.**
1. Quis Iunonem deam nescit, quae Paridi regnum orbis promisit?
2. Troiani, quorum rex viro Graeco crediderat, misere perditi sunt.
3. Aeneam Didonis lacrimae, quibus valde movebatur, a fuga non arcuerunt.

9 **ein Participium coniunctum (PC) im Satz erkennen und auf verschiedene Weise wiedergeben.**
1. Socii Ulixis a Circa in regiam invitati in sues[1] versi sunt.
2. Ulixem de calamitate sociorum doctum magna ira incendit.

1) **sūs, suis** m: Schwein

10 **die Demonstrativ-Pronomina *is, ea, id – hic, haec, hoc – ille, illa, illud* in ihrer unterschiedlichen Funktion kennen und im Textzusammenhang übersetzen.**
1. Homerus poeta! haec narrat: Illis temporibus Graeci cum Troianis pugnaverunt. 2. Illi urbem vi et dolo ceperunt, hi aut necati sunt aut ex urbe fugerunt. 3. Quis nescit illum Ulixem? Is eum equum aedificavit, quo Troiani decepti sunt. 4. Eorum urbs in illo bello deleta est.

11 **die Zeitverhältnisse im AcI unterscheiden und entsprechend übersetzen.**
1. Amicos discessisse audio. 2. Homines semper novis artibus studere apparet. 3. A multis non semper humanitatem praestari putamus. 4. A deis hominibus non semper auxilium dari scimus. 5. Didonem fuga Aeneae vehementer motam esse legimus. 6. Te diu apud amicos tuos mansisse scribis.

# 1. Formenlehre

## 1.1 Partizip Präsens Aktiv (PPA; Partizip der Gleichzeitigkeit)

Neben dem PPP gibt es das **Partizip Präsens Aktiv (PPA; Partizip der Gleichzeitigkeit)**.
Das PPA ist an folgenden **PPA-Zeichen** zu erkennen:

- Nominativ Singular: **-ns**

  Dieses ist an den **Präsensstamm**, ggf. mit Sprechvokal, angefügt.

- alle weiteren Kasus: **-nt-**

  Dieses ist zwischen dem **Präsensstamm**, ggf. mit Sprechvokal, und den Endungen der Adjektive der konsonantischen Deklination (→ L 15, 1.1) eingefügt.

! Ausnahme Ablativ Sg., z. B, *ācrī*, aber *legent**e***.

| Inf. Präs. Akt. | PPA Nom. Sg. | PPA Gen. Sg. | Übersetzung: Partizip I |
|---|---|---|---|
| vocāre | vocā **-ns** | voca **-nt**-is | rufend |
| monēre | monē **-ns** | mone **-nt**-is | mahnend |
| audīre | audiē **-ns** | audie **-nt**-is | hörend |
| legere | legē **-ns** | lege **-nt**-is | lesend |
| | ↑ PPA-Zeichen | ↑ PPA-Zeichen | |

Das **Partizip I** im **Deutschen** hat eine ähnliche Form: „die **schweigende** Mehrheit – auf den **fahrenden** Zug aufspringen – **helfende** Hände – **steigende** Temperaturen – **Schlafende** Hunde soll man nicht wecken."

### Deklinationsschema

| | | m | f | n |
|---|---|---|---|---|
| Sg. | Nom. | legēns | legēns | legēns |
| | Gen. | legentis | legentis | legentis |
| | Dat. | legentī | legentī | legentī |
| | Akk. | legentem | legentem | legēns |
| | Abl. | (ā) legent**e** | (ā) legent**e** | (ā) legent**e** |

| | | m | f | n |
|---|---|---|---|---|
| Pl. | Nom. | legentēs | legentēs | legentia |
| | Gen. | legentium | legentium | legentium |
| | Dat. | legentibus | legentibus | legentibus |
| | Akk. | legentēs | legentēs | legentia |
| | Abl. | (ā) legentibus | (ā) legentibus | (ā) legentibus |

# 2. Satzlehre

## 2.1 PPA als Participium coniunctum (PC)

| | |
|---|---|
| 1. ***Frātrēs*** urbem condere **cupientēs** locum dēlēgērunt. | *Die Brüder* (**begehrend**, eine Stadt zu gründen), **die** eine Stadt zu gründen **begehrten**, haben einen Platz dafür gewählt. |
| 2. ***Rōmulus et Remus*** urbī nōmen dare **studentēs** inter sē certāvērunt. | *Romulus und Remus* haben sich, **als sie** der Stadt einen Namen geben **wollten**, gestritten. |
| 3. ***Remus*** rēgnum sibī **vindicāns** īram frātris mōvit. | Da *Remus* die Herrschaft für sich **beanspruchte**, erregte er den Zorn des Bruders. |
| 4. Itaque ***Rōmulus*** frātrem valdē **amāns** necāvit. | Deshalb hat *Romulus* den Bruder, **obwohl er** <ihn> sehr **liebte,** getötet. |

Das **PPA** wird **ohne** eine **Form von *esse*** verwendet. Es erfüllt im Satz entweder die **Funktion des Attributs** oder **des Adverbiales.** Das Partizip ist dabei fast immer mit einem Substantiv verbunden. Mit diesem **Bezugswort** stimmt es in **Kasus, Numerus** und **Genus** überein (**KNG-Kongruenz**).
Man spricht auch hier - wie beim PPP (→ L 19, 2.1) - von einem **Participium coniunctum (PC).**

Ü Gelegentlich kann ein PPA ohne Bezugswort verwendet sein. Im Deutschen wird es mit einem Substantiv wiedergegeben:
**spectantēs:** die Zuschauer;
**docentēs:** Lehrende, Dozenten.

## 2.2 PPA als Attribut

Als **Attribut** bestimmt das Participium coniunctum (PC) ein **Substantiv** näher (2.1, Satz 1).
Es kann auf verschiedene Weise übersetzt werden:
- mit **deutschem Partizip I**: „begehrend";
- mit **Relativsatz**: „die ... begehrten".

Vergleiche dazu das PPP als Attribut (→ L 19, 2.2).

Satzmodell (Satz 1)

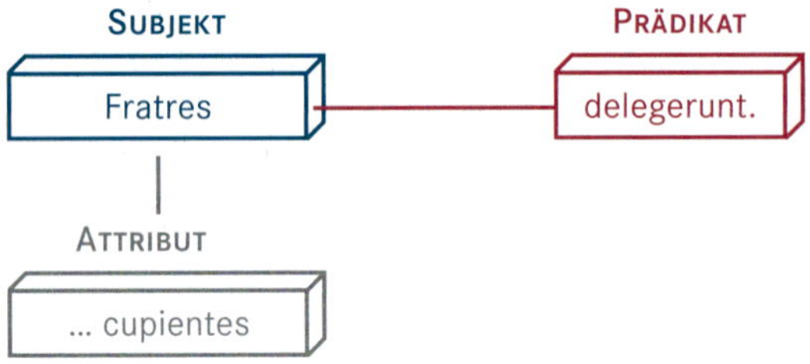


## 2.3 PPA als Adverbiale

Als **Adverbiale** bestimmt das Participium coniunctum (PC) das **Prädikat** des Satzes näher (2.1, Sätze 2–4).
Es stellt eine **satzwertige Konstruktion** dar.

Vergleiche dazu das PPP als Adverbiale (→ L 19, 2.3).

Satzmodell (Satz 4)

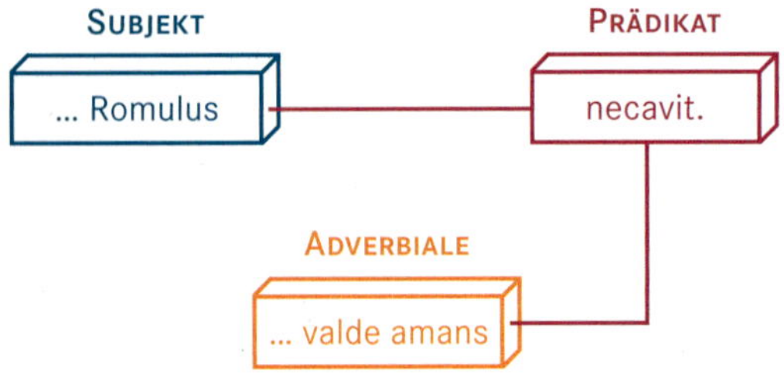


**Zeitverhältnis**

Die hier vom PC ausgedrückte Handlung ist immer **gleichzeitig**, d. h. sie läuft **zeitgleich** zu der im Prädikat erfassten Handlung ab. Das **PPA** ist deshalb das **Partizip der Gleichzeitigkeit** (→ L 18, 1.2).

Video
40502-53

In der **Funktion des Adverbiales** kann das PPA **verschiedene Sinnrichtungen** ausdrücken:

| Sinnrichtung | deutsche Subjunktion | grammatische Bezeichnung |
|---|---|---|
| 1. Zeit | während/als | *temporal* |
| 2. beachteter Grund | weil/da | *kausal* |
| 3. nicht beachteter Grund | obwohl | *konzessiv* |

### Übersetzungsmöglichkeiten

Das PC in der Funktion des Adverbiales kann verschieden übersetzt werden.
Ausgehend von einer zunächst wörtlichen Wiedergabe (2.1, Satz 2: *Romulus und Remus ... wollend*) lässt sich das PC übersetzen mit:

Ü Vergleiche dazu die Erkennungshilfe und die Übersetzungsmöglichkeiten des PC mit PPP (→ L 19, 2.3). Beachte das Zeitverhältnis, das durch das PPA ausgedrückt wird.

| 1. Beiordnung | 2. Unterordnung | 3. präpositionaler Verbindung |
|---|---|---|
| Das PC wird durch einen eigenen **Hauptsatz** wiedergegeben; die Sinnrichtung wird durch ein **zusätzliches Wort** ausgedrückt:<br><br>*Romulus und Remus **wollten** der Stadt einen Namen geben; **dabei** haben sie sich gestritten.* | Das PC wird als **Gliedsatz** wiedergegeben; dieser wird eingeleitet durch eine **Subjunktion**, die die Sinnrichtung ausdrückt:<br><br>***Als** Romulus und Remus der Stadt einen Namen geben **wollten**, haben sie sich gestritten.* | Das PPA wird zu einem **Substantiv** und mit einer **Präposition** verknüpft, die die Sinnrichtung ausdrückt:<br><br>***In der Absicht**, der Stadt einen Namen zu geben, haben sich Romulus und Remus gestritten.* |

Video
40502-54

# 1. Formenlehre

## 1.1 Konjunktiv

Ein weiterer lateinischer Modus neben dem Indikativ (Modus der **Wirklichkeit**) und dem Imperativ (Modus des **Befehls**) ist der **Konjunktiv**. Er ist der Modus, der ausdrückt, dass etwas **möglich** ist (Modus der **Möglichkeit**). Der Konjunktiv wird in unterschiedlichen Tempora verwendet.

## 1.2 Konjunktiv Imperfekt Aktiv/Passiv

Das **Modus-Zeichen** des **Konjunktiv Imperfekt** lautet für alle Konjugationen (außer *esse*) **-re-**.

Es ist zwischen dem **Präsensstamm**, ggf. mit Sprechvokal, und den Person-Zeichen eingefügt.

! Der Konjunktiv Imperfekt sieht aus wie ein Infinitiv Präsens Aktiv mit angehängtem Person-Zeichen.

Konjugationsschema Konjunktiv Imperfekt Aktiv

| | ā-Konj. | ē-Konj. | ī-Konj. | Kons. Konj. | esse |
|---|---|---|---|---|---|
| **1.P.Sg.** | vocā**rem** | monē**rem** | audī**rem** | mitte**rem** | es**sem** |
| **2.P.Sg.** | vocā**rēs** | monē**rēs** | audī**rēs** | mitte**rēs** | es**sēs** |
| **3.P.Sg.** | vocā**ret** | monē**ret** | audī**ret** | mitte**ret** | es**set** |
| **1.P.Pl.** | vocā**rē**mus | monē**rē**mus | audī**rē**mus | mitte**rē**mus | es**sē**mus |
| **2.P.Pl.** | vocā**rē**tis | monē**rē**tis | audī**rē**tis | mitte**rē**tis | es**sē**tis |
| **3.P.Pl.** | vocā**re**nt | monē**re**nt | audī**re**nt | mitte**re**nt | es**se**nt |

**Für Verben der gemischten Konj. → Tab 4.1, S. 145.**

Konjugationsschema Konjunktiv Imperfekt Passiv

| | ā-Konj. | ē-Konj. | ī-Konj. | Kons. Konj. |
|---|---|---|---|---|
| **1.P.Sg.** | vocā**re**r | monē**re**r | audī**re**r | mitte**re**r |
| **2.P.Sg.** | vocā**rē**ris | monē**rē**ris | audī**rē**ris | mitte**rē**ris |
| **3.P.Sg.** | vocā**rē**tur | monē**rē**tur | audī**rē**tur | mitte**rē**tur |
| **1.P.Pl.** | vocā**rē**mur | monē**rē**mur | audī**rē**mur | mitte**rē**mur |
| **2.P.Pl.** | vocā**rē**minī | monē**rē**minī | audī**rē**minī | mitte**rē**minī |
| **3.P.Pl.** | vocā**re**ntur | monē**re**ntur | audī**re**ntur | mitte**re**ntur |

**Für Verben der gemischten Konj. → Tab 4.2, S. 146.**

# 2. Satzlehre

## 2.1 Konjunktiv Imperfekt in Gliedsätzen mit *ut* und *nē*

| | | Gliedsatzart |
|---|---|---|
| 1. Hamilcar patrem deōrum ōrāvit, *ut* urbī auxilium **daret**. | Hamilkar bat den Vater der Götter darum, (*dass* er der Stadt **helfe**) der Stadt *zu* **helfen**. | Begehrsatz |
| 2. Item ab eō petīvit, *nē* Rōmānīs **favēret**. | Ebenfalls erbat er von ihm, (*dass* er den Römern *nicht* **gewogen sei**) den Römern *nicht* **gewogen** *zu* **sein**. | |
| 3. Hamilcar Hannibalem in templum[!] deī dūxit, *ut* ibī perpetuum in Rōmānōs odium **iūrāret**. | Hamilkar führte Hannibal in den Tempel des Gottes, *damit* er dort ewigen Hass auf die Römer **schwor**. | Finalsatz (Absicht) |
| 4. Hannibal patrī pāruit, *nē* ab eō Carthāgine **relinquerētur**. | Hannibal gehorchte dem Vater, (*damit* er von ihm *nicht* in Karthago **zurückgelassen werde**) *um nicht* von ihm in Karthago **zurückgelassen** *zu* **werden**. | |
| 5. Hannibal tantum in Rōmānōs odium habēbat, *ut* eōs dēlēre **statueret**. | Hannibal hatte einen so großen Hass auf die Römer, *dass* er **beschloss**, sie zu vernichten. | Konsekutivsatz (Folge) |
| 6. Id tantō studiō temptābat, *ut* summa perīcula *nōn* **timēret**. | Dies versuchte er mit solchem Eifer, *dass* er äußerste Gefahren *nicht* **fürchtete**. | |

Der **Konjunktiv Imperfekt** steht häufig in **Gliedsätzen**, die mit den **Subjunktionen** ***ut*** oder ***nē*** eingeleitet sind.
Diese geben als **Objekt** ein **Begehren**, als **Adverbiale** eine **Absicht** oder **Folge** an.

Ü Der Konjunktiv Imperfekt in Gliedsätzen wird im Deutschen in der Regel mit dem Präteritum wiedergegeben.
Der Gliedsatz lässt sich häufig mit dem **Infinitiv „zu"** (1./2.) oder bei **gleichem Subjekt** im Hauptsatz mit **„um … zu"** (4.) übersetzen.

Satzmodelle (Satz 1)

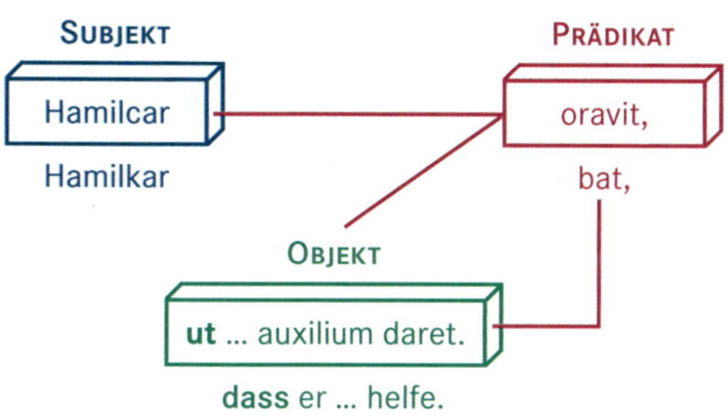


(Satz 4)

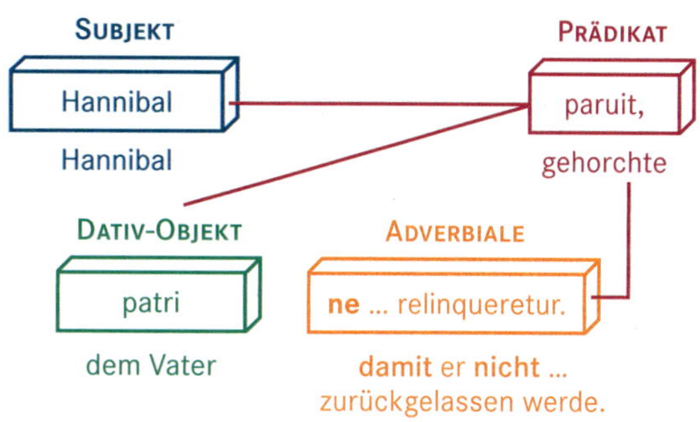

# 1. Formenlehre

## 1.1 Konjunktiv Plusquamperfekt Aktiv

Das **Modus-Zeichen** des **Konjunktiv Plusquamperfekt Aktiv** lautet

**-isse-**

Es ist zwischen dem **Perfektstamm** und den Person-Zeichen eingefügt.

### Konjugationsschema Konjunktiv Plusquamperfekt Aktiv

| | |
|---|---|
| vocāv-<br>monu-<br>māns-<br>vēn-<br>cucurr-<br>statu-<br>fu- | -**isse**m<br>-**issē**s<br>-**isse**t<br>-**issē**mus<br>-**issē**tis<br>-**isse**nt |

! Der Konjunktiv Plusquamperfekt Aktiv sieht aus wie ein Infinitiv Perfekt Aktiv mit angehängtem Person-Zeichen.

Ü Der Konjunktiv Plusquamperfekt in Gliedsätzen wird im Deutschen in der Regel mit dem Indikativ Plusquamperfekt wiedergegeben.

## 1.2 Konjunktiv Plusquamperfekt Passiv

Der **Konjunktiv Plusquamperfekt Passiv** ist am **PPP** und einer **Konjunktiv-Imperfekt-Form von *esse*** zu erkennen.

### Konjugationsschema Konjunktiv Plusquamperfekt Passiv

| Sg. | | Pl. | |
|---|---|---|---|
| servātus, -a, -um | essem<br>essēs<br>esset | servātī, -ae, -a | essēmus<br>essētis<br>essent |

Ü Die Konjunktivformen des Imperfekts (→ L 22, 1.2/2.1) und Plusquamperfekts treten meist in Gliedsätzen auf.

# 2. Satzlehre

## 2.1 Konjunktiv Plusquamperfekt in Gliedsätzen mit *cum*

| | | Gliedsatzart |
|---|---|---|
| 1. Tiberius Gracchus, **cum** multōs cīvēs in miseriā esse **cognōvisset**, id studuit, ut eōrum sortem mūtāret. | Tiberius Gracchus hat sich, **als** er **erkannt hatte**, dass viele Bürger in Not lebten, dafür eingesetzt, ihr Schicksal zu ändern. | Temporalsatz (Zeit) |
| 2. **Cum** ā tribūnō plēbis salūs pūblica **neglēcta esset**, Tiberius Gracchus plēbem cūrāre statuit. | **Da** von einem Volkstribun das öffentliche Wohl **missachtet worden war**, entschloss sich Tiberius, für das einfache Volk zu sorgen. | Kausalsatz (beachteter Grund) |
| 3. Tiberius Gracchus, **cum** sibī ā senātōribus[!] māxima perīcula īnstāre **audīvisset**, (tamen) territus nōn est. | **Obwohl** Tiberius Gracchus **gehört hatte**, ihm würden von den Senatoren größte Gefahren drohen, ließ er sich (dennoch) nicht einschüchtern. | Konzessivsatz (nicht beachteter Grund) |

Der **Konjunktiv Plusquamperfekt** steht häufig in **Gliedsätzen,** die mit der Subjunktion ***cum*** eingeleitet sind.
Diese erfüllen im Satz die **Funktion des Adverbiales.**
Sie haben meist folgende **Sinnrichtungen**:
- Angabe **der Zeit** (Temporalsatz): „als, nachdem" (1.);
- Angabe **des Grundes** (Kausalsatz): „da, weil" (2.);
- Angabe **des nicht beachteten Grundes** (Konzessivsatz): „obwohl" (3.).

## 2.2 Zeitverhältnisse in konjunktivischen Gliedsätzen I

Das **Prädikat des Gliedsatzes** beschreibt einen Vorgang, der in einem bestimmten **zeitlichen Verhältnis** zum Vorgang des übergeordneten Satzes steht:

| | | |
|---|---|---|
| **Konj. Imperfekt (Konj. II der Gleichzeitigkeit)** | → | drückt einen Vorgang aus, der ***gleichzeitig*** zur Handlung des übergeordneten Prädikats verläuft. |
| **Konj. Plusquamperfekt (Konj. II der Vorzeitigkeit)** | → | drückt einen Vorgang aus, der ***vor*** der Handlung des übergeordneten Prädikats, also ***vorzeitig***, verlaufen ist. |

### 2.3 Einfaches und mehrgliedriges Satzgefüge

| | |
|---|---|
| 1. Tiberius Gracchus postulāvit, **nē** salūs cīvium **neglegerētur**. | Tiberius Gracchus forderte, **dass** das Wohl der Bürger **nicht missachtet werde**. |
| 2. **Cum** perīcula nōn **timēret**, plēbem cūrāre nōn dēsiit. | **Da** er keine **Angst** vor Gefahren **hatte**, hörte er nicht auf, sich für das einfache Volk einzusetzen. |
| 3. Tiberius Gracchus officium suum praestitit, **cum** cōnsulēs **monitī essent, ut** eum **interficerent**. | Tiberius Gracchus erfüllte seine Pflicht, **obwohl** die Konsuln **aufgefordert worden waren**, ihn **zu töten**. |

Das **einfache Satzgefüge** (→ L 10, 2.3) besteht aus dem **Hauptsatz** und **einem Gliedsatz** (1./2.), das **mehrgliedrige Satzgefüge** aus dem **Hauptsatz** und **mehreren Gliedsätzen**. Dabei kann ein Gliedsatz auch einem anderen Gliedsatz untergeordnet sein (3.):

| | | | |
|---|---|---|---|
| HS | Tiberius ... praestitit, | | |
| GS 1 | | cum ... moniti essent, | |
| GS 2 | | | ut ... interficerent. |

Ü Suche bei mehrgliedrigen Satzgefügen sorgfältig heraus, was zum Hauptsatz, was zu welchem Gliedsatz gehört und wodurch die Gliedsätze eingeleitet werden. Beginne die Übersetzung mit dem Hauptsatz und füge dann den Gliedsatz/die Gliedsätze hinzu.

# Lektion 24



## 1. Formenlehre

### 1.1 Interrogativ-Pronomen (fragendes Fürwort) *quis?, quid?*

Deklinationsschema

| | Lateinisch | Deutsch |
|---|---|---|
| **Nom.** | quis?, quid? | wer?, was? |
| **Gen.** | cuius? | wessen? |
| **Dat.** | cui? | wem? |
| **Akk.** | quem?, quid? | wen?, was? |
| **Abl.** | ā/dē quō?, quōcum? | von wem?/über wen?, mit wem? |

### 1.2 Interrogativ-Pronomen *quī, quae, quod*

Das **Interrogativ-Pronomen *quī, quae, quod*** wird wie das Relativ-Pronomen dekliniert (→ L 17, 1.1).

### 1.3 Komposita von *esse*

Das Verb ***esse*** „sein" verbindet sich mit vielen Präpositionen zu **Komposita** (Zusammensetzungen). Deren Bedeutung lässt sich häufig gut erschließen:

| | |
|---|---|
| **ab**esse, absum, āfuī | „abwesend sein, fehlen; entfernt sein" |
| **ad**esse, adsum, adfuī/affuī | „anwesend sein, da sein; *(m. Dat.)* helfen" |
| **inter**esse, intersum, interfuī *(m. Dat.)* | „teilnehmen *(an etw.)*" |

Ein Kompositum von *esse* ist unregelmäßig:
**posse** (< pot-esse), possum, potuī („mächtig sein") „können".

! *pot-* vor *s* → *pos-*

| | Präsens | | Imperfekt | |
|---|---|---|---|---|
| **1.P.Sg.** | poss*um* | ich kann | poteram | ich konnte |
| **2.P.Sg.** | potes | du kannst | poterās | du konntest |
| **3.P.Sg.** | potest | er, sie, es kann | poterat | er, sie, es konnte |
| **1.P.Pl.** | poss*u*mus | wir können | poterāmus | wir konnten |
| **2.P.Pl.** | potestis | ihr könnt | poterātis | ihr konntet |
| **3.P.Pl.** | poss*u*nt | sie können | poterant | sie konnten |
| **Infinitiv** | posse | (zu) können | | |
| **Perfekt** | potuī | ich habe gekonnt/konnte | | |

**Für Konjunktiv Imperfekt → Tab 8.1, S. 160.**

## 2. Satzlehre

### 2.1 *quī, quae, quod* als adjektivisches Interrogativ-Pronomen

| | |
|---|---|
| Caesar tribūnōs interrogat: | Caesar fragt die Volkstribunen: |
| 1. **Quī senātōrēs**[!] vōbīs ācriter restitērunt? | **Welche Senatoren** haben sich euch heftig widersetzt? |
| 2. **Quā dē causā** Rōmam relīquistis? | **Aus welchem Grund** habt ihr Rom verlassen? |

Das **Interrogativ-Pronomen *quī, quae, quod*** „welcher, welche, welches?" ist wie ein Adjektiv einem Substantiv beigefügt, mit dem es in Kasus, Numerus und Genus übereinstimmt **(KNG-Kongruenz)**. Es erfüllt im Satz die **Funktion des Attributs** (1./2.).

## Grundwissen: Fakten

### Formenlehre

1 Das **Partizip Präsens Aktiv (PPA; Partizip der Gleichzeitigkeit)** ist eine weitere Verbform, die dekliniert werden kann (wie Adjektive der kons. Deklination mit Ausnahme des Abl. Sg.). Im Nom. Sg. ist es an der **Endung *-ns*** zu erkennen. In den anderen Kasus ist ***-nt-*** zwischen dem Präsensstamm, ggf. mit Sprechvokal, und den Kasus-Zeichen eingefügt, z. B. *clāmāns, clāmantis* „rufend; der/die Rufende". → **L 21, 1.1**

2 Der **Konjunktiv Imperfekt** ist im Aktiv und im Passiv am **Modus-Zeichen *-re-*** zu erkennen, das zwischen dem Präsensstamm, ggf. mit Sprechvokal, und den Person-Zeichen eingefügt ist, z. B. *lege**re**t* - *vocā**re**ntur.* Beachte: *essem, ...; possem, ...* → **L 22, 1.2**

3 Der **Konjunktiv Plusquamperfekt Aktiv** ist am **Modus-Zeichen *-isse-*** zu erkennen, das zwischen dem Perfektstamm und den Person-Zeichen eingefügt ist, z. B. *vēn**isse**t.* → **L 23, 1.1**

4 Im **Konjunktiv Plusquamperfekt Passiv** treten zum **PPP** die Formen ***essem, essēs, esset, ...*** hinzu, z. B. *vocā**tus, -a, -um esset**.* → **L 23, 1.2**

### Satzlehre

5 Auch das **PPA** ist häufig als **Participium coniunctum (PC)** verwendet. Es hat ein Bezugswort in KNG-Kongruenz. Auch das **PC** mit **PPA** erfüllt die **Funktion des Attributs** oder - öfter - die **Funktion des Adverbiales.** → **L 21, 2.1–2**
Als Adverbiale lässt sich das PC im Deutschen durch einen **Hauptsatz**, einen **Gliedsatz** oder durch eine **präpositionale Verbindung** wiedergeben. Es kann verschiedene Sinnrichtungen ausdrücken, z. B. temporal, kausal, konzessiv. → **L 21, 2.3**

6 **Konjunktivische Gliedsätze**, die mit den Subjunktionen ***ut/nē*** oder ***cum*** eingeleitet sind, haben als **Adverbiale** verschiedene Sinnrichtungen, z. B. kausal, final: *C. Gracchus, **cum** miseriam plēbis vidēret, sortem eius mūtāre studuit, **ut** pāx ōtiumque servārentur.* - „**Da** Gaius Gracchus das Elend des Volkes sah, wollte er dessen Schicksal ändern, **damit** Frieden und Ruhe im Staat erhalten blieben." → **L 22, 2.1/L 23, 2.1**

7 Dabei zeigt der **Konjunktiv Imperfekt** die **Gleichzeitigkeit** zum Geschehen des Hauptsatzes an, der **Konjunktiv Plusquamperfekt** die **Vorzeitigkeit**, z. B. *Tē ōrāvī, ut in tempore venīrēs.* - „Ich bat dich, dass du pünktlich **kamst/... zu kommen.**" *Cum urbem intrāvissem, forum clārum vīdī.* - „Als ich die Stadt **betreten hatte**, sah ich das berühmte Forum." → **L 23, 2.2**

8 Das **Interrogativ-Pronomen *quī, quae, quod*** ist wie ein Adjektiv mit einem Substantiv in KNG-Kongruenz verbunden und erfüllt die **Funktion des Attributs.** → **L 24, 2.1**

## Grundwissen: Überblick

9 Bei einer **Satzreihe** sind zwei oder mehrere Hauptsätze mit **Konjunktionen** verbunden, z. B. *sed, itaque, nam.*
Bei einem **Satzgefüge** sind Hauptsatz und ein Gliedsatz (einfaches Satzgefüge) oder Hauptsatz und mehrere Gliedsätze (mehrgliedriges Satzgefüge) durch **Subjunktionen** verbunden, z. B. *ut, nē, cum, quod.* → **L 23, 2.3**

## Ich kann schon ...

**1 das Partizip Präsens Aktiv (PPA) Substantiven passend zuordnen und übersetzen.**
defendentibus - cadente - exspectantes - cenantem - rapienti - audientium - delentis

fratres - oratorem - barbaro - hominum - iuvenis - arbore - civibus

**2 Formen des Konjunktiv Imperfekt Aktiv/Passiv erkennen und bestimmen.**
adessent - deligerentur - neglegeres - ostenderet - interest - caperemur - sentiret - dixerat - regereris - probaretis - ridetis - audirent - taceremus - cuperent

**3 Formen des Konjunktiv Plusquamperfekt Aktiv erkennen und bestimmen.**
vixissemus - coluisse - duxissent - dixisse - accidisset - contigerat - reliquissent - stetisse - potuissetis - pepulissent - eripuisse - viceram - rapuisses - imperares - fuissem

**4 Formen des Konjunktiv Plusquamperfekt Passiv erkennen und bestimmen.**
traiectum esse - exstructa essent - commoti essetis - consensissem - condita est - datum esset - recti essemus - afficeremur - mandavissent - effecta esset - ornati essent

**5 das Participium coniunctum (PC) im Satz als Attribut oder Adverbiale erkennen, sein Bezugswort feststellen und den Satz angemessen übersetzen.**
1. Hannibal urbem Romam armis petens ad portas constitit. 2. Magnitudinem autem murorum aspiciens in castra decessit. 3. Romani Hannibalem urbem copiis petentem magno cum timore exspectabant. 4. Carthaginienses Hannibalem Romanos semper vincentem in patriam revocaverunt[!].

**6 die Gliedsatzarten konjunktivischer Gliedsätze benennen und die Sätze übersetzen.**
1. Consul imperavit, ut Romani milites Hannibalis ab urbe arcerent. 2. Etiam postulatum est, ne cives desperarent. 3. Num Hannibal ab urbe decessit, ne urbem egregiam deleret/cum urbem egregiam delere non studeret? 4. Cum in Africam revenisset[!], a Scipione victus est.

**7 das Zeitverhältnis in konjunktivischen Gliedsätzen erkennen und die Sätze übersetzen.**
1. Cum Hannibal in Italia numquam a Romanis victus esset, Carthaginem revocatus[!] est. 2. Hannibal, cum tantas victorias reportavisset[!], in urbem suam non cum gaudio receptus est. 3. Itaque primo tam iratus erat, ut pugnare non iam paratus esset.

**8 Interrogativ-Pronomina erkennen und entsprechend übersetzen.**
1. Quem Romani in Gallia vicerunt et perdiderunt? 2. Quae aedificia tum flammis[!] deleta sunt? 3. Cuius oppidi cives a Romanis Romam in urbem invitati sunt? 4. A quibus copiis Hannibal superatus est? 5. A quo totus fere[1] orbis terrarum regebatur? 5. Qua de causa Carthaginienses bello victi sunt?

1) **ferē** *(Adv.)*: fast

**9 Satzreihe und Satzgefüge erkennen und übersetzen.**
1. Romulus et Remus urbem novam condiderunt; itaque diu inter se verbis certaverunt. 2. Quoniam autem non consentiebant, eis auxilio deorum opus erat. 3. Tandem Romulus postulavit, ut potestas regia sibi[1] daretur. 4. Remus, cum verba fratris audivisset, tam vehementer commotus est, ut muros urbis adhuc parvos transiliret[2]. 5. Tum Romulus fratrem necavit.

1) **sibī**: ihm 2) **trānsilīre**: überspringen

# 1. Formenlehre

## 1.1 Futur Aktiv/Passiv

Das **Futur** ist an folgenden **Tempus-Zeichen** zu erkennen:

- in der ā-/ē-Konjugation: -b- -bi- -bu-
- in der ī-/kons. Konjugation: -a- -e-

Diese sind zwischen dem **Präsensstamm** und den Person-Zeichen eingefügt.

**Konjugationsschema Futur Aktiv**

| | ā-Konjugation | | ē-Konjugation | | ī-Konjugation | |
|---|---|---|---|---|---|---|
| **1.P.Sg.** | clāmā**bō** | ich werde schreien | tacē**bō** | ich werde schweigen | audi**am** | ich werde hören |
| **2.P.Sg.** | clāmā***bi***s | du wirst schreien | tacē***bi***s | du wirst schweigen | audi**ē**s | du wirst hören |
| **3.P.Sg.** | clāmā***bi***t | er, sie, es wird schreien | tacē***bi***t | er, sie, es wird schweigen | audi**e**t | er, sie, es wird hören |
| **1.P.Pl.** | clāmā***bi***mus | wir werden schreien | tacē***bi***mus | wir werden schweigen | audi**ē**mus | wir werden hören |
| **2.P.Pl.** | clāmā***bi***tis | ihr werdet schreien | tacē***bi***tis | ihr werdet schweigen | audi**ē**tis | ihr werdet hören |
| **3.P.Pl.** | clāmā***bu***nt | sie werden schreien | tacē***bu***nt | sie werden schweigen | audi**e**nt | sie werden hören |

| | Konsonantische Konjugation | |
|---|---|---|
| **1.P.Sg.** | leg**am** | ich werde lesen |
| **2.P.Sg.** | leg**ē**s | du wirst lesen |
| **3.P.Sg.** | leg**e**t | er, sie, es wird lesen |
| **1.P.Pl.** | leg**ē**mus | wir werden lesen |
| **2.P.Pl.** | leg**ē**tis | ihr werdet lesen |
| **3.P.Pl.** | leg**e**nt | sie werden lesen |

**Für Verben der gemischten Konj. → Tab 4.1, S. 145.**

| | esse | |
|---|---|---|
| 1.P.Sg. | er**ō** | ich werde sein |
| 2.P.Sg. | er***is*** | du wirst sein |
| 3.P.Sg. | er***it*** | er, sie, es wird sein |
| 1.P.Pl. | er***imus*** | wir werden sein |
| 2.P.Pl. | er***itis*** | ihr werdet sein |
| 3.P.Pl. | er***unt*** | sie werden sein |

| | posse | |
|---|---|---|
| 1.P.Sg. | poter**ō** | ich werde können |
| 2.P.Sg. | poter***is*** | du wirst können |
| 3.P.Sg. | poter***it*** | er, sie, es wird können |
| 1.P.Pl. | poter***imus*** | wir werden können |
| 2.P.Pl. | poter***itis*** | ihr werdet können |
| 3.P.Pl. | poter***unt*** | sie werden können |

Konjugationsschema Futur Passiv

| | ā-Konj. | ē-Konj. | ī-Konj. | Kons. Konj. | Deutsch | |
|---|---|---|---|---|---|---|
| 1.P.Sg. | vocā**bor** | monē**bor** | audi**ar** | mitt**ar** | ich werde | gerufen werden<br>ermahnt werden<br>gehört werden<br>geschickt werden |
| 2.P.Sg. | vocā**beris** | monē**beris** | audi**ē**ris | mitt**ē**ris | du wirst | |
| 3.P.Sg. | vocā**b*i*tur** | monē**b*i*tur** | audi**ē**tur | mitt**ē**tur | er, sie, es wird | |
| 1.P.Pl. | vocā**b*i*mur** | monē**b*i*mur** | audi**ē**mur | mitt**ē**mur | wir werden | |
| 2.P.Pl. | vocā**b*i*minī** | monē**b*i*minī** | audi**ē**minī | mitt**ē**minī | ihr werdet | |
| 3.P.Pl. | vocā**b*u*ntur** | monē**b*u*ntur** | audi**e**ntur | mitt**e**ntur | sie werden | |

**Für Verben der gemischten Konj. → Tab 4.2, S. 146.**

# 2. Satzlehre

## 2.1 Verwendung des Futurs Aktiv/Passiv

| | |
|---|---|
| Augustus sēcum cōgitat:<br>1. Ego ā deīs numquam **dēserar**. | Augustus macht sich Gedanken:<br>Ich **werde** von den Göttern niemals im Stich **gelassen werden**. |
| 2. Itaque fīnibus imperiī Rōmānī nōn iam perīcula **īnstābunt** et pāx Rōmāna aeterna **erit**. | Deshalb **werden** den Grenzen des Römischen Reiches keine Gefahren mehr **drohen** und der römische Frieden **wird** ewig **sein**. |
| 3. ***Tum*** etiam omnēs Germānī **superābuntur** et imperiō meō **pārēbunt**. | ***Dann*** **werden** auch alle Germanen **besiegt (werden)** und meinem Befehl **gehorchen**. |
| 4. ***Mox*** tōtum orbem terrārum **regam**. | **Ich beherrsche** ***bald*** den ganzen Erdkreis (**Ich werde … beherrschen**). |

Ü Wenn schon Adverbien wie ***tum*** „dann", ***mox*** „bald" u. Ä. auf die Zukunft weisen, wird im **Deutschen** meist das **Präsens** verwendet (3./4.).

**Handlungen** und **Ereignisse**, die **in der Zukunft** liegen oder als **zukünftig** gedacht werden, werden mit dem **Futur** ausgedrückt.

# 1. Formenlehre

## 1.1 Konjunktiv Präsens Aktiv/Passiv

Der **Konjunktiv Präsens** hat folgende **Modus-Zeichen**:

- in der ā-Konjugation: **-e-**
- in den übrigen Konjugationen: **-a-**

*esse* und *posse* haben wieder Sonderformen.

Das **Modus-Zeichen** ist zwischen dem **Präsensstamm** und den Person-Zeichen eingefügt.

Vergleiche die Erläuterung des Begriffs Modus (→ L 6, 1.1/ L 22, 1.1).

Ü Der **Konjunktiv Präsens** wird im **Deutschen** in der Regel mit dem **Indikativ Präsens** wiedergegeben.

! In der ā-Konjugation ist das Modus-Zeichen mit dem Kennvokal zu *-e-* verschmolzen.

### Konjugationsschema Konjunktiv Präsens Aktiv

| | ā-Konj. | ē-Konj. | ī-Konj. | Kons. Konj. | esse | posse |
|---|---|---|---|---|---|---|
| **1.P.Sg.** | voc**em** | mone**am** | audi**am** | mitt**am** | s**im** | poss**im** |
| **2.P.Sg.** | voc**ēs** | mone**ās** | audi**ās** | mitt**ās** | s**īs** | poss**īs** |
| **3.P.Sg.** | voc**et** | mone**at** | audi**at** | mitt**at** | s**it** | poss**it** |
| **1.P.Pl.** | voc**ēmus** | mone**āmus** | audi**āmus** | mitt**āmus** | s**īmus** | poss**īmus** |
| **2.P.Pl.** | voc**ētis** | mone**ātis** | audi**ātis** | mitt**ātis** | s**ītis** | poss**ītis** |
| **3.P.Pl.** | voc**ent** | mone**ant** | audi**ant** | mitt**ant** | s**int** | poss**int** |

**Für Verben der gemischten Konj. → Tab 4.1, S. 145.**

### Konjugationsschema Konjunktiv Präsens Passiv

| | ā-Konj. | ē-Konj. | ī-Konj. | Kons. Konj. |
|---|---|---|---|---|
| **1.P.Sg.** | voc**er** | mone**ar** | audi**ar** | mitt**ar** |
| **2.P.Sg.** | voc**ēris** | mone**āris** | audi**āris** | mitt**āris** |
| **3.P.Sg.** | voc**ētur** | mone**ātur** | audi**ātur** | mitt**ātur** |
| **1.P.Pl.** | voc**ēmur** | mone**āmur** | audi**āmur** | mitt**āmur** |
| **2.P.Pl.** | voc**ēminī** | mone**āminī** | audi**āminī** | mitt**āminī** |
| **3.P.Pl.** | voc**entur** | mone**antur** | audi**antur** | mitt**antur** |

**Für Verben der gemischten Konj. → Tab 4.2, S. 146.**

### 1.2 Konjunktiv Perfekt Aktiv

Das **Modus-Zeichen** des **Konjunktiv Perfekt Aktiv** lautet:

**-eri-**

Es ist **zwischen** dem **Perfektstamm** und den Person-Zeichen eingefügt.

**Konjugationsschema Konjunktiv Perfekt Aktiv**

| Perfektstamm | Endung |
|---|---|
| vocāv-<br>monu-<br>māns-<br>vēn-<br>cucurr-<br>statu-<br>fu-<br>potu- | -**eri**m<br>-**eri**s<br>-**eri**t<br>-**eri**mus<br>-**eri**tis<br>-**eri**nt |

Ü Der **Konjunktiv Perfekt Aktiv** wird im **Deutschen** in der Regel mit dem **Indikativ Perfekt** wiedergegeben.

### 1.3 Konjunktiv Perfekt Passiv

Der **Konjunktiv Perfekt Passiv** ist am **PPP** und einer **Konjunktiv-Präsens-Form von *esse*** zu erkennen:

| Sg. | | Pl. | |
|---|---|---|---|
| servātus, -a, -um | sim<br>sīs<br>sit | servātī, -ae, -a | sīmus<br>sītis<br>sint |

## 2. Satzlehre

### 2.1 Konjunktiv Präsens und Perfekt in Gliedsätzen mit *ut, nē* und *cum*

| | | Gliedsatzart |
|---|---|---|
| Haec fāma erat:<br>1. Nerō optat, ***ut*** novam urbem **condat**. | Es ging folgendes Gerücht:<br>Nero wünscht, eine neue Stadt ***zu*** **gründen**. | Begehrsatz |
| 2. Urbs ārdet, ***cum*** Nerō incendium **iusserit**. | Die Stadt brennt, ***weil*** Nero den Brand **befohlen hat**. | Kausalsatz (beachteter Grund) |
| 3. Cīvēs īgnem exstinguere temptant, ***nē*** urbs furōre imperātōris **dēleātur**; nam timent, ***nē*** māgnā inopiā **labōrent**. | Die Bürger versuchen das Feuer zu löschen, ***damit*** die Stadt ***nicht*** durch den Wahn des Kaisers **zerstört wird**; denn sie fürchten, ***dass*** sie große Not **erleiden**. | Finalsatz (Absicht) |

**Konjunktiv Präsens** und **Konjunktiv Perfekt** stehen häufig in **Gliedsätzen**, die mit den Subjunktionen ***ut, nē*** oder ***cum*** eingeleitet sind (→ L 22, 2.1; L 23, 2.1). Deren **übergeordneter Satz** gibt ein Ereignis der **Gegenwart** oder der **Zukunft** wieder.

! Nach Verben und Ausdrücken des Fürchtens bedeutet ***nē*** **„dass“** (3.).

### 2.2 Zeitverhältnisse in konjunktivischen Gliedsätzen II

| | | |
|---|---|---|
| Konj. Präsens (Konj. I der Gleichzeitigkeit) | → | drückt einen Vorgang aus, der ***gleichzeitig*** zur Handlung des übergeordneten Prädikats verläuft. |
| Konj. Perfekt (Konj. I der Vorzeitigkeit) | → | drückt einen Vorgang aus, der ***vor*** der Handlung des übergeordneten Prädikats, also ***vorzeitig***, verlaufen ist. |

### 2.3 Indirekte Fragesätze

| | |
|---|---|
| 1. Multī etiam nunc interrogant, ***cūr*** Nerō urbem Rōmam **incenderit**. | Viele fragen noch heute, ***warum*** Nero die Stadt Rom **angezündet hat**. |
| 2. Etiam tunc cīvēs nesciēbant, ***cūr*** Nerō urbem **incendisset**. | Auch damals wussten die Bürger nicht, ***warum*** Nero die Stadt **angezündet hatte**. |

Fragesätze, die von einem Verb des Sagens, Fragens, Sprechens, Wissens o. Ä. abhängen, werden als **indirekte Fragesätze** bezeichnet. Im Lateinischen steht in indirekten Fragesätzen der **Konjunktiv**.

Ü Im Deutschen wird in der Regel der Indikativ derselben Zeit benutzt.

# Lektion 27



## 1. Formenlehre

### 1.1 ē-Deklination

Es gibt im Lateinischen eine **vierte Deklinationsklasse**, die **ē-Deklination**. Hierzu gehören Substantive, die den **Kennvokal -*ē*** haben. Diese sind in der Regel **Feminina**.

| | ē-Deklination | | | |
|---|---|---|---|---|
| | **Singular** | | **Plural** | |
| **Nom.** | rēs | die Sache | rēs | die Sachen |
| **Gen.** | reī | der Sache | rērum | der Sachen |
| **Dat.** | reī | der Sache | rēbus | den Sachen |
| **Akk.** | rem | die Sache | rēs | die Sachen |
| **Abl.** | rē | durch die Sache | rēbus | durch die Sachen |

Ü ***rēs*** in Verbindung mit einem Substantiv lässt sich im **Deutschen** meist mit **„etwas“** wiedergeben, z. B. ***rēs*** *māgna* **„etwas** Großes“.

## 1.2 Steigerung von Adjektiven

Adjektive können gesteigert werden. Es gibt drei verschiedene Vergleichsstufen:

a) **Positiv** (Grundstufe), z. B. hell, scharf;
b) **Komparativ** (Vergleichsstufe), z. B. heller, schärfer;
c) **Superlativ** (Höchststufe), z. B. der, die, das hellste, der, die, das schärfste.

Auch im Englischen und Deutschen werden viele Adjektive durch bestimmte Bildungselemente gesteigert:
short (klein) – short**er** (klein**er**) – short**est** (der klein**ste**).

| **Positiv** (Grundstufe) | **Komparativ** (Vergleichsstufe) | **Superlativ** (Höchststufe) |
|---|---|---|
| clārus, -a, -um<br>(hell)<br>pulcher, pulchra, pulchrum<br>(schön) | clār**ior**, clār**ior**, clār**ius**<br>(heller)<br>pulchr**ior**, pulchr**ior**, pulchr**ius**<br>(schöner) | clār**issim**us, -a, -um<br>(der, die, das hellste)<br>pulcher**rim**us, -a, -um<br>(der, die, das schönste) |
| fēlīx, fēlīx, fēlīx<br>(glücklich)<br>ācer, ācris, ācre<br>(scharf) | fēlīc**ior**, fēlīc**ior**, fēlīc**ius**<br>(glücklicher)<br>ācr**ior**, ācr**ior**, ācr**ius**<br>(schärfer) | fēlīc**issim**us, -a, -um<br>(der, die, das glücklichste)<br>ācer**rim**us, -a, -um<br>(der, die, das schärfste) |
| | ↓<br>wird dekliniert wie ein Substantiv der kons. Deklination<br>-ior- **Komparativ-Zeichen** | ↓<br>wird dekliniert wie ein Substantiv der ā-/o-Deklination<br>-issim- -rim- **Superlativ-Zeichen** |

### Deklinationsschema des Komparativs

| | Singular | | | Plural | | |
|---|---|---|---|---|---|---|
| | m | f | n | m | f | n |
| **Nom.** | clār**ior** | clār**ior** | clār**ius** | clār**iōr**ēs | clār**iōr**ēs | clār**iōr**a |
| **Gen.** | clār**iōr**is | clār**iōr**is | clār**iōr**is | clār**iōr**um | clār**iōr**um | clār**iōr**um |
| **Dat.** | clār**iōr**ī | clār**iōr**ī | clār**iōr**ī | clār**iōr**ibus | clār**iōr**ibus | clār**iōr**ibus |
| **Akk.** | clār**iōr**em | clār**iōr**em | clār**ius** | clār**iōr**ēs | clār**iōr**ēs | clār**iōr**a |
| **Abl.** | clār**iōr**e | clār**iōr**e | clār**iōr**e | clār**iōr**ibus | clār**iōr**ibus | clār**iōr**ibus |

## 1.3 Steigerung von Adverbien

Adverbien können ebenfalls gesteigert werden:

| Positiv | Komparativ | Superlativ |
|---|---|---|
| longē<br>(lang) | longius<br>(länger) | longissimē<br>(am längsten) |
| ācriter<br>(scharf) | ācrius<br>(schärfer) | ācerrimē<br>(am schärfsten) |

# 2. Satzlehre

## 2.1 Verwendung des Komparativs

| | |
|---|---|
| 1. Nūllus diēs **ātrior** erat ***quam*** ille, quō urbs Pompēiī exstīncta est. | Kein Tag war **schwärzer *als*** jener, an dem die Stadt Pompeji vernichtet worden ist. |
| 2. Quae rēs **graviōrēs** erant ***illā***? | Welche Ereignisse waren **schlimmer *als*** jenes? |

Drückt der **Komparativ** einen **Vergleich** aus, so kann die verglichene Sache oder Person ausgedrückt sein:

- durch ***quam*** **mit Nominativ/Akkusativ** (1.) oder
- durch den **Ablativ des Vergleichs** (2.).

Ü Im Deutschen wird der Vergleich mit „**als**" ausgedrückt.

## 2.2 Verwendung des Superlativs

| | |
|---|---|
| 1. Fīnis urbis Pompēiōrum **gravissimus** fuit. | Das Ende der Stadt Pompeji war **äußerst schlimm**. |
| 2. Illa nox **āterrima** *omnium noctium* erat. | Jene Nacht war **die schwärzeste** *aller Nächte*. |
| 3. Pompēiānī ***quam*** **longissimē** ab urbe quondam **pulcherrimā** abesse studēbant. | Die Bewohner von Pompeji wollten ***möglichst*** **weit weg** von ihrer einst **sehr schönen/wunderschönen** Stadt sein. |

Mit dem **Superlativ** des **Adjektivs** und des **Adverbs** kann ausgedrückt werden:

1. die **Höchststufe** (2.);
2. ein **sehr hoher Grad einer Eigenschaft** (1.), ohne dass sie mit etwas verglichen wird. Im Deutschen kann dafür „sehr", „äußerst" oder „ganz" mit dem Positiv oder ein verstärkender Zusatz (3.) verwendet werden;
3. in Verbindung mit ***quam*** eine **möglichst hohe Stufe** einer Eigenschaft (3.).

Ü Achte bei der Übersetzung eines Superlativs darauf, ob er mit einem Genitiv-Attribut verbunden ist oder nicht: **altissima** aedificia *urbis* „**die höchsten** Gebäude *der Stadt*" – ***altissima*** aedificia „***sehr hohe*** Gebäude". Der Superlativ nach *quam* wird mit „**möglichst**" und dem Positiv wiedergegeben (3.).

# 1. Formenlehre

## 1.1 *īre* und Komposita

Auch das Verb ***īre*** „gehen" verbindet sich mit Präpositionen und anderen Vorsilben zu **Komposita**. Diese lassen sich häufig gut erschließen, z. B. ***trāns****īre* „überschreiten, hinübergehen" (*trāns* „über (... hinüber); jenseits), ***red****īre* „zurückgehen" (*re* „zurück, wieder").

! Einige der Formen von *īre* sind leicht mit Formen von *is, ea, id* zu verwechseln. Achte darauf, ob die Form als Prädikat (häufig am Satzende) vorkommt.
*Ad forum Rōmānum cum amīcō* ***eō****.* – „**Ich gehe** mit dem Freund zum Forum Romanum."
***Cum eō*** *forum Rōmānum spectant.* – „Sie betrachten **mit ihm** das Forum Romanum."

Konjugationsschema Präsensstamm

| | Präsens | | Imperfekt | | Futur | |
|---|---|---|---|---|---|---|
| 1.P.Sg. | eō | ich gehe | ībam | ich ging | ībō | ich werde gehen |
| 2.P.Sg. | īs | du gehst | ībās | du gingst | īb*is* | du wirst gehen |
| 3.P.Sg. | it | er, sie, es geht | ībat | er, sie, es ging | īb*it* | er, sie, es wird gehen |
| 1.P.Pl. | īmus | wir gehen | ībāmus | wir gingen | īb*imus* | wir werden gehen |
| 2.P.Pl. | ītis | ihr geht | ībātis | ihr gingt | īb*itis* | ihr werdet gehen |
| 3.P.Pl. | e*unt* | sie gehen | ībant | sie gingen | īb*unt* | sie werden gehen |
| Infinitiv | īre | (zu) gehen | | | | |
| Imperativ Sg. | ī! | geh! | | | | |
| Imperativ Pl. | īte! | geht! | | | | |
| PPA | iēns, e*untis* | gehend | | | | |

Für Konjunktiv Präsens/Imperfekt → Tab 8.1, S. 160.

Konjugationsschema Perfektstamm

| | Perfekt | | Plusquamperfekt | |
|---|---|---|---|---|
| 1.P.Sg. | iī | ich bin gegangen/ging | ieram | ich war gegangen |
| 2.P.Sg. | īstī | du bist gegangen/gingst | ierās | du warst gegangen |
| 3.P.Sg. | iit | er, sie, es ist gegangen/ging | ierat | er, sie, es war gegangen |
| 1.P.Pl. | iimus | wir sind gegangen/gingen | ierāmus | wir waren gegangen |
| 2.P.Pl. | īstis | ihr seid gegangen/gingt | ierātis | ihr wart gegangen |
| 3.P.Pl. | iērunt | sie sind gegangen/gingen | ierant | sie waren gegangen |
| Infinitiv | īsse | gegangen (zu) sein | | |

# 2. Satzlehre

## 2.1 Ablativus Absolutus (Abl. abs.) mit PPP: Vorzeitigkeit

| | |
|---|---|
| 1. Rōmānī **omnibus gentibus pācātīs** dominī orbis terrārum erant. | Die Römer waren, **als/nachdem alle Völker unterworfen worden waren,** die Herren der Welt. |
| 2. **Secūritāte pūblicā restitūtā** cīvēs rūrsus sine timōre vīvēbant. | **Da/Weil die öffentliche Sicherheit wiederhergestellt worden war,** lebten die Bürger wieder ohne Furcht. |
| 3. **Lībertāte aetātis veteris sublātā *(tamen)*** philosophī! ōrātiōnēs līberās habēre studēbant. | **Obwohl die Freiheit der alten Zeit beseitigt worden war,** waren Philosophen ***(dennoch)*** bemüht, freie Reden zu halten. |

In den Sätzen ist ein **PPP im Ablativ mit einem Substantiv in KNG-Kongruenz** verbunden. Dieses Substantiv erhält nur gemeinsam mit dem Partizip eine **Funktion** im Satz, nämlich die eines **Adverbiales**

- der **Zeit**: *temporal* (1.),
- des **beachteten Grundes**: *kausal* (2.),
- des **nicht beachteten Grundes**: *konzessiv* (3.).

Satzmodell (Satz 1)

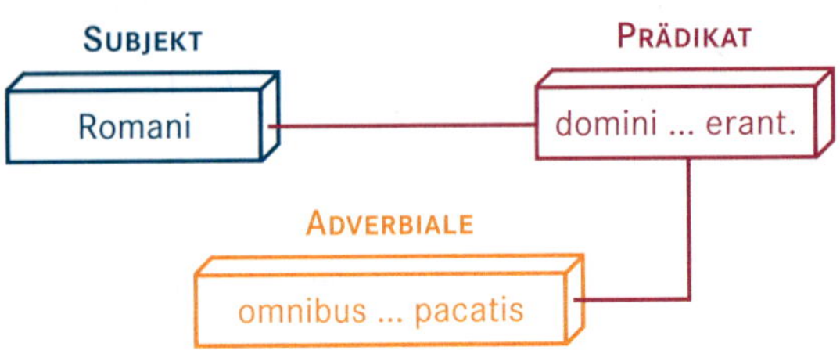


Man nennt diese Konstruktion **Ablativus absolutus (Abl. abs.) mit PPP.**
Sie stellt eine **satzwertige Konstruktion** dar.
Dieser Abl. abs. drückt ein Geschehen aus, das **vor** der Handlung des Prädikats stattgefunden hat.
Das **Zeitverhältnis** des PPP zum Prädikat ist somit **vorzeitig**.

**Ablativus absolutus** bedeutet „losgelöster Ablativ" (→ *absolvere* „loslösen"). Er heißt deshalb so, weil der bloße Ablativ ohne Partizip im Satz keine Funktion hat, also davon „losgelöst" ist.

Video 40502-55

## 2.2 Ablativus absolutus (Abl. abs.) mit PPP: Übersetzungsweg – Übersetzungsmöglichkeiten

| Vorgehensweise bei der Übersetzung: | Rōmānī omnibus gentibus pācātīs dominī orbis terrārum erant. |
|---|---|
| 1. Markiere das Partizip im Ablativ. | Rōmānī omnibus gentibus pācātīs dominī orbis terrārum erant. |
| 2. Suche das Bezugswort, das in KNG-Kongruenz zu dem Partizip steht. | Rōmānī omnibus gentibus pācātīs dominī orbis terrārum erant. |
| 3. Öffne eine Klammer **vor** dem Bezugswort und schließe sie **hinter dem PPP.** | Rōmānī (omnibus gentibus pācātīs) dominī orbis terrārum erant. |
| 4. Übersetze den Satz ohne die Abl. abs.-Klammer. | Die Römer waren die Herren der Welt. |
| 5. Gib die Aussage der Abl. abs.-Klammer als Hauptsatz separat wieder. | Alle Völker sind unterworfen worden. |
| 6. Mache aus dem Hauptsatz einen Gliedsatz und entscheide die Sinnrichtung aus dem Textzusammenhang. | Nachdem/Als/Da alle Völker unterworfen worden sind/waren, |
| 7. Verknüpfe schließlich die Aussage der Abl. abs.-Klammer sinnvoll mit dem restlichen Satz. Achte darauf, dass du im Gliedsatz die Vorzeitigkeit zum Hauptsatz ausdrückst. | Nachdem/Als/Da alle Völker unterworfen worden waren, waren die Römer die Herren der Welt. |

Wenn in einem Satz ein Partizip mit seinem Bezugswort im Ablativ vorkommt, liegt fast immer ein Ablativus absolutus (Abl. abs.) vor. Diese Konstruktion kann vom restlichen Satz abgegrenzt übersetzt werden.

Ü Kurz gefasste Abl. abs. lassen sich gut mit einer **präpositionalen Verbindung** (Präposition mit Substantiv) wiedergeben:
***pāce factā***
„nach Friedensschluss“;
***mōribus antīquīs restitūtīs***
„nach Wiedereinführung der alten Werte“.

### Übersetzungsmöglichkeiten

Der Ablativus absolutus mit PPP kann verschieden übersetzt werden.
Ausgehend von einer Wiedergabe als Hauptsatz *(Alle Völker sind unterworfen worden)* lässt sich der Abl. abs. übersetzen mit:

| 1. Beiordnung | 2. Unterordnung | 3. präpositionaler Verbindung |
|---|---|---|
| Der Abl. abs. wird durch einen eigenen **Hauptsatz** wiedergegeben; die Sinnrichtung wird durch ein **zusätzliches Wort** ausgedrückt: | Der Abl. abs. wird als **Gliedsatz** wiedergegeben; dieser wird durch eine **Subjunktion** eingeleitet, die die Sinnrichtung ausdrückt: | Das **Partizip** wird zu einem **Substantiv** und mit einer **Präposition** verknüpft, die die Sinnrichtung ausdrückt: |
| ***Alle Völker waren unterworfen worden; darauf (deshalb)*** *waren die Römer die Herren der Welt.* | ***Nachdem/Da alle Völker unterworfen worden waren,*** *waren die Römer die Herren der Welt.* | ***Nach der/Durch die Unterwerfung*** *aller Völker waren die Römer die Herren der Welt.* |

## Grundwissen: Fakten

### Formenlehre

1 Das **Futur** ist bei Verben der ā- und ē-Konjugation und bei *īre* an den Tempus-Zeichen ***-b-/bi-/-bu-***, bei Verben der ī- und kons. Konjugation an den Tempus-Zeichen ***-a-/-e-*** zu erkennen, die zwischen dem Präsensstamm und den Person-Zeichen eingefügt sind.
*esse* und *posse* haben eigene Formen: *erō, eris, ...; poterō, poteris, ...* . → **L 25,1.1**

2 Der **Konjunktiv Präsens Aktiv/Passiv** hat in der ā-Konjugation das **Modus-Zeichen *-e-***, in den übrigen Konjugationen und bei *īre* das **Modus-Zeichen *-a-***. Dieses ist zwischen dem Präsensstamm und den Person-Zeichen eingefügt, z. B. *duc**ā**tur; e**a**t.*
*esse* und *posse* haben eigene Formen: *sim, sīs, ...; possim, possīs, ...* → **L 26, 1.1**

3 Der **Konjunktiv Perfekt Aktiv** ist am **Modus-Zeichen *-eri-*** zu erkennen, das zwischen dem Perfektstamm und den Person-Zeichen eingefügt ist, z. B. *vocāv**erim***. → **L 26, 1.2**
Der **Konjunktiv Perfekt Passiv** ist am **PPP** und den Formen ***sim, sīs, sit, sīmus, sītis, sint*** zu erkennen, z. B. *vocā**tus, -a, -um sit***. → **L 26, 1.3**

4 **Substantive** mit dem **Kennvokal *-e-*** gehören zur **ē-Deklination**, z. B. *rēs, reī* „die Sache; die Angelegenheit; das Ereignis". Sie sind in der Regel Feminina. → **L 27, 1.1**

5 Der **Komparativ** (Vergleichsstufe) von **Adjektiven** und **Adverbien** ist in der Regel am **Komparativ-Zeichen *-ior-*** und ***-ius*** zu erkennen, der **Superlativ** (Höchststufe) am **Superlativ-Zeichen *-issim-/-rim-***, z. B. *longior, ācrius – longissimus, ācerrimē.* → **L 27, 1.2–3**

6 Die Formen von ***īre*** „gehen" sind gebildet aus dem **Präsensstamm *ī-/e-*** bzw. aus dem **Perfektstamm *i-*** mit den entsprechenden Tempus-, Modus- und Person-Zeichen, z. B. *eō, ībat, ībunt, īrem – iērunt, ierant, īssem.* → **L 28, 1.1**

### Satzlehre

7 In **konjunktivischen Gliedsätzen** gibt der **Konjunktiv Präsens** die **Gleichzeitigkeit**, der **Konjunktiv Perfekt** die **Vorzeitigkeit** an. → **L 26, 2.1–2**

8 **Indirekte Fragesätze** werden durch **Fragewörter** (z. B. *ubī, quandō*) oder **Frage-Pronomina** *(quis, quid)* eingeleitet. Dabei geben **Konjunktiv Präsens** oder **Imperfekt** die **Gleichzeitigkeit, Konjunktiv Perfekt** oder **Plusquamperfekt** die **Vorzeitigkeit** an. → **L 26, 2.3**

9 Ein **Ablativ mit Partizip** stellt in der Regel einen **Ablativus absolutus (Abl. abs.)** dar. Mit einem **PPP** drückt er ein **vorzeitiges Zeitverhältnis** aus. Er lässt sich mit einem Hauptsatz, einem Gliedsatz oder einer präpositionalen Verbindung übersetzen. → **L 28, 2.1–2**

## Grundwissen: Überblick

10 ***quam*** bedeutet Unterschiedliches:

- Frage: ***Quam** altum hoc templum[1] est?* – „**Wie** hoch ist dieser Tempel?"
- Ausruf: *Quam pulchra Helena est!* – „**Wie** schön ist Helena!"
- Vergleichswort „als" beim Komparativ: *pulchrior **quam*** „schöner **als**"
- möglichst hoher Grad beim Superlativ: ***quam** lātissimē* „**möglichst** weit"
- Akk. Sg. f des Relativ- oder Interrogativ-Pronomens: *Urbs, **quam** videō, ...* „Die Stadt, **die** ich sehe, ..." – *Tē rogō, **quam urbem** ...* „Ich frage dich, **welche Stadt** ..."

## Ich kann schon ...

**1** **Futurformen im Aktiv und Passiv erkennen und übersetzen.**
liberabis – oras – ducetur – rides – ibit – ostendemus – tenebimur – dabo – prohibent – regent – pugnabitur – teguntur – celebrabuntur – redimus – dices – bibis – eritis – stabat

**2** **Formen des Konjunktiv Präsens Aktiv und Passiv auf die Grundform zurückführen und nach Konjugationsklassen ordnen.**
portetur – sentiatis – ambulemus – petamini – sint – audiatur – timeant – deleantur – stet – repellamini – misceatis – redeamus – reddatur – ruam – vivam – canatur

**3** **Formen des Konjunktiv Perfekt Aktiv und Passiv bestimmen und auf die Grundform zurückführen.**
nuntiaverit – cognitus sis – adduxerimus – fecerint – celebrati sint – erepti sint – fuerim – miseritis – acciderit – pulsi simus – restiteris – expletus sim – interfueritis – dederim

**4** **Substantive der ē-Deklination erkennen, bestimmen und übersetzen.**
rem – testem – diei – reges – spem – debes – re – dies – rebus – spei – mei – amice – die

**5** **die Steigerungsstufen bestimmen und auf ihre Grundstufe (Positiv) zurückführen.**
altiores – longius - ingentissima – miseriorum – acerrimos – libentissime – acrior – vehementissime – rectissimi – liberrimos – antiquissimae – clariore – bellissimae – carioribus – gravius – grandiores

**6** **die Formen von *ire* und Komposita erkennen und bestimmen.**
ibant – redierunt – euntes – isse – eamus – redeunt – ibis – ibi – i – eo – ierant – redissent – transisse – iretis – imus – iimus – transierimus

**7** **das Zeitverhältnis in konjunktivischen Gliedsätzen erkennen und die Sätze übersetzen.**
1. Cives optant, ut civitas servitute liberetur. 2. Pompeiani ex urbe fugiunt, ne flammis[l] Vesuvii exstinguantur. 3. Cum urbs ardere coeperit, Nero incendium Troiae canit.

**8** **indirekte Fragesätze erkennen und übersetzen.**
1. Nemo scit, quis urbem incenderit. 2. Dic mihi, utrum imperatores an philosophos[l] ames. 3. Cives interrogant, quando in imperio Romano pax fuerit. 4. Quis quaerit, cur tres legiones amissae sint?

**9a** **die Sinnrichtung eines Abl. abs. erkennen und den Abl. abs. angemessen wiedergeben.**
calamitate nuntiata (horrere) – urbe igne deleta (fugere) – Christianis ad mortem damnatis (se laetum praebere) – omni spe sublata (vitam agere) – rebus gestis (clarum esse) – pace facta (quiescere)

**b** **einen Abl. abs. in einem Satz markieren, die Sinnrichtung erfassen und im Textzusammenhang übersetzen.**
1. Imperium Germanis pacatis valde augebitur. 2. Omnibus aedificiis cinere tectis cives fugerunt. 3. Multi libertate amissa tamen orationes libere habent.

**10** ***quam* in Bedeutung und Funktion erkennen und übersetzen.**
1. Spem, **quam** habes, depone! 2. Iter **quam** longissimum fecimus. 3. **Quam** pulchra haec arbor est! 4. Quae calamitas gravior erat **quam** incendium Romae?

# 1. Formenlehre

## 1.1 u-Deklination

Es gibt im Lateinischen eine **fünfte Deklinationsklasse**, die **u-Deklination**. Hierzu gehören Substantive, die den **Kennvokal *-u*** haben. Diese sind in der Regel **Maskulina**.

| | u-Deklination | |
|---|---|---|
| | **Singular** | **Plural** |
| **Nom.** | exercitus<br>das Heer | exercitūs<br>die Heere |
| **Gen.** | exercitūs<br>des Heeres | exercituum<br>der Heere |
| **Dat.** | exercituī<br>dem Heer | exercitibus<br>den Heeren |
| **Akk.** | exercitum<br>das Heer | exercitūs<br>die Heere |
| **Abl.** | cum exercitū<br>mit dem Heer | cum exercitibus<br>mit den Heeren |

# 2. Satzlehre

## 2.1 Ablativus Absolutus (Abl. abs.) mit PPA: Gleichzeitigkeit

1. **Mīlitibus** Māxentiī pontem **trānseuntibus** exercitus Cōnstantīnī ferrum cēpit.
   **Als (Während) die Soldaten** des Maxentius die Brücke **überschritten**, griff Konstantins Heer zu den Waffen.

2. Cōnstantīnus **cruce** in caelō **appārente** victōriam exspectāvit.
   Konstantin erwartete, **da (weil)** das **Kreuz** am Himmel **erschien**, den Sieg.

3. **Māxentiō** ingentiōrem exercitum in āciem **dūcente** victōria Cōnstantīnō contigit.
   **Obwohl Maxentius** ein gewaltigeres Heer in die Schlacht **führte**, gelang Konstantin der Sieg.

Der **Ablativus absolutus (Abl. abs.)** kann auch mit dem **Partizip Präsens Aktiv (PPA)** gebildet sein.
Dabei ist ein PPA im Ablativ mit einem Substantiv in **KNG-Kongruenz** verbunden. Dieses Substantiv erfüllt hier ebenfalls nur gemeinsam mit dem Partizip eine **Funktion** im Satz, nämlich die eines **Adverbiales**

- der **Zeit**: *temporal* (1.),
- des **beachteten Grundes**: *kausal* (2.),
- des **nicht beachteten Grundes**: *konzessiv* (3.).

Ü Kurz gefasste Abl. abs. lassen sich gut mit einer **präpositionalen Verbindung** (Präposition mit Substantiv) wiedergeben: ***sōle occidente*** „bei Sonnenuntergang“; ***cīvibus plaudentibus*** „unter dem Beifall der Bürger“.

Satzmodell (Satz 2)

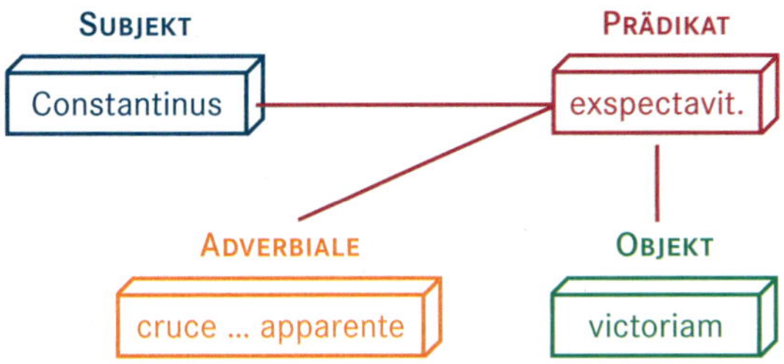


Diese Konstruktion nennt man **Ablativus absolutus (Abl. abs.) mit PPA.**
Sie stellt eine **satzwertige Konstruktion** dar.
Der Abl. abs. drückt hier ein Geschehen aus, das **zeitgleich** zur Handlung des Prädikats stattfindet.
Das **Zeitverhältnis** des PPA zum Prädikat ist somit **gleichzeitig**.

Zusammenfassende Übersicht

| Sinnrichtung | Abl. abs. mit PPP (vorzeitig) | Abl. abs. mit PPA (gleichzeitig) | grammatische Bezeichnung |
|---|---|---|---|
| 1. Zeit | als/nachdem | als/während | *temporal* |
| 2. beachteter Grund | da/weil | da/weil | *kausal* |
| 3. nicht beachteter Grund | obwohl | obwohl | *konzessiv* |

## 2.2 Ablativus absolutus (Abl. abs.) mit PPA: Übersetzungsweg – Übersetzungsmöglichkeiten

Cōnstantīnus cruce in caelō appārente victōriam exspectāvit.

Der Übersetzungsweg erfolgt genau so wie beim Abl. abs. mit PPP (→ L 28, 2.2):

1. Markiere das Partizip → appārente.
2. Suche das Bezugswort → cruce.
3. Öffne eine Klammer vor dem Bezugswort und schließe sie hinter dem PPA → (cruce in caelō appārente).
4. *usw.*

Ü Die Vorgehensweise beim Übersetzen des Abl. abs. mit PPA ist identisch mit dem Übersetzen eines Abl. abs. mit PPP. Bei Bei- und Unterordnung musst du allerdings auf das gleichzeitige Zeitverhältnis zum Prädikat achten (→ L 21, 2.3).

Achte darauf, dass du

- die Aussage deiner Abl. abs.-Klammer im Deutschen mit einer aktivischen Verbform wiedergibst;
- bei Bei- und Unterordnung die Gleichzeitigkeit zum Prädikat ausdrückst:

Als/Da/Weil das Kreuz am Himmel erschien, erwartete Konstantin den Sieg.

### Übersetzungsmöglichkeiten

Auch der Ablativus absolutus mit PPA kann verschieden übersetzt werden. Ausgehend von einer Wiedergabe als Hauptsatz *(Das Kreuz erschien am Himmel)* lässt sich der Abl. abs. übersetzen mit:

| 1. Beiordnung | 2. Unterordnung | 3. präpositionaler Verbindung |
|---|---|---|
| Der Abl. abs. wird durch einen eigenen **Hauptsatz** wiedergegeben; die Sinnrichtung wird durch ein **zusätzliches Wort** ausgedrückt:<br><br>***Das Kreuz erschien** am Himmel; **da/deshalb** erwartete Konstantin den Sieg.* | Der Abl. abs. wird als **Gliedsatz** wiedergegeben; dieser wird durch eine **Subjunktion** eingeleitet, die die Sinnrichtung ausdrückt:<br><br>***Als/Da/Weil** das Kreuz am Himmel **erschien**, erwartete Konstantin den Sieg.* | Das **Partizip** wird zu einem **Substantiv** und mit einer **Präposition** verknüpft, die die Sinnrichtung ausdrückt:<br><br>***Beim Erscheinen** des Kreuzes am Himmel erwartete Konstantin den Sieg.* |

Video
40502-56

**1. Formenlehre**

–

**2. Satzlehre**

2.1 Konditionales Satzgefüge: Realis

2.2 Konditionales Satzgefüge: Irrealis

# 2. Satzlehre

## 2.1 Konditionales Satzgefüge: Realis

| | |
|---|---|
| Cicerō in cūriā[!] dīxit: | Cicero sagte in der Kurie: |
| 1. „**Sī** cīvis Rōmānus exercitū urbem **invādit**, hostem sē **praebet**. | „**Wenn** ein römischer Bürger mit dem Heer die Stadt **angreift**, **erweist** er sich als Staatsfeind. |
| 2. **Nisī** Catilīnam ex urbe **pellēmus**, in ultimum perīculum **veniēmus**.“ | **Wenn** wir Catilina **nicht** aus der Stadt **jagen (werden)**, **werden** wir in äußerste Gefahr **geraten**.“ |

Ein **konditionales Satzgefüge** besteht aus einem Gliedsatz, in dem eine **Bedingung** ausgedrückt wird, und einem Hauptsatz, in dem die damit verbundene **Folge** ausgedrückt wird (→ L 16, 2.5).

Wenn Bedingung und Folge als **wirklich (real)** angenommen werden, ist der **Modus** der **Indikativ**.
Eine solche Aussage nennt man **Realis**.

## 2.2 Konditionales Satzgefüge: Irrealis

| | |
|---|---|
| Cicerō in cūriā[!] dīxit: | Cicero sagte in der Kurie: |
| 1. „Māgnō metū, Catilīna, nōs **līberārēs, sī** ex urbe **discēderēs**. | „Von einer großen Furcht, Catilina, **würdest** du uns **befreien, wenn** du aus der Stadt **verschwändest/ verschwinden würdest**. |
| 2. **Nisī** cōnsilia tua **comperissem**, cīvitās in summam calamitātem **cecidisset**.“ | **Wenn** ich deine Pläne **nicht erfahren hätte, wäre** der Staat in höchstes Unglück **geraten**.“ |

Ü **sī/nisī + Konj. Imperfekt:** „wenn/wenn nicht“ + Konjunktiv II der Gegenwart („würde“) **(Irrealis der Gegenwart)**

Ü **sī/nisī + Konj. Plusquamperfekt:** „wenn/wenn nicht“ + Konjunktiv II der Vergangenheit **(Irrealis der Vergangenheit)**

Wenn Bedingung und Folge als **nicht-wirklich (irreal)** angenommen werden, ist der **Modus der Konjunktiv**.
Eine solche Aussage nennt man **Irrealis**.

Dabei zeigt der **Konjunktiv Imperfekt** einen **Irrealis der Gegenwart** (1.) an, der **Konjunktiv Plusquamperfekt** einen **Irrealis der Vergangenheit** (2.).

# 1. Formenlehre

## 1.1 nd-Form I: Gerundium

Im **Deutschen** kann ein **Verb** zum **Substantiv** gemacht werden, indem man vor den Infinitiv den Artikel setzt:
**das Betreten** (der Baustelle ist verboten).
Dieser **substantivierte Infinitiv** kann dekliniert werden:
das Betreten - des Betretens - dem Betreten - das Betreten.

Auch im **Lateinischen** kann der **Infinitiv substantiviert** und **dekliniert** werden. Dabei bleibt er im Nominativ unverändert.

In den übrigen Kasus ist zwischen dem **Präsensstamm**, ggf. mit Sprechvokal, und den Kasus-Zeichen der o-Deklination das Bildungselement **-nd-** eingefügt.

Diese Formen des substantivierten Infinitivs nennt man **Gerundium**.

Auch im Englischen findest du das gerund, den substantivierten Infinitiv, z. B.
**Singing** is great fun.
Seine Form bleibt jedoch immer unverändert, z. B.
I like **singing**. –
I like the art of **singing**.

**Deklinationsschema**

| | | | | | | |
|---|---|---|---|---|---|---|
| **Nom.** | intrāre | | das Betreten | audīre | | das Zuhören |
| **Gen.** | intra | -**nd**ī | des Betretens | audie | -**nd**ī | des Zuhörens |
| **Dat.** | – | | – | – | | – |
| **Akk.** | ad intra | -**nd**um | zum Betreten | ad audie | -**nd**um | zum Zuhören |
| **Abl.** | intra<br>in intra | -**nd**ō<br>-**nd**ō | durch Betreten<br>beim Betreten | audie<br>in audie | -**nd**ō<br>-**nd**ō | durch Zuhören<br>beim Zuhören |
| | | ↑ Kasus-Zeichen | | | ↑ Kasus-Zeichen | |

**Merke dir:**
īre, ***eu*ndī**, ...: das Gehen, des Gehens, ...
redīre, rede***u*ndī**, ...: das Zurückgehen, des Zurückgehens, ...

### 1.2 nd-Form II: Gerundivum

Im Lateinischen kann ein Verb durch das Bildungselement -nd- auch zu einem **Adjektiv** werden. Dieses Adjektiv nennt man **Gerundivum**. Es wird wie ein Adjektiv der ā-/o-Deklination auf *-us, -a, -um* dekliniert (→ L 6, 1.3).

Erst in Verbindung mit einem Substantiv lässt sich diese nd-Form angemessen übersetzen.

| Infinitiv Präs. Akt. | Gerundivum |
|---|---|
| amāre (lieben) | ama**nd**us, -a, -um |
| monēre (mahnen) | mone**nd**us, -a, -um |
| audīre (hören) | audie**nd**us, -a, -um |
| legere (lesen) | lege**nd**us, -a, -um |
| īre (gehen) | e*u***nd**us, -a, -um |

## 2. Satzlehre

### 2.1 Verwendung des Gerundiums und Verwendung des Gerundivums als Gerundivum-V

Ü Der Genitiv des Gerundiums lässt sich auch mit dem Infinitiv mit „zu" wiedergeben.

| | |
|---|---|
| 1. Alcibiadēs occāsiōnem **fugiendī** cēpit. | Alkibiades ergriff die Gelegenheit **zur Flucht/zu fliehen.** |
| 2. **Fugam celeriter petendō** sē servāvit. | (Durch das schnelle Ergreifen der Flucht) **Dadurch, dass er schnell die Flucht ergriff**, rettete er sich. |
| 3. Inimīcī autem **spem Alcibiadis interficiendī** numquam dēposuērunt. | Aber die Feinde gaben die **Hoffnung** (auf Tötung des Alkibiades), **Alkibiades zu töten**, niemals auf. |
| 4. Lacedaemoniī victōriam dē Athēniēnsibus **bellō prūdenter gerendō** peperērunt. | Die Lakedämonier errangen den Sieg über die Athener **durch kluge Kriegsführung/dadurch, dass sie den Krieg klug führten.** |
| 5. Athēniēnsēs in portum concurrērunt! **Alcibiadis recipiendī causā.** | Die Athener liefen im Hafen zusammen (wegen des Empfangs von Alkibiades), **um Alkibiades zu empfangen.** |

Das **Gerundium** (1./2.) kann – wie ein Verb – **durch** ein **Objekt** (2.) **und/oder** ein **Adverbiale** (2.) **erweitert** sein.
Das Gerundium beschreibt einen **Vorgang**.

Das **Gerundivum** ist als **Adjektiv- Attribut** (→ L 6, 2.1) einem Nomen beigefügt (3./4./5.), mit dem es in **KNG** übereinstimmt. Es kann dabei – wie ein Verb – **durch** ein **Adverbiale erweitert** sein (4.).

Das **Gerundivum** in **Verbindung mit einem Nomen** beschreibt einen **Vorgang**. Deshalb wird das Gerundivum in dieser Verbindung als **Gerundivum-V** bezeichnet.

**Gerundium und Gerundivum-V** erfüllen im Satz die **Funktion des Attributs** (1./3.) oder **des Adverbiales** (2./4./5.).

**Satzmodelle**

**Gerundium (Satz 1)**

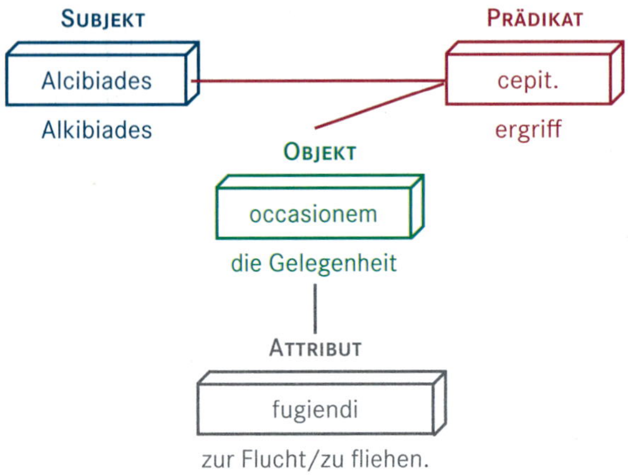


**Gerundivum-V (Satz 4)**

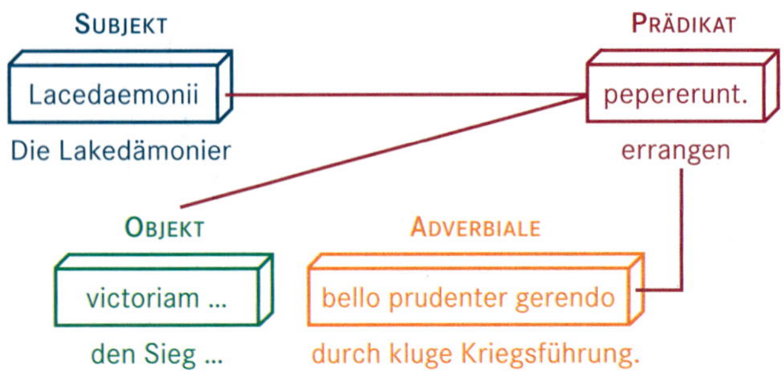


Sowohl das Gerundium als auch das Gerundivum-V stellen eine **satzwertige Konstruktion** dar.

Beide Möglichkeiten des Lateinischen, einen Vorgang zu beschreiben, können im Deutschen wiedergegeben werden mit
- einem **Vorgangssubstantiv** (1.–5.);
- einem **Infinitiv** mit **„(um ...) zu“** (1./3./5.);
- einem **Gliedsatz** mit **„indem/dadurch, dass“** (2./4.).

Ü Übersetze das **Gerundivum** zunächst mit einem **Substantiv, das einen Vorgang ausdrückt:** ***interficiendī/gerendō*** **„Tötung/Führung“**. Füge dann **das Bezugswort im Genitiv** dazu: ***Alcibiadis/bellō*** **„des Alkibiades/des Krieges“**. Suche dann für die Wiedergabe des Gerundivum-V die passendste der drei Möglichkeiten.

# 2. Satzlehre

## 2.1 Verwendung des Gerundivums als Gerundivum-N

| | |
|---|---|
| 1. Amīciti***a*** **colend*a* est.** | Eine Freundschaft **muss gepflegt werden.**/**Man muss** eine Freundschaft **pflegen.** |
| 2. Amīc***ī*** **dēserend*ī* nōn sunt.** | Freunde **dürfen nicht im Stich gelassen werden.**/**Man darf** Freunde **nicht im Stich lassen.** |
| 3. Nēm***ō*** *amīcīs* **dēcipiend*us* est.** | Niemand **darf** *von Freunden* **getäuscht werden.** |
| 4. Amīciti***ae*** *hominibus* **colend*ae* sunt.** | (Freundschaften **müssen** *von Menschen* **gepflegt werden.**) *Menschen* **müssen** Freundschaften **pflegen.** |
| 5. Ante amīcitiam **iūdicandum est**, amīcitiā factā *omnibus* **crēdendum est.** | Vor <dem Eingehen> einer Freundschaft **(muss geurteilt werden) muss man sich ein Urteil bilden,** ist die Freundschaft geschlossen, (**muss** *von allen* **vertraut werden**) **müssen** *alle* **Vertrauen haben.** |

Das **Gerundivum** ist hier als **Prädikatsnomen** (→ L 6, 2.2) verwendet. Es erfüllt in Verbindung mit der 3. P. Sg./Pl. von *esse* die **Funktion des Prädikats.** In dieser Verwendung drückt es immer eine **Notwendigkeit** aus, etwas, das

- **getan werden muss** (1./4./5.);
- **nicht getan werden darf** (2./3., bei Verneinung).

Deshalb wird das Gerundivum in dieser Verbindung als **Gerundivum-N** bezeichnet.

Stimmt das Gerundivum-N in KNG mit einem Subjekt überein (1.–4.), spricht man von einer **persönlichen Konstruktion.**
Ist es nicht mit einem Subjekt verbunden (5.), spricht man von einer **unpersönlichen Konstruktion.**

Ein **Dativ** beim **Gerundivum-N** gibt meist die **Person** an, die etwas **tun muss** (4./5.) oder **nicht tun darf** (3.).

Dieser Dativ wird als **Dativ des Urhebers** (Dativus auctoris) bezeichnet. Er erschließt sich durch die Frage **„von wem?"**.

## Übersetzungsweg beim Gerundivum-N

| Vorgehensweise bei der Übersetzung: | Hominibus amīcitiae etiam in rēbus adversīs servandae sunt. |
|---|---|
| 1. Markiere zunächst das Gerundivum-N und das in KNG übereinstimmende Subjekt. | ... amīcitiae ... servandae sunt |
| 2. Übersetze dann die Konstruktion (Subjekt und Prädikat) „wörtlich“ mit „... ist zu .../... sind zu ...“ und freier mit „... müssen ... werden“ ... und mit „man muss ...“ | Freundschaften sind aufrechtzuerhalten./<br>Freundschaften müssen aufrechterhalten werden./<br>Man muss Freundschaften aufrechterhalten. |
| 3. Stelle fest, ob eine Personenangabe im Dativ vorkommt. Falls ja, übersetze diesen Dativ des Urhebers mit „von dem/den ...“, „von ...“ oder mache ihn zum Subjekt. | Hominibus amīcitiae. ... servandae sunt.<br>Freundschaften sind **von Menschen** aufrechtzuerhalten./<br>Freundschaften müssen **von Menschen** aufrechterhalten werden./<br>**Menschen** müssen Freundschaften aufrechterhalten. |
| 4. Füge die restlichen Satzteile in den Satz ein. | Hominibus amīcitiae etiam in rēbus adversīs servandae sunt.<br>Freundschaften sind von Menschen auch in schwierigen Situationen aufrechtzuerhalten./<br>Freundschaften müssen von Menschen auch in schwierigen Situationen aufrechterhalten werden./<br>Menschen müssen Freundschaften auch in schwierigen Situationen aufrechterhalten. |
| 5. Entscheide nun, welche der Lösungen dir am angemessensten erscheint. | a) Freundschaften müssen von Menschen auch in schwierigen Situationen aufrechterhalten werden.<br>b) Menschen müssen Freundschaften auch in schwierigen Situationen aufrechterhalten. |

Ü Wenn du feststellst, dass es sich um eine **unpersönliche Konstruktion** handelt, markiere sie: *Ante amīcitiam (tibī)* ***iūdicandum est***.
Gehe dann entsprechend 2.–5. vor:
2. „Es ist zu urteilen./
Es muss geurteilt werden.“/
„Man muss sich ein Urteil bilden.“

3. „Es ist von dir zu urteilen./
Es muss von dir geurteilt werden.“/
„Du musst dir ein Urteil bilden.“

4./5. „Vor <dem Eingehen> einer Freundschaft musst du dir ein Urteil bilden.“

## Grundwissen: Übersicht

# Zeitverhältnisse in den verschiedenen Konstruktionen

| | GLEICHZEITIG | VORZEITIG |
|---|---|---|
| ACI | Infinitiv Präsens | Infinitiv Perfekt |
| | **Sciō**<br>**Ich weiß,** | |
| | **Senecam** philosophum[!] **esse.**<br>**dass Seneca** ein Philosoph **ist.** | **eum** multōs librōs **scrīpsisse.**<br>**dass er** viele Bücher **geschrieben hat.** |

| | GLEICHZEITIG | VORZEITIG |
|---|---|---|
| PC/ ABL. ABS. | PPA | PPP |
| | Libenter legō **Senecam**<br>Gerne lese ich **Seneca,** | |
| | dē amīcitiā **scrībentem**<br>**wenn er** über die Freundschaft **schreibt/**<br>**sōle occidente.**<br>**bei Sonnenuntergang.** | ā multīs **laudātum**<br>**da er** von vielen **gelobt worden ist/**<br>**labōre cōnfectō.**<br>**nach Beendigung der Arbeit.** |

| | GLEICHZEITIG | VORZEITIG |
|---|---|---|
| KONJUNKTIVISCHE GLIEDSÄTZE | Konjunktiv Präsens | Konjunktiv Perfekt |
| | Seneca virtūtem Sōcratis **laudat,**<br>Seneca **lobt** die Haltung des Sokrates, | |
| | **cum** Platōnis dē eō librōs **sciat.**<br>**da** er Platons Bücher über ihn **kennt.** | **cum** Platōnis dē eō librōs **lēgerit.**<br>**da** er Platons Bücher über ihn **gelesen hat.** |
| | Konjunktiv Imperfekt | Konjunktiv Plusquamperfekt |
| | Seneca cum Nerōne amīcitiam **coniūnxit,**<br>Seneca **hat** mit Nero Freundschaft **geschlossen,** | |
| | **cum** eum bene docēre **cuperet.**<br>**da** er ihn gut lehren **wollte.** | **cum** eī imperium **contigisset.**<br>**nachdem** ihm die Herrschaft **zugefallen war.** |

## Ich kann schon ...

**die Zeitverhältnisse in verschiedenen Konstruktionen erkennen und angemessen übersetzen.**

1. Cīvēs Rōmānōs potestātem imperātōris Nerōnis dēspexisse trāditum est. 2. Eum enim crūdēlissimum tyrannum[!] esse putābant. 3. Nam cum imperium suum semper augēre studēret neque salūtī cīvium cōnsuleret, animōs omnium timōre perturbāvit. 4. Neque, cum Seneca philosophus[!] cum Nerōne amīcitiam coniūnxisset, mōrēs eius mūtātī sunt. 5. Immō lēgibus neglēctīs quasi furōre captus est. 6. Et philosophum[!] sē dē officiīs admonentem inimīcum iūdicāvit. 7. Tandem Senecam summō lībertātis amōre explētum morte afficī ille tyrannus[!] iussit. 8. Paucīs spectantibus philosophus[!] sē ipse necāvit.

Grundwissen: Fakten

## Formenlehre

1 **Substantive** mit dem **Kennvokal *-u*** gehören zur **u-Deklination**, z. B. *exercitus, exercitūs* „das Heer". Sie sind in der Regel Maskulina. → **L 29, 1.1**

⋆ 2 Das **Gerundium** ist ein **substantiviertes Verb**, das **nur im Singular** vorkommt. Es ist zu erkennen am **Bildungselement *-nd-*** und den **Kasus-Zeichen** der **o-Deklination**, z. B. *agendō* „durch Handeln". → **L 31, 1.1**

⋆ 3 Das **Gerundivum** ist ein von einem **Verb gebildetes Adjektiv**. Es ist zu erkennen am **Bildungselement *-nd-*** und den **Kasus-Zeichen** der **ā-/o-Deklination**, z. B. *agendus, agendīs*. → **L 31, 1.2**

## Satzlehre

4 Ein **Ablativus absolutus (Abl. abs.** → L 28, 2.1) **mit PPA** drückt ein **gleichzeitiges Zeitverhältnis** aus. Er lässt sich – wie der Abl. abs. mit PPP – mit einem Hauptsatz, einem Gliedsatz oder einer präpositionalen Verbindung wiedergeben. → **L 29, 2.1–2**

5 In **konditionalen Satzgefügen** zeigt der **Konjunktiv Imperfekt** einen **Irrealis der Gegenwart** an, der **Konjunktiv Plusquamperfekt** einen **Irrealis der Vergangenheit**, d. h. **Bedingung und Folge** werden als **nicht-wirklich (irreal)** angenommen, z. B. *Sī domum venīrēs, gauderēmus.* – „Wenn du nach Hause kämest, würden wir uns freuen." *Sī tacuissēs, philosophus[!] mānsissēs.* – „Wenn du geschwiegen hättest, wärest du ein Philosoph geblieben." → **L 30, 2.2**

⋆ 6 Das **Gerundium** drückt einen **Vorgang** aus, z. B. *parātus ad docendum* „bereit zu unterrichten". Es kann **durch** ein **Objekt und/oder** ein **Adverbiale erweitert** sein, z. B. *ars puerōs puellāsque (bene) docendī* „die Kunst, Jungen und Mädchen (gut) zu unterrichten". Es erfüllt im Satz die **Funktion des Genitiv-Attributs**, z. B. *ars docendī* „die Kunst des Unterrichtens", oder des **Adverbiales**, z. B. *prūdenter agendō* „durch kluges Handeln". → **L 31, 2.1**

⋆ 7 Das **Gerundivum-V** drückt einen **Vorgang** aus, z. B. *parātus ad pācem faciendam* „bereit, Frieden zu schließen". Es kann durch ein **Adverbiale erweitert** sein, z. B. *cōnsiliīs prūdenter dandīs* – „durch kluges Erteilen von Ratschlägen".
Es erfüllt im Satz die **Funktion des Genitiv-Attributs**, z. B. *occāsiō ōrātiōnis habendae* „die Gelegenheit, eine Rede zu halten", oder **des Adverbiales**, z. B. *cōnsiliīs prūdenter dandīs* „durch kluges Erteilen von Ratschlägen". → **L 31, 2.1**

⋆ 8 Das **Gerundivum-N** drückt als **Prädikat** die **Notwendigkeit** einer Handlung aus, z. B. *Pāx facienda est.* – „Frieden muss geschlossen werden".
Es ist unpersönlich verwendet, wenn es auf kein Subjekt bezogen ist, z. B. *Agendum est.* – „Man muss handeln."
Die **Person**, die die Handlung ausführen muss, steht im **Dativ (Dativ des Urhebers)**, z. B. *Lēgēs* ***omnibus*** *servandae sunt.* – „Gesetze müssen **von allen** eingehalten werden./**Alle** müssen Gesetze einhalten." ***Tibī*** *pārendum erat.* – „**Du** musstest gehorchen." → **L 32, 2.1**

## Ich kann schon ...

1 **Substantive der u-Deklination erkennen und bestimmen.**
corpus – exercitus – modus – ferrum – morum – manuum – senatui – manu – diu – domui – tui – metu – exercitibus – militibus – statui – manum – donum – domum – tu – tum

⋆ 2 **ein Gerundium erkennen, bestimmen und entsprechend übersetzen.**
artem canendi amare – multa legendo sapientiam augere – ad imperandum natus – audax in dicendo – paratus ad celeriter eundum – de fugiendo cogitare – in arte scribendi egregius – voluptatem capere ex ludendo – spectandi causa

⋆ 3 **ein Gerundivum einem Substantiv in KNG-Kongruenz zuordnen und diese Verbindung entsprechend übersetzen.**
aedificandae – dando – legendis – transeundum – administranda – videndi

libris ▬ sapientiam augere – voluptatem capere ex provincia ▬ – domus ▬ causa – paratus ad flumen ▬ – alicui consilio ▬ adesse – consulis ▬ causa

4 **den Abl. abs. mit PPA erkennen und mit einer passenden Möglichkeit übersetzen.**
Sole occidente adveni. – Metu ingenti fugerunt. – Multis audientibus de civitate dixit. – Amicis laborantibus succurri. – Deis faventibus iter feliciter feci. – Nuntius principe quiescente intravit. – Romani multis gentibus inopia laborantibus imperaverunt.

5 **den Irrealis in einem konditionalen Satzgefüge erkennen, bestimmen und übersetzen.**
1. Hospites, si sero veniunt, me non delectant. 2. Hospites, si sero venissent, me non delectavissent. 3. Si illum librum Homeri legisses, fortunam Troianorum scires. 4. Valde gauderem, si illum librum legeres. 5. Auxilium tibi non dabo, nisi illum librum legere studebis. 6. Si cum diligentia studuisses, te laudavissem. 7. Laudareris, si ceteris sapientia praestares.

⋆ 6 **ein Gerundium mit seinen Erweiterungen erkennen und mit einer passenden Möglichkeit übersetzen.**
1. Alcibiades ceteris facultate optime dicendi praestabat. 2. Orationes bene habendo animos multorum sibi conciliabat. 3. Sed complures consilium illum virum tollendi ceperunt. 4. Alcibiades celeriter fugiendo vitam servavit. 5. Prudenter dando consilia Lacedaemoniis affuit. 6. Numquam autem spem in patriam redeundi deposuit.

⋆ 7 **ein Gerundivum-V in seiner Verwendung als Attribut oder Adverbiale erkennen und entsprechend übersetzen.**
1. Alcibiades nullam occasionem orationis habendae amittebat. 2. Oratione semper bene habenda animos audientium sibi conciliavit. 3. Gloriae suae augendae causa salutem patriae neglexit. 4. Consiliis Lacedaemoniis prudentissime dandis civitatem Atheniensium maxima iniuria affecit.

⋆ 8 **ein Gerundivum-N und einen Dativ des Urhebers erkennen und übersetzen.**
1. Nunc agendum est, non dicendum. 2. Etiam domino duro servis parendum erat. 3. Omnes labores eis suscipiendi erant. 4. Aqua vobis bibenda est bene valendi causa. 5. Nemini Rubico flumen cum exercitu transeundum erat. 6. Sapientiae petendae causa hominibus libri legendi sunt. 7. Leges neglegendae non sunt. 8. Nihil tibi timendum est.

## Grundwissen: Überblick

### 9 Satzwertige Konstruktionen

**a AcI** → L 9, 2.1/L 14, 2.1

Quis **Alcibiadem** ē nāve dēscendere vīdit? — Wer hat gesehen, **dass Alkibiades** vom Schiff **stieg**?

Cīvēs **Alcibiadem** in urbem **redīsse** gaudēbant. — Die Bürger freuten sich, **dass Alkibiades** in die Stadt **zurückgekehrt war**.

- Der AcI enthält eine **Aussage**, deren **Subjekt im Akkusativ** und **Prädikat im Infinitiv** steht.
- Der **Infinitiv** zeigt das **Zeitverhältnis** zur Handlung des Prädikats an. Dabei drückt ein **Infinitiv Präsens** *(dēscendere)* die **Gleichzeitigkeit**, ein **Infinitiv Perfekt** *(redīsse)* die **Vorzeitigkeit** aus.
- Der AcI wird im **Deutschen** in der Regel mit einem dass-Satz wiedergegeben.

**b PC** → L 19, 2.1/L 21, 2.1

**Alcibiadēs** ad mortem **damnātus** ad **Lacedaemoniōs** dē imperiō Graeciae cum Athēniēnsibus **certantēs** fūgit. — **Nachdem Alkibiades** zum Tode **verurteilt worden war**, floh er zu den **Lakedämoniern, die** mit den Athenern um die Vorherrschaft in Griechenland **kämpften**.

- Das **Partizip** macht eine Aussage über das **Bezugswort**, mit dem es in **KNG** übereinstimmt.
- Dabei drückt ein **PPA** *(certantēs)* die **Gleichzeitigkeit**, ein **PPP** *(damnātus)* die **Vorzeitigkeit** aus.
- Das PC erfüllt im Satz die **Funktion des Attributs** *(certantēs)* oder **des Adverbiales** *(damnātus)*.
- Es wird **im Deutschen** mit einem **Hauptsatz**, einem **Gliedsatz** (s. Beispiel) oder einer **präpositionalen Verbindung** wiedergegeben.

**c Abl. abs.** → L 28, 2.1/ L 29, 2.1

**Victōriā partā** Alcibiadēs in patriam rediit. — **Nach dem Sieg** kehrte Alkibiades in die Heimat zurück.

**Sōle occidente** in portum vēnit. — **Bei Sonnenuntergang** kam er in den Hafen.

- Der **Abl. abs.** macht eine Aussage über einen **Umstand** (Ort, Zeit, Art und Weise, Grund), der die Handlung des Prädikats näher bestimmt.
- Dabei drückt ein **PPA** *(occidente)* die **Gleichzeitigkeit**, ein **PPP** *(partā)* die **Vorzeitigkeit** aus.
- Der Abl. abs. erfüllt im Satz die **Funktion des Adverbiales**.
- Er wird **im Deutschen** mit einem **Hauptsatz**, einem **Gliedsatz** oder einer **präpositionalen Verbindung** (s. Beispiele) wiedergegeben.

★ **d Gerundium/Gerundivum-V** → L 31, 2.1

Alcibiadēs **arte dīcendī** ēgregius erat. — Alkibiades tat sich **in der Redenkunst** hervor.

Quis cōnsilium **Alcibiadis interficiendī** cēpit? — Wer fasste den Plan, **Alkibiades zu ermorden**?

Alcibiadēs **cōnsiliīs saepe dandīs** Lacedaemoniīs māgnam operam praebuerat. — Alkibiades hatte **durch häufiges Erteilen von Ratschlägen** den Lakedämoniern große Dienste geleistet.

- **Gerundium** und **Gerundivum-V** enthalten eine Aussage über einen **Vorgang**, der ein Nomen (meist ein Substantiv) oder die Handlung des Prädikats näher bestimmt.
- **Gerundium** und **Gerundivum-V** erfüllen im Satz die **Funktion des Attributs** *(dīcendī, Alcibiadis interficiendī)* oder **des Adverbiales** *(cōnsiliīs dandīs)*.
- **Beide** werden **im Deutschen** mit einem **Vorgangssubstantiv**, einem **Infinitiv mit „(um ...) zu“** oder einem **Gliedsatz**, eingeleitet mit **„indem/dadurch, dass“**, wiedergegeben.

## Ich kann schon ...

**9a die satzwertige Konstruktion AcI erkennen, analysieren und übersetzen.**

1. Paridem Venerem pulcherrimam dearum iudicavisse scimus. 2. Troiam urbem dolo Ulixis captam incendioque deletam esse apparet. 3. Socios Ulixis Circam arte magica[!] in sues (Schweine) mutavisse apud Homerum legimus. 4. Aeneas a Mercurio iussus est Didonem, quamquam eam a se acriter amari sentiebat, quam celerrime relinquere. 5. Hannibalem, cum odium in Romanos perpetuum iuravisset, numquam de eis victoriam petere desiisse traditum est.

**b die satzwertige Konstruktion PC an ihren Bestandteilen erkennen, als gleichzeitig oder vorzeitig bestimmen und entsprechend übersetzen.**

1. Ingentem Graecorum equum Troiani non timentes in urbem traxerunt per portas apertas. 2. Circa ab Ulixe artes magicas[!] non metuente coacta est socios in sues (Schweine) mutatos rursus in homines vertere. 3. Aeneas voluntate deorum coactus Didonem reliquit vehementissime eum de magno inter se amore monentem. 4. Romulus et Remus summo studio muros urbis exstruere temptantes subito inter se vehementer certare coeperunt. 5. Auxilium a Iove petens Hamilcar Hannibalem filium in templum[!] dei duxit.

**c die satzwertige Konstruktion Abl. abs. an ihren Bestandteilen erkennen, als gleichzeitig oder vorzeitig bestimmen und entsprechend übersetzen.**

1. Omnibus deis a Iove in Olympum vocatis subito Discordia apparuit omniaque perturbavit. 2. Urbe incendio deleta pauci Troiani fugerunt Aenea ducente. 3. Omnibus sociis rursus in homines mutatis Ulixes statim insulam Circae reliquit. 4. Deis cupientibus Aeneas Italiam petivit litore Africae cum sociis suis relicto. 5. Italia relicta Hannibal in Africam rediit ibique Romanis invadentibus pugna victus est.

**★ d die satzwertigen Konstruktionen Gerundium/Gerundivum-V an ihren Bestandteilen erkennen, bestimmen und entsprechend übersetzen.**

1. Paris studio Helenae amorem sibi conciliandi commotus Venerem pulcherrimam esse dixit. 2. Graeci Troiae urbis capiendae et delendae causa in Asiam navigaverunt. 3. Aeneas ad Didonem relinquendam paratus non erat, sed Mercurius eum de deorum voluntate monendo Africa decedere coegit. 4. Hannibalis exercitus maximis laboribus bene sustinendis Alpes transiit et celerrime per Italiam iter faciendo Romanos ubique oppressit.

**★ a–d satzwertige Konstruktionen unterscheiden, bestimmen und entsprechend übersetzen.**
**Caesars Aufstieg und Untergang**

1. Galliā captā Caesar tōtīus imperiī petendī causā cum legiōnibus suīs Alpēs trānsiit et ad rīpam Rubicōnis flūminis cōnstitit diū cōgitāns: 2. „Legiōnibus trāns flūmen ductīs omnia armīs agenda erunt.“ 3. Tum māgnā vōce clāmāns „Ālea[1] iacta est“ flūmen trānsiit. 4. In urbe Rōmā autem Caesaris iniūriā audītā cīvēs valdē perturbātī occāsiōnem citō ex urbe discēdendī quaesivērunt. 5. Ita Caesarem urbī celeriter appropinquantem paucī senātōrēs[!] exspectāvērunt, plērīque eōrum nāvēs petivērunt Italiae relinquendae causā. 6. Cīvibus autem māgnō cum metū spectantibus Caesar quasi rēx urbem intrāvit ibīque multīs inimīcīs pulsīs aut necātīs novam cīvitātem īnstituere coepit. 7. Iam parātus ad orbem imperiō regendum subitō mortuus iacēbat in cūriā[!] interfectus ā vīgintī[2] tribus senātōribus[!].

1) **ālea, -ae** f: Würfel 2) **vīgintī**: zwanzig

# 1. Formenlehre

## 1.1 *velle - nōlle - mālle*

***velle*** „wollen“, ***nōlle*** *(< nōn velle)* „nicht wollen“ und ***mālle*** *(< magis velle)* „lieber wollen“ gehören zu den **Sonderkonjugationen**. Sie haben aber nur im **Indikativ** und **Konjunktiv Präsens besondere Formen**. Die übrigen Formen gleichen denen der Verben der konsonantischen Konjugation (→ Tab 8.4, S. 161).

Konjugationsschema Indikativ

| | Präsens | | | Deutsch |
|---|---|---|---|---|
| **1.P.Sg.** | volō | nōlō | mālō | ich will/ich will nicht/ich will lieber |
| **2.P.Sg.** | vīs | nōn vīs | māvīs | du willst/... nicht/... lieber |
| **3.P.Sg.** | vult | nōn vult | māvult | er, sie, es will/... nicht/... lieber |
| **1.P.Pl.** | vol*u*mus | nōl*u*mus | māl*u*mus | wir wollen/... nicht/... lieber |
| **2.P.Pl.** | vultis | nōn vultis | māvultis | ihr wollt/... nicht/... lieber |
| **3.P.Pl.** | vol*u*nt | nōl*u*nt | māl*u*nt | sie wollen/... nicht/... lieber |
| **Infinitiv** | velle | nōlle | mālle | (zu) wollen/nicht (zu) wollen/lieber (zu) wollen |
| **PPA** | vol*ē*ns, -ntis | nōl*ē*ns, -ntis | māl*ē*ns, -ntis | wollend/nicht wollend/lieber wollend |
| **Perfekt** | voluī | nōluī | māluī | ich habe gewollt, wollte/ich habe nicht gewollt, wollte nicht/ich habe lieber gewollt, wollte lieber |

Konjugationsschema Konjunktiv Präsens

| | Präsens | | |
|---|---|---|---|
| **1.P.Sg.** | velim | nōlim | mālim |
| **2.P.Sg.** | velīs | nōlīs | mālīs |
| **3.P.Sg.** | velit | nōlit | mālit |
| **1.P.Pl.** | velīmus | nōlīmus | mālīmus |
| **2.P.Pl.** | velītis | nōlītis | mālītis |
| **3.P.Pl.** | velint | nōlint | mālint |

# 1. Formenlehre

## 1.1 Deponentien

**Deponentien** werden Verben genannt, die ihre Aktiv-Formen sozusagen abgelegt haben (*dēpōnere* „ablegen"). Sie haben nur **Passiv-Formen**, aber eine **aktivische Bedeutung**. Ihre Formen sind wie das Passiv der einzelnen Konjugationen gebildet.

Deponentien → passivische Form – aktivische Bedeutung

| | | |
|---|---|---|
| cōnā**rī** „versuchen" | cōn**or** „ich versuche" | cōnā**tus sum** „ich habe versucht" |
| verē**rī** „fürchten" | vere**or** „ich fürchte" | veri**tus sum** „ich habe gefürchtet" |
| largī**rī** „schenken" | largi**or** „ich schenke" | largī**tus sum** „ich habe geschenkt" |
| loqu**ī** „reden" | loqu**or** „ich rede" | locū**tus sum** „ich habe geredet" |

Konjugationsschema Präsensstamm

| | | ā-Konjugation | ē-Konjugation | ī-Konjugation | Konsonantische Konjugation |
|---|---|---|---|---|---|
| | **Infinitiv** | cōnārī<br>*(zu) versuchen* | verērī<br>*(zu) fürchten* | largīrī<br>*(zu) schenken* | loquī<br>*(zu) reden* |
| **Präsens** | **Indikativ** | | | | |
| | ich versuche, ... | cōnor<br>cōnāris<br>cōnātur<br>cōnāmur<br>cōnāminī<br>cōnantur | vereor<br>verēris<br>verētur<br>verēmur<br>verēminī<br>verentur | largior<br>largīris<br>largītur<br>largīmur<br>largīminī<br>largi*u*ntur | loquor<br>loqueris<br>loqu*i*tur<br>loqu*i*mur<br>loqu*i*minī<br>loqu*u*ntur |
| | **Konjunktiv** | | | | |
| | | cōner<br>cōnēris<br>cōnētur<br>cōnēmur<br>cōnēminī<br>cōnentur | verear<br>vereāris<br>vereātur<br>vereāmur<br>vereāminī<br>vereantur | largiar<br>largiāris<br>largiātur<br>largiāmur<br>largiāminī<br>largiantur | loquar<br>loquāris<br>loquātur<br>loquāmur<br>loquāminī<br>loquantur |

| | | ā-Konjugation | ē-Konjugation | ī-Konjugation | Konsonantische Konjugation |
|---|---|---|---|---|---|
| Imperfekt | **Indikativ** | | | | |
| | ich versuchte, … | cōnābar<br>cōnābāris<br>cōnābātur<br>cōnābāmur<br>cōnābāminī<br>cōnābantur | verēbar<br>verēbāris<br>verēbātur<br>verēbāmur<br>verēbāminī<br>verēbantur | largi*ē*bar<br>largi*ē*bāris<br>largi*ē*bātur<br>largi*ē*bāmur<br>largi*ē*bāminī<br>largi*ē*bantur | loqu*ē*bar<br>loqu*ē*bāris<br>loqu*ē*bātur<br>loqu*ē*bāmur<br>loqu*ē*bāminī<br>loqu*ē*bantur |
| | **Konjunktiv** | | | | |
| | | cōnārer<br>cōnārēris<br>cōnārētur<br>cōnārēmur<br>cōnārēminī<br>cōnārentur | verērer<br>verērēris<br>verērētur<br>verērēmur<br>verērēminī<br>verērentur | largīrer<br>largīrēris<br>largīrētur<br>largīrēmur<br>largīrēminī<br>largīrentur | loquerer<br>loquerēris<br>loquerētur<br>loquerēmur<br>loquerēminī<br>loquerentur |
| Futur | ich werde versuchen, … | cōnābor<br>cōnāberis<br>conāb*i*tur<br>conāb*i*mur<br>conāb*i*minī<br>conāb*u*ntur | verēbor<br>verēberis<br>verēb*i*tur<br>verēb*i*mur<br>verēb*i*minī<br>verēb*u*ntur | largiar<br>largiēris<br>largiētur<br>largiēmur<br>largiēminī<br>largientur | loquar<br>loquēris<br>loquētur<br>loquēmur<br>loquēminī<br>loquentur |
| | **Imperativ** | | | | |
| | versuche!<br>versucht! | cōnā**re**!<br>cōnāminī! | verē**re**!<br>verēminī! | largī**re**!<br>largīminī! | loque**re**!<br>loqu*i*minī! |
| | **Partizip** | | | | |
| | versuchend | cōnāns, -ntis | verēns, -ntis | largi*ē*ns, -ntis | loqu*ē*ns, -ntis |

**Für Deponentien der gemischten Konj. → Tab 6.1, S. 157.**

Die **Formen des Perfektstamms** entsprechen den **Passiv-Formen** der übrigen Verben, die aus dem **PPP und** einer **Form von *esse*** gebildet sind:

cōnātus sum „ich habe versucht“
verita est „sie hat gefürchtet“
largītī erāmus „wir hatten geschenkt“
locūtae essent „sie hätten geredet“

**Für Deponentien der gemischten Konj. → Tab 6.2, S. 158.**

**Merke dir:**
Das **Partizip Perfekt** der **Deponentien** wird **aktivisch** übersetzt:

Carolus **locūtus** exiit. Nachdem Karl **gesprochen hatte**, ging er hinaus.

# 1. Formenlehre

## 1.1 *ferre* und Komposita

Das Verb ***ferre*** „bringen, tragen; ertragen; berichten“ gehört zu den **Sonderkonjugationen**. Seine **Besonderheiten** zeigen sich im **Indikativ Präsens**.
Die übrigen Formen, die mit dem Präsensstamm gebildet sind, gleichen denen der Verben der konsonantischen Konjugation.

Eine weitere Besonderheit ist, dass *ferre* **drei verschiedene Stämme** hat:
*ferre* ***ferō*** ***tulī*** ***lāt**um.*

**Präsensstamm**

| | AKTIV | | | | | | | |
|---|---|---|---|---|---|---|---|---|
| | Präsens | | | Imperfekt | | | Futur | |
| | Indikativ | | Konjunktiv | Indikativ | | Konjunktiv | | |
| 1.P.Sg. | ferō | ich trage | feram | ferēbam | ich trug | ferrem | feram | ich werde tragen *usw.* |
| 2.P.Sg. | fers | du trägst | ferās | ferēbās | du trugst | ferrēs | ferēs | |
| 3.P.Sg. | fert | er, sie, es trägt | ferat | ferēbat | er, sie, es trug | ferret | feret | |
| 1.P.Pl. | fer*i*mus | wir tragen | ferāmus | ferēbāmus | wir trugen | ferrēmus | ferēmus | |
| 2.P.Pl. | fertis | ihr tragt | ferātis | ferēbātis | ihr trugt | ferrētis | ferētis | |
| 3.P.Pl. | fer*unt* | sie tragen | ferant | ferēbant | sie trugen | ferrent | ferent | |

| | | |
|---|---|---|
| Infinitiv | ferre | (zu) tragen |
| Imperativ Sg.<br>Imperativ Pl. | fer!<br>ferte! | trag!<br>tragt! |
| PPA | ferēns, ferentis | tragend |
| Gerundium | ferendī *usw.* | |

| | PASSIV | | | | | | | | |
|---|---|---|---|---|---|---|---|---|---|
| | Präsens | | | Imperfekt | | | Futur | |
| | Indikativ | | Konjunktiv | Indikativ | | Konjunktiv | | |
| 1.P.Sg. | feror | ich werde getragen *usw.* | ferar | ferēbar | ich wurde getragen *usw.* | ferrer | ferar | ich werde getragen werden *usw.* |
| 2.P.Sg. | ferris | | ferāris | ferēbāris | | ferrēris | ferēris | |
| 3.P.Sg. | fertur | | ferātur | ferēbātur | | ferrētur | ferētur | |
| 1.P.Pl. | fer*i*mur | | ferāmur | ferēbāmur | | ferrēmur | ferēmur | |
| 2.P.Pl. | fer*i*minī | | ferāminī | ferēbāminī | | ferrēminī | ferēminī | |
| 3.P.Pl. | fer*u*ntur | | ferantur | ferēbantur | | ferrentur | ferentur | |
| Infinitiv | ferrī | getragen (zu) werden | | **Gerundivum** | ferendus, -a, -um | | | |

Perfektstamm

| | AKTIV | | | | | |
|---|---|---|---|---|---|---|
| | Perfekt | | | Plusquamperfekt | | |
| | Indikativ | | Konjunktiv | Indikativ | | Konjunktiv |
| 1.P.Sg. | tulī | ich habe getragen *usw.* | tulerim | tuleram | ich hatte getragen *usw.* | tulissem |
| 2.P.Sg. | tulistī *usw.* | | tuleris *usw.* | tulerās *usw.* | | tulissēs *usw.* |
| Infinitiv | tulisse | getragen (zu) haben | | | | |

| | PASSIV | | | | | |
|---|---|---|---|---|---|---|
| | Perfekt | | | Plusquamperfekt | | |
| | Indikativ | | Konjunktiv | Indikativ | | Konjunktiv |
| 1.P.Sg. | lātus sum *usw.* | ich bin getragen worden *usw.* | lātus sim *usw.* | lātus eram *usw.* | ich war getragen worden *usw.* | lātus essem *usw.* |
| Infinitiv | lātum, -am, -um esse | getragen worden (zu) sein | | | | |
| PPP | lātus, -a, -um | getragen | | | | |

Das Verb *ferre* verbindet sich mit Präpositionen zu **Komposita**:

**per**ferre, **per**ferō, **per**tulī, **per**lātum (über)bringen; ertragen
**of**ferre, **of**ferō, **ob**tulī, **ob**lātum entgegenbringen; anbieten

Weitere Komposita lassen sich mithilfe der Präfixe erschließen:

**af**ferre, afferō, attulī, allātum (herbei)bringen; melden
**dif**ferre, differō, distulī, dīlātum aufschieben; sich unterscheiden
**ef**ferre, efferō, extulī, ēlātum heraustragen; hervorheben
**īn**ferre, īnferō, intulī, illātum hineintragen; zufügen
**re**ferre, referō, rettulī, relātum (zurück)bringen; berichten

! Du kennst schon ein Verb, das in Teilen ein Kompositum von *ferre* ist:
*tollere, tollō, sus**tulī**, sub**lātum*** „hochheben; beseitigen, vernichten; entfernen“.

### 1.2 Semi-Deponentien

**Semi-Deponentien** sind „halbe Deponentien" (semi „halb"), d. h. sie haben **nur in einem der beiden Stämme** (meist im Präsensstamm) **Passiv-Formen**, im anderen dagegen Aktiv-Formen. Sie haben immer eine **aktivische Bedeutung**.

! Vergleiche:
Semi-Finale = **Halb**-Finale

Zu den Semi-Deponentien gehören:

| Grundform | | 1. P. Sg. Präsens | | 1. P. Sg. Perfekt | |
|---|---|---|---|---|---|
| audēre | wagen | audeō | ich wage | **ausus, -a sum** | ich habe gewagt |
| gaudēre | sich freuen | gaudeō | ich freue mich | **gāvīsus, -a sum** | ich habe mich gefreut |
| solēre | gewohnt sein | soleō | ich bin gewohnt | **solitus, -a sum** | ich bin gewohnt gewesen |
| **revertī** | zurückkehren | **revertor** | ich kehre zurück | revertī | ich bin zurückgekehrt |

**Merke dir:**
Auch das **Partizip Perfekt** der **Semi-Deponentien** wird **aktivisch** übersetzt:

Iūliānus **reversus** cēnāvit. Als Julian **zurückgekehrt war**, aß er.

## 2. Satzlehre

### 2.1 Nominativus cum Infinitivo (NcI)

1. **Rōmulus et Remus** Rōmam **condidisse** ***dīcuntur***. — *Man sagt, dass* **Romulus und Remus** Rom **gegründet haben./Romulus und Remus** *sollen* Rom **gegründet haben.**
2. **Rōma** adhūc omnibus **placēre** ***vidētur***. — Rom *scheint* noch heute allen **zu gefallen.**

Zu den Subjekten *Rōmulus et Remus* (1.) und *Rōma* (2.) ist jeweils ein Infinitiv getreten.
Diese Konstruktion heißt **Nominativus cum Infinitivo (NcI).**
Der NcI kommt nur in Verbindung mit wenigen Verben vor, z. B.

dīcī (alle Personen): man sagt, dass ich – sie .../ ich soll – sie sollen ...
vidērī (alle Personen): ich scheine – sie scheinen ...
fertur/feruntur (nur 3. Person): man berichtet, dass er, sie, es/sie ...
trāditur/trāduntur (nur 3. Person): man überliefert, dass er, sie, es/sie ...

Die gleiche Konstruktion begegnet dir auch im Englischen: Socrates is said to be the wisest man of all.

Der **NcI** ist eine **satzwertige Konstruktion.**
Wie im AcI (→ L 14, 2.1) zeigt der **Infinitiv Präsens** die **Gleichzeitigkeit**, der **Infinitiv Perfekt** die **Vorzeitigkeit** an.

# 1. Formenlehre

## 1.1 *fierī*

Das Verb ***fierī*** „geschehen; werden; gemacht werden“ gehört zu den **Sonderkonjugationen**.

- Es hat nur im Präsensstamm eigene Formen.
- Die Formen des Perfektstamms sind identisch mit den Formen des Passivs im Perfektstamm von *facere* „machen“.
- Es hat **aktivische und passivische Bedeutungen**:

| | | |
|---|---|---|
| *fierī* | *fīō* | *factus sum* |
| werden | ich werde | ich bin geworden |
| gemacht werden | ich werde gemacht | ich bin gemacht worden |

**Präsensstamm**

| | Präsens | | | Imperfekt | | | Futur | |
|---|---|---|---|---|---|---|---|---|
| | Indikativ | | Konjunktiv | Indikativ | | Konjunktiv | | |
| **1.P.Sg.** | fīō | ich werde | fīam | fīēbam | ich wurde | fierem | fīam | ich werde werden |
| **2.P.Sg.** | fīs | du wirst | fīās | fīēbās | du wurdest | fierēs | fīēs | du wirst werden |
| **3.P.Sg.** | fit | *usw.* | fīat | fīēbat | *usw.* | fieret | fīet | *usw.* |
| **1.P.Pl.** | fīmus | | fīāmus | fīēbāmus | | fierēmus | fīēmus | |
| **2.P.Pl.** | fītis | | fīātis | fīēbātis | | fierētis | fīētis | |
| **3.P.Pl.** | fīunt | | fīant | fīēbant | | fierent | fīent | |
| **Infinitiv** | fierī | (zu) werden | | | | | | |

**Merke dir:**

| | |
|---|---|
| Fit, ut ... | Es geschieht, dass ... |
| Eō tempore factum est, cum ... | Es geschah zu der Zeit, als ... |
| Fīat lūx, et lūx facta est. | Es werde Licht, und es wurde Licht. |

# 2. Satzlehre

## 2.1 Konjunktiv in Hauptsätzen

| | |
|---|---|
| 1. Vērum **dīcātis!**<br>**Nē** mē **dēserātis!** | **Sagt bitte** die Wahrheit!<br>**Hoffentlich lasst ihr** mich **nicht im Stich**! |
| 2. In tempore **revertātur!** | **Er soll** rechtzeitig **zurückkehren**! |
| 3. **Loquāmur** dē Germānīs!<br>**Nē cessēmus!** | **Lasst uns** über die Germanen **sprechen**!<br>**Lasst uns nicht zögern!** |
| 4. Quid **faciam**?<br>Cūr tibī **nōn crēdāmus**? | Was **soll ich tun**?<br>Warum **sollen wir** dir **nicht vertrauen**? |
| 5. Quis hoc **neget**? | Wer **könnte** das **leugnen**? |
| 6. **Nē** rēs malās **nārrāveris!** | **Erzähle nicht** Schlimmes! |

Der Konjunktiv begegnet auch in Hauptsätzen – meist in Reden oder Briefen. Er wird in verschiedenen **Sinnrichtungen** verwendet.

**Konjunktiv Präsens** (→ L 26, 1.1) in Hauptsätzen drückt aus:
- in der 2. P. Sg./Pl. einen **Wunsch** (Optativ, 1.);
- in der 3. P. Sg./Pl. einen **Befehl** (Jussiv, 2.);
- in der 1. P. Pl. eine **Aufforderung** (Hortativ, 3.);
- in der 1. P. Sg./Pl. eine **überlegende Frage** (Deliberativ, 4.);
- eine **Möglichkeit** (Potentialis, 5.).

**Konjunktiv Perfekt** (→ L 26, 1.2/3) in Hauptsätzen drückt aus:
- in der 2. P. Sg./Pl. in der Verbindung mit ***nē*** ein **Verbot** (Prohibitiv, 6.).

Ü Falls ein Konjunktiv im Hauptsatz steht, ist häufig eine Umschreibung mit „könnte(n)/dürfte(n)" und „sollen" notwendig. Achte auf das Satzzeichen und den Zusammenhang, um die richtige Sinnrichtung zu erfassen:
*Hominēs in urbem Rōmam salvī redeant.* – „Die Menschen **könnten** wohl wohlbehalten nach Rom zurückgehen" (z. B. ist der Weg wieder frei oder der Feind vertrieben).
*Hominēs statim in urbem Rōmam redeant!* – „Die Menschen **sollen** sofort nach Rom zurückgehen!" (Wenn sie hier bleiben, besteht die Gefahr, dass ihnen etwas zustößt.)
Beim Optativ verwendet man im Deutschen „hoffentlich" oder „bitte", um den Wunsch auszudrücken.

# Methoden zur Satzerschließung und Textanalyse

Es bieten sich mehrere Methoden an, einen lateinischen Satz und Text mithilfe der erlernten Grammatik- und Wortschatzkenntnisse zielstrebig zu erschließen.

## 1 Zum einfachen Satz

Zunächst werden dir Methoden zur Erschließung des **einfachen Satzes** in einer **Satzreihe** vorgeführt, in der Sätze meist mit Konjunktionen *(nam, sed)* miteinander verbunden sind.

Orientiere dich bei der Satzanalyse immer an den beiden Säulen des Satzes: Subjekt und Prädikat. Achte dabei besonders auf das Prädikat, das den Satzkern darstellt.

### 1.1 Die Pendelmethode (auch „Dreischritt-Methode")

Gehe bei der Analyse der Sätze in folgenden Schritten vor:

1./2. Du übersetzt das erste Wort des Satzes und pendelst von dort aus sofort zum Prädikat hin: **Tum** ... ***dat.***: Dann **gibt** ...

3. Pendle dann zum Anfang des Satzes zurück, dort findest du meist das Subjekt: ... ***domina*** ...: Dann gibt **die Herrin** ...

4.–6. Nun übersetzt du der Reihe nach: ***servis*** (Dativ-Objekt): **den Sklaven** – ***familiae*** (Genitiv-Attribut): **der Familie** – ***dona nova*** (Akkusativ-Objekt): **neue Geschenke**.

*Übersetzung:*
Dann gibt die Herrin den Sklaven der Familie neue Geschenke.

### 1.2 Die Konstruktionsmethode

Mit der **Konstruktionsmethode** erschließt du die Satzglieder konsequent vom Prädikat, dem Satzkern, her.

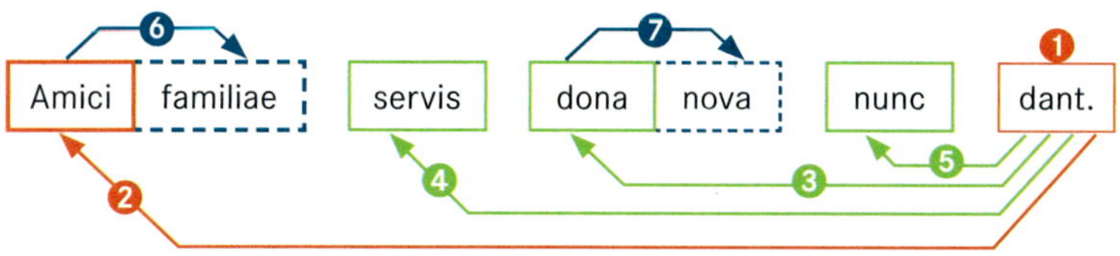


1. Finde zuerst das Prädikat, das in der Regel am Satzende steht. Im Deutschen rückt das Prädikat an die zweite Stelle des Satzes:
   ... ***dant.***: Sie **geben** ...
2. Suche dann die zweite tragende Säule des Satzes, das Subjekt, das meist am Satzanfang steht. Am Person-Zeichen des Prädikats *-nt* erkennst du, dass das Subjekt im Plural stehen muss:
   ***Amici*** ...: **Die Freunde**

→ Was fehlt? Überlege, welche Ergänzungen das Prädikat aufgrund seiner Bedeutung erwarten lässt oder ermöglicht:

3. Was geben sie? (Frage: wen oder was?) ***dona***: **Geschenke**
4. Wem geben sie? (Frage: wem?) ***servis***: **den Sklaven**
5. Wann geben sie? (Frage: wann?/wo?/wie?) ***nunc***: **nun**

→ Was bleibt übrig? Stelle fest, zu welchen Satzgliedern die restlichen Wörter gehören:

6. ein Genitiv: (Frage: wessen?) *amici* ***familiae***: die Freunde **der Familie**
7. ein Adjektiv: (Frage: was für (ein)?) *dona* ***nova***: **neue** Geschenke

*Übersetzung:* Die Freunde der Familie geben nun den Sklaven neue Geschenke.

## 2 Zum mehrgliedrigen Satz (Satzgefüge)

Zur Analyse von mehrgliedrigen Sätzen (Satzgefügen = Perioden) bieten sich andere Methoden an.

### 2.1 Die Strukturbaum-Methode

Zur graphischen Verdeutlichung eines leichter überschaubaren Satzgefüges bietet sich die Analyse mithilfe des **Strukturbaumes** an. Im Zentrum der Satzerschließung steht auch hier wieder das **Prädikat**, also der Satzkern. Er nimmt die Spitze des Analyseschemas ein. Dazu werden die Satzglieder entsprechend ihrer Abhängigkeit in Bezug gebracht.

*Beispiel:* Domitius Macer Rosellas cito petivit, cum tempestatem appropinquare sentiret.

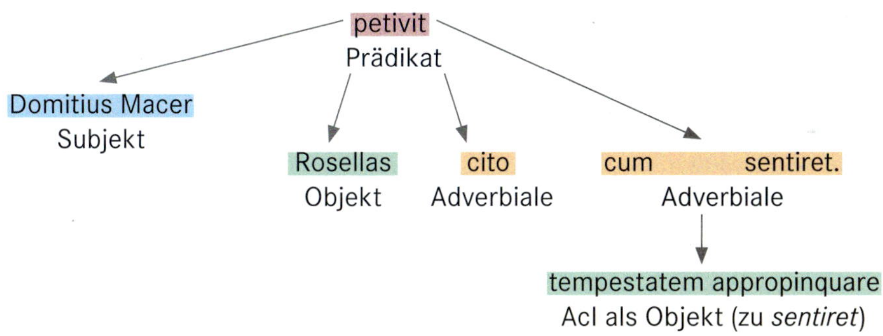


Gehe bei der Erstellung des Strukturbaumes in folgenden Schritten vor:

1. Stelle zuerst das **Prädikat des Hauptsatzes** fest. Stelle dieses ganz oben hin: *petivit*
2. Suche dann das **Subjekt** und stelle es links unter das Prädikat: *Domitius Macer*
3. Erfrage vom Prädikat her die Funktion der weiteren Satzglieder:
   - wen oder was? – *Rosellas*: **Akkusativ-Objekt**;
   - wie? – *cito*: Adverb als **Adverbiale**;
   - wann? – *cum*-Satz: Temporal- oder Kausalsatz als **Adverbiale** (Adverbialsatz).
4. Ordne den **AcI** im *cum*-Satz entsprechend seiner Funktion innerhalb des Gliedsatzes ein: **Objekt** zum Gliedsatzprädikat *sentiret*.

Der Überblick über den Gesamt-Bauplan des Satzgefüges erleichtert die Übersetzung:

Domitius Macer suchte schnell Rosellae zu erreichen,
als/da er merkte, dass ein Unwetter nahte.

## 2.2 Die Einrückmethode

Zur Analyse von schwerer überschaubaren, **mehrgliedrigen Satzgefügen (Perioden)** eignet sich die **Einrückmethode**. Dem **Hauptsatz** sind oft mehrere **Gliedsätze** in verschiedenen Graden der Abhängigkeit untergeordnet.

- Alle zum Hauptsatz (HS) gehörenden Teile stehen ganz links. Die Gliedsätze (GS) werden je nach dem Grad der Abhängigkeit vom Hauptsatz aus verschieden weit nach rechts eingerückt. Orientiere dich dabei an den Satzzeichen.
- Zusammengehörendes und Strukturgleiches werden untereinander gesetzt.
- Es genügt meistens, nur die wichtigsten Wörter eines Satzes (HS und GS) im Analyseschema anzugeben, z. B. erstes Wort, Subjunktion, Subjekt, Prädikat.

*Beispiel:*

Athletae[!], postquam acriter contendere coeperunt, pugnare inter se non desierunt, priusquam unus victoriam sibi paravit.

Gehe hier bei der Analyse in folgenden Schritten vor:

1. Beginne mit dem ersten Teilsatz (vor dem Komma; hier nur ein Wort): *athletae*[!].
   - Gehört dieser zum HS, so stelle das Wort oder die Wortgruppe ganz nach links.
   - Steht an der Spitze des Satzes die Subjunktion eines Gliedsatzes, so rücke ihn ein Stück nach rechts ein.
2. Stelle alle weiteren Teile, die zum GS gehören, nach rechts: *postquam* ...
3. Rücke die dem GS folgenden und zum HS gehörenden Teile wieder ganz nach links: *pugnare* ...
4 Rücke die Subjunktion des folgenden GS wieder nach rechts ein: *priusquam* ...
5. Übersetze zunächst den Hauptsatz und gib dann die Gliedsätze je nach Zugehörigkeit an der entsprechenden Stelle wieder.

| *Graphische Analyse:* | | *Wörtliche Übersetzung:* |
|---|---|---|
| *HS* | *GS1* | |
| Athletae[!], | | Die Athleten hörten, |
| | **postquam** ... coeperunt, | nachdem sie erbittert zu kämpfen begonnen hatten, |
| pugnare | inter se non desierunt, | nicht <eher> miteinander zu kämpfen auf, |
| | **priusquam** ... paravit. | bevor nicht einer den Sieg errungen hat. |

## 2.3 Die Kästchenmethode

Zur Analyse von **mehrgliedrigen, komplexen Satzgefügen (Perioden)** eignet sich besonders die **Kästchenmethode**.

Die Abfolge von Haupt- und Gliedsätzen wird in horizontaler Anordnung dargestellt:

- Der Hauptsatz und die Gliedsätze werden der Reihe nach in Kästchen eingeordnet.
- Die Kästchen in der obersten Zeile enthalten den Hauptsatz.
- Gliedsätze stehen auf den Ebenen darunter je nach Abhängigkeitsgrad höher oder tiefer.

In die Kästchen werden nur die für das Erschließen der Periode wichtigsten Wörter eingetragen: Subjekt, Prädikat, Subjunktionen. Orientiere dich bei der Analyse an den Satzzeichen.

Satzwertige Konstruktionen wie AcI, PC, Abl. abs. lassen sich, wo der enge Raum es erfordert, mit Symbolen andeuten:

△ = PC, ▽ = Abl. abs., ▱ = AcI.

*Beispiel:*
Persae, cum ad Marathonem tam gravem calamitatem accepissent, ut omnes fere milites perirent, tamen novis copiis coactis post decem annos iterum Graeciam petiverunt, ut Athenas odio adducti, quod eam urbem causam calamitatis suae fuisse putabant, exstinguerent.

Gehe hier bei der Analyse in folgenden Schritten vor:

1. Beginne mit dem ersten Teilsatz (bis zum ersten Komma). Stelle fest, ob es sich um einen HS oder GS handelt. Schreibe die Wörter in ein Kästchen, die des **HS auf die Linie**, die eines **GS unter die Linie** (hier HS: *Persae*).
2. Stelle fest, ob der folgende Teilsatz jeweils HS oder GS ist, und schreibe die Wörter in ein weiteres Kästchen: bei einem **GS unter**, bei einem **HS auf die Linie** (hier: GS1: *cum … accepissent* - GS2: *ut … perirent* - HS: *tamen petiverunt*).
3. Verfahre ebenso mit den folgenden Teilsätzen. Beachte dabei:
   - Wird der Teilsatz von einer Subjunktion eingeleitet, ist er untergeordnet (GS1, GS2, GS3 …) und wird in ein Kästchen auf der nächsttieferen Ebene geschrieben (hier GS1: *ut … exstinguerent*; GS2: *quod … putabant*).
   - Enthält der Teilsatz keine Subjunktion, ist er wahrscheinlich übergeordnet und schließt einen noch offenen HS oder GS. Gib einen solchen Restsatz auf der entsprechenden Ebene verkürzt an (bes. das Prädikat) (hier: GS1: *exstinguerent*).
4. Verbinde, was zusammengehört: HS oder GS, die durch Gliedsätze unterbrochen sind, werden durch gestrichelte, senkrechte Linien gekennzeichnet.
5. Finde die satzwertigen Konstruktionen (Abl. abs., PC, AcI) und füge an den jeweiligen Stellen das entsprechende Symbol ein (hier: ▽ *novis copiis coactis,* △ *odio adducti,* ▱ *eam urbem fuisse*).

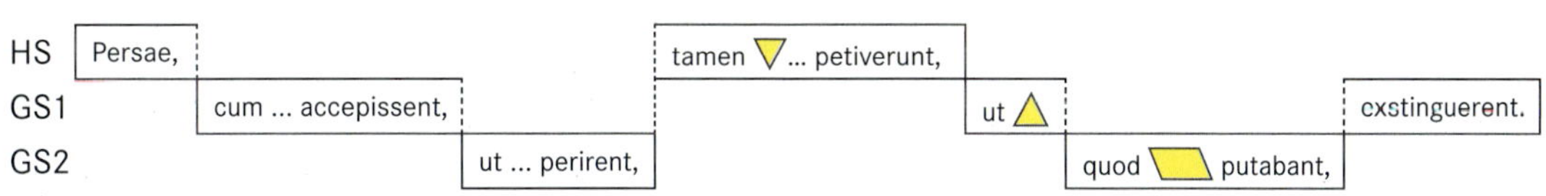


*Wörtliche Übersetzung:*
Die Perser haben, obwohl sie bei Marathon eine so schlimme Niederlage erlitten hatten, dass beinahe alle Soldaten zugrunde gingen, dennoch nach Aushebung neuer Truppen nach zehn Jahren wiederum Griechenland angegriffen, damit sie Athen aus Hass (von Hass geleitet), weil sie glaubten, diese Stadt sei schuld an ihrer Katastrophe gewesen, vernichteten.

## 2.4 Die Textanalyse-Methode

Jeder **Text** versteht sich als ein **„Gewebe"**, in dem eine mehr oder minder große Zahl von Sätzen durch entsprechende Elemente in einen sachlich, zeitlich und logisch stimmigen Zusammenhang **(Kohärenz)** gebracht sind. Die Methode, die den **über die Einzelsätze hinausgreifenden**

(„transphrastischen") **Zusammenhang** des ganzen Textes erfasst, nennt man **Textanalyse**. Die wichtigsten **textaufbauenden Elemente** sind nachfolgend an einem Text dargestellt.

*Textbeispiel (einsetzbar nach L 24):*

**Die Iden des März waren gekommen**

Caesar monitus erat, ne Idibus Martiis[1] domo sua discederet. Sed is neque cessabat neque periculum timebat. Nam fortunam sibi favere putabat. Neque prodigiis[2] malis curiam[3] petere prohibebatur. Eo die enim senatus convocatus erat[4], in quo ille adesse debebat. Itaque, cum haud multi senatores[!] venissent, quos amicos ducebat, cum eis ad curiam[3] properavit. Mox Caesar in curiam[3] intrat et ad sellam curulem[5] accedit. Tum considit et exspectat. Ei autem pauci senatores[!] appropinquant. Subito eum pugionibus[6] petunt, opprimunt, interficiunt. Statim clamore et tumultu[7] perturbati omnes e curia[3] fugerunt. Postremo Caesar, qui ante statuam[!] Pompei diu mortuus iacebat, a servis domum reportatus est[!].

1) **Idibus Mārtiīs:** an den Iden des März 2) **prōdigium, -ī** n: Vorzeichen 3) **cūria, -ae** f: Kurie *(Sitzungsgebäude des Senats)* 4) **convocāre** *(hier)*: einberufen 5) **sella curūlis:** Amtssessel 6) **pugiō, -ōnis** f: Dolch 7) **tumultus, -ūs** m: Aufregung, Tumult

## Erkenntnisse aus der Textbearbeitung

### 1 Konnektoren

Stelle fest, mit welchen Wörtern die Sätze zu einer zeitlich und logisch stimmigen Abfolge verbunden sind. Solche **verbindenden Wörter (Konnektoren)** können Konjunktionen und Adverbien sein.

sed (Z. 1), nam (Z. 2), neque (Z. 2), itaque (Z. 4), mox (Z. 5), tum (Z. 6), autem (Z. 6), statim (Z. 7 ), postremo (Z. 8)

*Du erkennst:* Der Text berichtet von einem Geschehen, das rasch und dramatisch abläuft.

### 2 Personenverteilung

Stelle fest, welche Personen im Text vorkommen und wie sie zueinander stehen.

Caesar (Z. 1), haud multi senatores[!] (Z. 4), Caesar (Z. 5), pauci senatores[!] (Z. 6), omnes (Z. 8), Caesar (Z. 8), (statuam) Pompei (Z. 9), a servis (Z. 9)

*Du erkennst:* Caesar ist die Hauptfigur, der bestimmte Senatoren gegenübertreten; von wenigen wird er ermordet. Das Geschehen läuft vor allen (Senatoren) ab. Er bleibt vor der Statue seines größten Feindes Pompejus tot liegen. Sklaven tragen ihn heim.

### 3 Tempusverwendung

Stelle fest, mit welchen Tempora das Geschehen dargestellt ist. Welche Wirkung wird dadurch auf die Leser erzielt?

*Geschehenshintergrund:*

monitus erat (Z. 1), cessabat (Z. 1), timebat (Z. 2), putabat (Z. 2), prohibebatur (Z. 3), convocatus erat (Z. 3), debebat (Z. 4), venissent (Z. 4), ducebat (Z. 5), iacebat (Z. 9)

*Geschehensvordergrund:*

properavit (Z. 5), intrat (Z. 5), accedit (Z. 6), considit (Z. 6), exspectat (Z. 6), appropinquant (Z. 7), petunt, opprimunt, interficiunt (Z. 7), fugerunt (Z. 8), reportatus est (Z. 9)

*Du erkennst:* Zuerst ist der Hintergrund des Geschehens dargestellt (die Warnungen vor der Gefahr in der Senatssitzung und ihre Missachtung), dann das Geschehen im Vordergrund (Caesars Teilnahme an der Senatssitzung und seine Ermordung), wobei das Präsens die Dramatik des Geschehens unmittelbar miterleben lässt (dramatisches Präsens, das in Bericht oder Erzählung häufig zur Erhöhung von Spannung und Dramatik verwendet wird).

**4 Verweiswörter**

Stelle fest, welche Wörter verbindende Verweise auf bereits Genanntes darstellen.

is (Z. 1 → Caesar), eo die (Z. 3 → Idibus Martiis), ille (Z. 4 → Caesar), amicos (Z. 5 → senatores[!]), cum eis (Z. 5 → amicos/senatores[!]), ei (Z. 6 → Caesar), eum (Z. 7 → Caesar)

*Du erkennst:* Durch Pronomina (und Substantive), die sich auf vorher Genanntes (meist Personen) beziehen, ist der Zusammenhang des Textes satzübergreifend hergestellt.

**5 Sach- und Bedeutungsfelder**

Stelle fest, welche Wörter oder Begriffe öfter – etwa als Leitwörter oder Leitmotive – im Text begegnen, sodass sich dadurch ein einheitlicher Bedeutungsbereich erkennen lässt.

periculum (Z. 2), fortunam (Z. 2), prodigiis malis (Z. 3), pugionibus (Z. 7), clamore et tumultu (Z. 8), perturbati (Z. 8), fugerunt (Z. 8), mortuus (Z. 9)

curiam (Z. 3), senatus (Z. 3), adesse (Z. 4), ad curiam (Z. 5), in curiam (Z. 5), ad sellam curulem (Z. 6), ante statuam[!] Pompei (Z. 8 f.)

*Du erkennst:* Im Text treten zwei Bedeutungsbereiche auf. Das Sachfeld von Gefahr, Schicksalhaftigkeit mit Auswirkung in Mord und Panik sowie das Sachfeld eines politischen Ereignisses in der Kurie, vor der Statue des Pompejus unter Beteiligung der Senatoren.

*Übersetzung:*

Caesar war gewarnt worden, dass er an den Iden des März aus seinem Hause gehe. Doch dieser zögerte weder, noch hatte er Angst vor einer Gefahr. Denn er glaubte, dass das Glück ihm gewogen sei. Auch ließ er sich nicht durch schlechte Vorzeichen davon abhalten, die Kurie aufzusuchen. An diesem Tage war nämlich eine Senatsversammlung einberufen worden, bei der jener anwesend sein musste. Deshalb begab er sich, als einige (nicht viele) Senatoren gekommen waren, die er für Freunde hielt, mit diesen eilig zur Kurie. Bald betritt Caesar die Kurie und schreitet zum Amtssessel. Dann setzt er sich und wartet. Ihm aber nähern sich einige wenige Senatoren. Diese greifen ihn plötzlich mit Dolchen an, überwältigen und töten ihn. Sofort flüchteten, von Geschrei und Tumult in Panik versetzt, alle aus der Kurie. Schließlich wurde Caesar, der vor der Statue des Pompejus lange tot dalag, von Sklaven nach Hause gebracht.

# Lateinische Schrift und Laute

## Die lateinischen Schriftzeichen

Wusstest du, dass die Römer uns das Alphabet gebracht haben? In den ersten Jahrhunderten unseres Zeitalters breitete sich das Christentum in Europa aus und brachte auf diesem Wege den Völkern die lateinischen Schriftzeichen.
Die Römer kannten zunächst nur Großbuchstaben (Majuskeln). Erst gegen Ende des Altertums, um 500 n. Chr., entwickelten sich aus ihnen die Kleinbuchstaben (Minuskeln).
Das lateinische Alphabet umfasst nur 24 Buchstaben. Die Buchstaben j und w kommen nicht vor, k und z sind selten.

## Die lateinischen Laute

### VOKALE (SELBSTLAUTE)

Das Lateinische hat wie das Deutsche lange und kurze Vokale. Längen werden in unserer Sprache z. B. durch Vokalverdoppelung (z. B. Paar) oder Dehnung (z. B. Sahne) kenntlich gemacht.

1 Die lateinische Schreibweise verfügt nicht über diese Mittel zur Kennzeichnung langer Vokale. In dieser Begleitgrammatik wird deshalb die **Länge eines Vokals** durch einen **Strich** (-) **über dem Vokal** angegeben:

ā, ē, ī, ō, ū

2 Die **kurzen Vokale** werden in der Regel nicht **gekennzeichnet**; nur wenn ausdrücklich **auf eine Kürze hinzuweisen** ist, erscheint ein **Häkchen** (˘) **über dem Vokal**:

ă, ĕ, ĭ, ŏ, ŭ

3 Die **Doppelvokale** (Diphthonge) ae und oe werden wie die Umlaute ä und ö oder als zwei getrennte Laute a-e, o-e gesprochen.

### KONSONANTEN (MITLAUTE)

4 Die **Konsonanten** sind im Lateinischen und Deutschen weitgehend gleich.
Zur Aussprache beachte:

| Lautzeichen | Schriftbild | Aussprache | | |
|---|---|---|---|---|
| i | imperium<br>Iūlius | **i**mperium<br>**J**ulius | **i** oder **j** | |
| c | Catō<br>cōnsul<br>cultūra | **K**ato<br>**k**onsul<br>**k**ultura | vor **a, o, u**<br>immer<br>**k** | |
| c | Caesar<br>Cerēs<br>Cicerō | **Z**aesar/**K**aesar<br>**Z**eres/**K**eres<br>**Z**izero/**K**ikero | vor **ae, e, i**<br>entweder **z**<br>oder **k** | (je nach heutiger Sprachregion verschieden) |
| v | vīlla | **w**illa | | |

## REGELN

### Rechtschreibung

5 Lateinische Wörter werden in der Regel **kleingeschrieben** (z. B. *vīlla, scrībere, familia*). **Großgeschrieben** werden nur **Wörter am Satzanfang** sowie **Eigennamen** (z. B. *Rōma, Crēta, Colossēum*) und deren **Ableitungen** (z. B. *imperium Rōmānum*).

### Silbentrennung

6 Die lateinischen Wörter werden wie die deutschen **nach Silben** getrennt (z. B. *cī-vi-tās*). **Zusammengesetzte Wörter** werden nach ihren **Bestandteilen getrennt** (z. B. *ex-spectāre*).

### Betonungsregeln

7 **Zweisilbige Wörter** werden auf der ersten Silbe betont.

8 Für Wörter mit **drei und noch mehr Silben** ist stets die **vorletzte Silbe** ausschlaggebend für die **Betonung**. Du kannst dir merken:
- Wenn die **vorletzte Silbe lang** ist, dann wird **diese betont** (z. B. amī́cus, clāmā́re).
- Wenn die **vorletzte Silbe kurz** ist, wird die **drittletzte betont** (z. B. ásĭnus, ártĭbus).

9 Wenn die Konjunktion ***-que*** oder das Fragesignal ***-ne*** an ein Wort treten, wird in der Regel die **vorhergehende Silbe betont** (z. B. *pater mātérque; venītísne?*).

### Lautregeln der Vokale und Konsonanten

Wie in anderen Sprachen werden auch im Lateinischen **Wörter verändert**, wenn ihnen eine andere Ausdrucksform gegeben werden soll.
Das betrifft die **Vokale** (z. B. *werden > geworden; geben > gab; gut > Güte*) und die **Konsonanten** (z. B. *haben > hatte*).

10 **Dehnung oder Schwund des Vokals**
v**ĭ**deō > v**ī**dī – **e**s-te > **s**-unt

11 **Abschwächung eines Vokals**
t**a**ngō > tét**i**gī

12 **Zusammenziehung von Vokalen**
*laud**a**ō > laud**ō**

13 **Angleichung eines Konsonanten**
a**d**-**p**ortō > a**pp**ortō – po**t**-**s**um > po**ss**um

14 **Verbindung von -s mit K-Laut**
lū**c**-**s** > lū**x** (lūcis) – rē**g**-**s** > rē**x** (rēgis)

# Sprach- und Stilmittel

Lateinische Texte sind durch besondere **Mittel von Sprache und Stil** kunstvoll geformt. Die wichtigsten Stilmittel sind hier in Beispielen für L 23 und L 30 aufbereitet.

1 **Alliteration** (Wiederholung des gleichen Anlauts in aufeinanderfolgenden Wörtern oder Satzgliedern):

| | |
|---|---|
| **B**oni te relinquent, **b**arbari te petent, **b**estiae[!] te interficient. | Die Anständigen werden dich verlassen, die Barbaren dich angreifen, die wilden Tiere dich töten. |

2 **Asyndeton** (unverbundene Reihung von Wörtern, Satzteilen oder Sätzen):

| | |
|---|---|
| In forum venisti, consulem petivisti, civitatem in periculum vocavisti. | Du bist zum Forum gekommen, hast den Konsul angegriffen, hast den Staat in Gefahr gebracht. |

3 **Anapher** (Wiederholung des gleichen Wortes am Anfang eines Satzes oder Teilsatzes):

| | |
|---|---|
| **Discede** ex oppido! **Discede** ex Italia, **discede** ex imperio Romano! | Verschwinde aus der Stadt! Verschwinde aus Italien, verschwinde aus dem Römischen Reich! |

4 **Antithese** (meist unverbundene Gegenüberstellung von Begriffen und Feststellungen):

| | |
|---|---|
| **Tu** civitatem nostram tollere vis, **ego** te ad inferos praecipitare volo. | Du willst unseren Staat vernichten, ich <aber> will dich in die Hölle (Unterwelt) stürzen. |

5 **Chiasmus** (Überkreuz-Stellung von Wörtern oder Satzgliedern):

| | |
|---|---|
| **Mali** te ***celebrabunt***, ***necabunt*** te **boni**. | Die Schurken werden dich feiern, umbringen (jedoch) werden dich die Anständigen. |

6 **Hyperbaton** (Sperrung zweier zusammengehörender Begriffe durch ein Wort oder mehrere Wörter):

| | |
|---|---|
| Non pepercisti **sacris** deorum **templis**[!], non **praeclaris** virorum **statuis**[!]. | Du verschontest nicht die den Göttern heiligen Tempel, nicht die herrlichen Statuen der Männer. |

7 **Klimax** (Steigerung einer Aussage in mehrgliedrigen, meist unverbundenen Begriffen oder Satzteilen):

| | |
|---|---|
| **Veni, vidi, vici.** | Ich kam, sah und siegte. |

8 **Metapher** (bildhafte Verwendung eines Wortes; Wortvergleich):

| | |
|---|---|
| Cicero in **portum philosophiae**[!] confugit. | Cicero nahm Zuflucht im Hafen der Philosophie. |

9 **Parallelismus** (parallele Stellung von Wörtern oder Satzgliedern):

| | |
|---|---|
| Catilina non dubitavit<br>**nostram urbem *despicere***,<br>**nostram civitatem *deserere***,<br>**nostram patriam *exstinguere***. | Catilina hatte keine Bedenken,<br>unsere Stadt zu verachten,<br>unseren Staat im Stich zu lassen,<br>unser Vaterland zu vernichten. |

10 **Rhetorische Frage** (Feststellung einer Tatsache oder Meinung in Form einer Frage, auf die keine Antwort erwartet wird):

| | |
|---|---|
| **Quid** tam malum est? | Was ist so schlimm? |

## Stammformen: ā-Konjugation

Perfekt-Bildung mit -v-

| | | | | |
|---|---|---|---|---|
| vocō | vocāvī | vocātum | vocāre | **rufen; nennen** |

*In gleicher Weise werden die Stammformen der meisten Verben der ā-Konjugation gebildet.*

Perfekt-Bildung durch Reduplikation

| | | | | |
|---|---|---|---|---|
| dō | dedī | datum | dare | (von sich) **geben** |
| stō | stetī | statum | stāre | (da)**stehen** |
| re \| stō | restitī | – | restāre | **übrig sein,** übrig bleiben; **überleben** |

## Stammformen: ē-Konjugation

Perfekt-Bildung mit -v-

| | | | | |
|---|---|---|---|---|
| fleō | flēvī | flētum | flēre | **weinen;** beklagen |

Perfekt-Bildung mit -u-

| | | | | |
|---|---|---|---|---|
| careō | caruī | – | carēre (*m. Abl.*) | **frei sein** (*von etw.*), (*etw.*) **nicht haben** |
| habeō | habuī | habitum | habēre | **haben; halten** |
| dēbeō | dēbuī | dēbitum | dēbēre | (*m. Inf.*) **müssen; verdanken; schulden** |
| praebeō | praebuī | praebitum | praebēre | (dar)**reichen,** geben; bieten; zeigen |
| pro \| hibeō | prohibuī | prohibitum | prohibēre | **fernhalten; hindern,** abhalten |
| horreō | horruī | – | horrēre (*m. Akk.*) | **erschrecken** *(vor);* Entsetzen empfinden *(vor);* sich scheuen *(etw. zu tun)* |
| iaceō | iacuī | – | iacēre | (da)**liegen** |
| licet | licuit | – | licēre *(m. Dat.)* | **es ist möglich; es ist erlaubt,** *(jmd.)* **darf** |
| oportet | oportuit | – | oportēre | **es ist nötig,** es ist angebracht; *(jmd.)* soll |
| pāreō | pāruī | – | pārēre | **gehorchen** |
| ap \| pāreō | appāruī | – | appārēre | **erscheinen,** sich zeigen; offensichtlich sein |
| pateō | patuī | – | patēre | **offen stehen;** offenkundig sein; sich erstrecken |
| placeō | placuī | placitum | placēre | **gefallen** |
| studeō | studuī | – | studēre (*m. Dat.*) | **sich bemühen** *(um)*; wollen; **sich beschäftigen** *(mit),* *(etw.)* studieren |
| taceō | tacuī | – | tacēre | **schweigen,** still sein |
| teneō | tenuī | – | tenēre | (zurück-, fest)**halten** |
| con \| tineō | continuī | – | continēre | (an-, auf-, fest)**halten;** enthalten |
| sus \| tineō | sustinuī | – | sustinēre | **aushalten,** ertragen |
| terreō | terruī | territum | terrēre | *(jmdn.)* **erschrecken** |
| timeō | timuī | – | timēre | **(sich) fürchten,** Angst haben (vor) |
| valeō | valuī | – | valēre | **gesund sein; Einfluss haben** |

Perfekt-Bildung mit -s-

| | | | | |
|---|---|---|---|---|
| iubeō | iussī | iussum | iubēre (*m. Akk.*) | (*jmdm.*) **befehlen,** (*jmdn.*) **beauftragen** |
| maneō | mānsī | – | manēre | **bleiben;** erwarten |
| rīdeō | rīsī | rīsum | rīdēre | **lachen** |

**Perfekt-Bildung durch Dehnung**

| | | | | |
|---|---|---|---|---|
| faveō | fāvī | fautum | favēre (*m. Dat.*) | **gewogen sein;** (*jmdn.*) begünstigen |
| moveō | mōvī | mōtum | movēre | **bewegen; beeinflussen** |
| sedeō | sēdī | sessum | sedēre | (da)**sitzen** |
| videō | vīdī | vīsum | vidēre | **sehen** |

**Perfekt-Bildung durch Reduplikation**

| | | | | |
|---|---|---|---|---|
| spondeō | spopondī | spōnsum | spondēre | **versprechen;** sich verbürgen |
| re \| spondeō | respondī | respōnsum | respondēre | **antworten,** entgegnen |

## Stammformen: ī-Konjugation

**Perfekt-Bildung mit -v-**

| | | | | |
|---|---|---|---|---|
| audiō | audīvī | audītum | audīre | (an-, er-, zu)**hören** |
| dormiō | dormīvī | – | dormīre | **schlafen** |
| sciō | scīvī | scītum | scīre | **wissen,** kennen; können |
| ne \| sciō | nescīvī | – | nescīre | **nicht wissen,** nicht kennen |
| serviō | servīvī | – | servīre | **Sklave sein, dienen** |

**Perfekt-Bildung mit -u-**

| | | | | |
|---|---|---|---|---|
| aperiō | aperuī | apertum | aperīre | **öffnen;** aufdecken |

**Perfekt-Bildung mit -s-**

| | | | | |
|---|---|---|---|---|
| sentiō | sēnsī | sēnsum | sentīre | **fühlen; merken;** meinen |

**Perfekt-Bildung durch Dehnung**

| | | | | |
|---|---|---|---|---|
| veniō | vēnī | ventum | venīre | **kommen** |
| ad \| veniō | advēnī | adventum | advenīre | **ankommen** |
| con \| veniō | convēnī | conventum | convenīre | **zusammenkommen;** zusammenpassen; (*m. Akk.*) treffen |
| in \| veniō | invēnī | inventum | invenīre | (auf)**finden; erfinden,** entdecken |

## Stammformen: konsonantische Konjugation

**Perfekt-Bildung mit -v-**

| | | | | |
|---|---|---|---|---|
| arcessō | arcessīvī | arcessītum | arcessere | **herbeirufen, holen** |
| cog \| nōscō | cognōvī | cognitum | cognōscere | **erfahren; erkennen; kennenlernen** |
| petō | petīvī | petītum | petere | **bitten,** verlangen; **angreifen; aufsuchen;** gehen zu/fahren nach |
| quaerō | quaesīvī | quaesītum | quaerere | **suchen; fragen** |
| dē \| sinō | dēsiī | dēsitum | dēsinere | **aufhören** |

**Perfekt-Bildung mit -u-**

| | | | | |
|---|---|---|---|---|
| colō | coluī | cultum | colere | **verehren; ausüben; bebauen** |
| pōnō | posuī | positum | pōnere | **setzen; stellen; legen** |
| ex \| pōnō | exposuī | expositum | expōnere | **ausstellen; aussetzen;** darlegen |
| im \| pōnō | imposuī | impositum | impōnere | **setzen, stellen, legen** (an, auf, in); auftragen; bringen |

### Perfekt-Bildung mit -s-

| | | | | |
|---|---|---|---|---|
| cēdō | cessī | cessum | cēdere | (weg-, aus)**gehen; nachgeben;** überlassen |
| ac \| cēdō | accessī | accessum | accēdere | **herantreten**; hingehen |
| dē \| cēdō | dēcessī | dēcessum | dēcēdere | **weggehen**, gehen (aus) |
| dis \| cēdō | discessī | discessum | discēdere | **weggehen, verschwinden** |
| dīcō | dīxī | dictum | dīcere | **sagen; sprechen;** *(m. doppeltem Akk.)* nennen |
| dūcō | dūxī | ductum | dūcere | **führen; ziehen;** *(m. doppeltem Akk.)* halten für |
| ab \| dūcō | abdūxī | abductum | abdūcere | **wegführen**; (weg)bringen; verschleppen |
| re \| dūcō | redūxī | reductum | redūcere | **zurückführen**; zurückbringen |
| intel \| legō | intellēxī | intellēctum | intellegere | **verstehen; erkennen, einsehen** |
| neg \| legō | neglēxī | neglēctum | neglegere | **nicht (be)achten, vernachlässigen** |
| lūdō | lūsī | lūsum | lūdere | **spielen** |
| mittō | mīsī | missum | mittere | **schicken**; werfen |
| prō \| mittō | prōmīsī | prōmissum | prōmittere | **versprechen** |
| plaudō | plausī | plausum | plaudere | **Beifall klatschen**, applaudieren |
| op \| primō | oppressī | oppressum | opprimere | **überfallen**, überwältigen; **unterdrücken** |
| pergō | perrēxī | perrēctum | pergere | **fortfahren**, *(etw.)* weiter *(tun)* |
| su \| rgō | surrēxī | surrēctum | surgere | **aufstehen**, sich erheben |
| scrībō | scrīpsī | scrīptum | scrībere | (auf)**schreiben** |
| sūmō | sūmpsī | sūmptum | sūmere | **nehmen** |
| trahō | trāxī | tractum | trahere | **ziehen**; schleppen |
| in \| vādō | invāsī | invāsum | invādere | **eindringen, angreifen** |
| vīvō | vīxī | – | vīvere | **leben** |

### Perfekt-Bildung durch Dehnung

| | | | | |
|---|---|---|---|---|
| agō | ēgī | āctum | agere | **tun; handeln;** (*m. Adv. und* cum) umgehen *(m. jmdm.)* |
| cōnsīdō | cōnsēdī | – | cōnsīdere | **sich setzen**, sich niederlassen |
| emō | ēmī | ēmptum | emere | **kaufen** |
| frangō | frēgī | frāctum | frangere | **(zer)brechen** |
| legō | lēgī | lēctum | legere | **lesen**; sammeln; auswählen |
| dē \| ligō | dēlēgī | dēlēctum | dēligere | (aus)**wählen** |

### Perfekt-Bildung durch Reduplikation

| | | | | |
|---|---|---|---|---|
| cadō | cécidī | – | cadere | **fallen**, sinken |
| currō | cucurrī | cursum | currere | **laufen**; eilen |
| ac \| currō | accurrī | accursum | accurrere | **herbeilaufen**, angelaufen kommen |
| ad \| dō | addidī | additum | addere | **hinzufügen** |
| crēdō | crēdidī | crēditum | crēdere | **glauben**; (an)**vertrauen** |
| ē \| dō | ēdidī | ēditum | ēdere | **verkünden; herausgeben** |
| vendō | vendidī | venditum | vendere | **verkaufen** |
| poscō | poposcī | – | poscere | **fordern**, verlangen |
| cōn \| sistō | cōnstitī | – | cōnsistere | **stehen bleiben**; sich hinstellen; bestehen (aus) |
| tangō | tétigī | tāctum | tangere | **berühren** |
| tollō | sustulī | sublātum | tollere | **hochheben; beseitigen**, vernichten; entfernen |

**Perfekt-Bildung ohne Veränderung**

| | | | | |
|---|---|---|---|---|
| in \| cendō | incendī | incēnsum | incendere | **anzünden**; entflammen, in Aufregung versetzen |
| dē \| fendō | dēfendī | dēfēnsum | dēfendere | **verteidigen; abwehren** |
| of \| fendō | offendī | offēnsum | offendere | **beleidigen**; (an)stoßen |
| dē \| scendō | dēscendī | dēscēnsum | dēscendere | **herabsteigen**; hinuntergehen |
| statuō | statuī | statūtum | statuere | **beschließen**, entscheiden; **aufstellen**; festsetzen |
| īn \| stituō | īnstituī | īnstitūtum | īnstituere | **beginnen**; einrichten; **unterrichten** |
| vertō | vertī | versum | vertere | **wenden**; drehen; **verwandeln** |
| ā \| vertō | āvertī | āversum | āvertere | **abwenden**; vertreiben |

## Stammformen: gemischte Konjugation

**Perfekt-Bildung mit -v-**

| | | | | |
|---|---|---|---|---|
| cupiō | cupīvī | cupītum | cupere | **wünschen**, begehren; verlangen |

**Perfekt-Bildung durch Dehnung**

| | | | | |
|---|---|---|---|---|
| capiō | cēpī | captum | capere | (ein)**nehmen, erobern**; (er)**fassen** |
| faciō | fēcī | factum | facere | **machen;** *(m. doppeltem Akk.) (jmdn.)* machen *(zu)* |

# Zur Formenlehre des Nomens

## Deklinationen: Substantive

**Tab 1.1**

| | | ā-Deklination | o-Deklination | | | | Konsonantische Deklination | | |
|---|---|---|---|---|---|---|---|---|---|
| | | *Freundin* f | *Freund* m | *Feld* m | *Junge* m | *Geschenk* n | *Sieger* m | *Mensch* m | *Vater* m |
| Sg. | Nom. | amīc**a** | amīc**us** | ager | puer | dōn**um** | victor | homō | pater |
| | Gen. | amīc**ae** | amīc**ī** | agr**ī** | puer**ī** | dōn**ī** | victōr**is** | homin**is** | patr**is** |
| | Dat. | amīc**ae** | amīc**ō** | agr**ō** | puer**ō** | dōn**ō** | victōr**ī** | homin**ī** | patr**ī** |
| | Akk. | amīc**am** | amīc**um** | agr**um** | puer**um** | dōn**um** | victōr**em** | homin**em** | patr**em** |
| | Abl. | ā/ab amīc**ā** | ā/ab amīc**ō** | agr**ō** | puer**ō** | dōn**ō** | cum victōr**e** | homin**e** | patr**e** |
| | Vok. | amīc**a** | amīc**e** | – | puer | – | victor | homō | pater |
| Pl. | Nom. | amīc**ae** | amīc**ī** | agr**ī** | puer**ī** | dōn**a** | victōr**ēs** | homin**ēs** | patr**ēs** |
| | Gen. | amīc**ārum** | amīc**ōrum** | agr**ōrum** | puer**ōrum** | dōn**ōrum** | victōr**um** | homin**um** | patr**um** |
| | Dat. | amīc**īs** | amīc**īs** | agr**īs** | puer**īs** | dōn**īs** | victōr**ibus** | homin**ibus** | patr**ibus** |
| | Akk. | amīc**ās** | amīc**ōs** | agr**ōs** | puer**ōs** | dōn**a** | victōr**ēs** | homin**ēs** | patr**ēs** |
| | Abl. | ā/ab amīc**īs** | ā/ab amīc**īs** | agr**īs** | puer**īs** | dōn**īs** | cum victōr**ibus** | homin**ibus** | patr**ibus** |
| | Vok. | amīc**ae** | amīc**ī** | – | puer**ī** | – | victōr**ēs** | homin**ēs** | patr**ēs** |

**Tab 1.2**

| | | Konsonantische Deklination | | | | Besonderheiten | | |
|---|---|---|---|---|---|---|---|---|
| | | *Staat* f | *Licht* f | *Geschlecht* n | *Name* n | *Schiff* f | *Stadt* f | *Meer* n |
| Sg. | Nom. | cīvitās | lūx | genus | nōmen | nāv**is** | urbs | mare |
| | Gen. | cīvitāt**is** | lūc**is** | gener**is** | nōmin**is** | nāv**is** | urb**is** | mar**is** |
| | Dat. | cīvitāt**ī** | lūc**ī** | gener**ī** | nōmin**ī** | nāv**ī** | urb**ī** | mar**ī** |
| | Akk. | cīvitāt**em** | lūc**em** | genus | nōmen | nāv**em** | urb**em** | mare |
| | Abl. | ā/ab cīvitāt**e** | lūc**e** | dē gener**e** | nōmin**e** | ā/ab nāv**e** | urb**e** | ā/ab mar**ī** |
| Pl. | Nom. | cīvitāt**ēs** | lūc**ēs** | gener**a** | nōmin**a** | nāv**ēs** | urb**ēs** | mar**ia** |
| | Gen. | cīvitāt**um** | lūc**um** | gener**um** | nōmin**um** | nāv**ium** | urb**ium** | mar**ium** |
| | Dat. | cīvitāt**ibus** | lūc**ibus** | gener**ibus** | nōmin**ibus** | nāv**ibus** | urb**ibus** | mar**ibus** |
| | Akk. | cīvitāt**ēs** | lūc**ēs** | gener**a** | nōmin**a** | nāv**ēs** | urb**ēs** | mar**ia** |
| | Abl. | ā/ab cīvitāt**ibus** | lūc**ibus** | dē gener**ibus** | nōmin**ibus** | ā/ab nāv**ibus** | urb**ibus** | ā/ab mar**ibus** |

**Tab 1.3**

| | | ē-Deklination | u-Deklination |
|---|---|---|---|
| | | *Sache* f | *Heer* m |
| Sg. | Nom. | r**ēs** | exercit**us** |
| | Gen. | r**eī** | exercit**ūs** |
| | Dat. | r**eī** | exercit**uī** |
| | Akk. | r**em** | exercit**um** |
| | Abl. | dē r**ē** | cum exercit**ū** |
| Pl. | Nom. | r**ēs** | exercit**ūs** |
| | Gen. | r**ērum** | exercit**uum** |
| | Dat. | r**ēbus** | exercit**ibus** |
| | Akk. | r**ēs** | exercit**ūs** |
| | Abl. | dē r**ēbus** | cum exercit**ibus** |

## Deklinationen: Adjektive

Tab 1.4

| | | ā- und o-Deklination | | | | | |
|---|---|---|---|---|---|---|---|
| | | *froh* | | | *hart* | | |
| | | m | f | n | m | f | n |
| Sg. | Nom. | laetus | laeta | laetum | asper | aspera | asperum |
| | Gen. | laetī | laetae | laetī | asperī | asperae | asperī |
| | Dat. | laetō | laetae | laetō | asperō | asperae | asperō |
| | Akk. | laetum | laetam | laetum | asperum | asperam | asperum |
| | Abl. | laetō | laetā | laetō | asperō | asperā | asperō |
| | Vok. | laete | laeta | (laetum) | asper | aspera | (asperum) |
| Pl. | Nom. | laetī | laetae | laeta | asperī | asperae | aspera |
| | Gen. | laetōrum | laetārum | laetōrum | asperōrum | asperārum | asperōrum |
| | Dat. | laetīs | laetīs | laetīs | asperīs | asperīs | asperīs |
| | Akk. | laetōs | laetās | laeta | asperōs | asperās | aspera |
| | Abl. | laetīs | laetīs | laetīs | asperīs | asperīs | asperīs |

Tab 1.5

<table>
<tr><th></th><th></th><th colspan="7">Konsonantische Deklination</th></tr>
<tr><th></th><th></th><th colspan="3">heftig</th><th colspan="2">kurz</th><th colspan="2">glücklich</th></tr>
<tr><th></th><th></th><th>m</th><th>f</th><th>n</th><th>m/f</th><th>n</th><th>m/f</th><th>n</th></tr>
<tr><td rowspan="5">Sg.</td><td>Nom.</td><td>ācer</td><td>ācris</td><td>ācre</td><td>brevis</td><td>breve</td><td colspan="2">fēlīx</td></tr>
<tr><td>Gen.</td><td colspan="3">ācris</td><td colspan="2">brevis</td><td colspan="2">fēlīcis</td></tr>
<tr><td>Dat.</td><td colspan="3">ācrī</td><td colspan="2">brevī</td><td colspan="2">fēlīcī</td></tr>
<tr><td>Akk.</td><td colspan="2">ācrem</td><td>ācre</td><td>brevem</td><td>breve</td><td>fēlīcem</td><td>fēlīx</td></tr>
<tr><td>Abl.</td><td colspan="3">ācrī</td><td colspan="2">brevī</td><td colspan="2">fēlīcī</td></tr>
<tr><td rowspan="5">Pl.</td><td>Nom.</td><td colspan="2">ācrēs</td><td>ācria</td><td>brevēs</td><td>brevia</td><td>fēlīcēs</td><td>fēlīcia</td></tr>
<tr><td>Gen.</td><td colspan="3">ācrium</td><td colspan="2">brevium</td><td colspan="2">fēlīcium</td></tr>
<tr><td>Dat.</td><td colspan="3">ācribus</td><td colspan="2">brevibus</td><td colspan="2">fēlīcibus</td></tr>
<tr><td>Akk.</td><td colspan="2">ācrēs</td><td>ācria</td><td>brevēs</td><td>brevia</td><td>fēlīcēs</td><td>fēlīcia</td></tr>
<tr><td>Abl.</td><td colspan="3">ācribus</td><td colspan="2">brevibus</td><td colspan="2">fēlīcibus</td></tr>
<tr><td></td><td></td><td colspan="3">„drei-endig“</td><td colspan="2">„zwei-endig“</td><td colspan="2">„ein-endig“</td></tr>
</table>

## Pronomen: Personal-Pronomen

**Tab 2.1**

| | | | | reflexiv | |
|---|---|---|---|---|---|
| **1. P. Sg.** | **Nom.** | ego | *ich* | | |
| | **Dat.** | mihī | *mir* | | |
| | **Akk.** | mē | *mich* | | |
| | **Abl.** | mēcum | *mit mir* | | |
| **2. P. Sg.** | **Nom.** | tū | *du* | | |
| | **Dat.** | tibī | *dir* | | |
| | **Akk.** | tē | *dich* | | |
| | **Abl.** | tēcum | *mit dir* | | |
| **3. P. Sg.** | **Nom.** | is, ea, id | *er, sie, es* | | |
| | **Dat.** | eī, eī, eī | *ihm, ihr, ihm* | sibī | *sich* |
| | **Akk.** | eum, eam, id | *ihn, sie, es* | sē | *sich* |
| | **Abl.** | cum eō, cum eā, eō | *mit ihm, ihr, ihm* | sēcum | *mit/bei sich* |

| | | | | reflexiv | |
|---|---|---|---|---|---|
| **1. P. Pl.** | **Nom.** | nōs | *wir* | | |
| | **Dat.** | nōbīs | *uns* | | |
| | **Akk.** | nōs | *uns* | | |
| | **Abl.** | nōbīscum | *mit uns* | | |
| **2. P. Pl.** | **Nom.** | vōs | *ihr* | | |
| | **Dat.** | vōbīs | *euch* | | |
| | **Akk.** | vōs | *euch* | | |
| | **Abl.** | vōbīscum | *mit euch* | | |
| **3. P. Pl.** | **Nom.** | iī (eī), eae, ea | *sie* | | |
| | **Dat.** | eīs (iīs), eīs (iīs), eīs (iīs) | *ihnen* | sibī | *sich* |
| | **Akk.** | eōs, eās, ea | *sie* | sē | *sich* |
| | **Abl.** | cum eīs (iīs), cum eīs (iīs), eīs (iīs) | *mit ihnen* | sēcum | *mit/bei sich* |

## Pronomen: Possessiv-Pronomen

**Tab 2.2**

| | |
|---|---|
| meus, mea, meum | *mein* |
| tuus, tua, tuum | *dein* |
| eius *(nicht-refl.)* | *sein(e)/ihr(e)* |
| suus, sua, suum *(refl.)* | *sein(e)/ihr(e)* |
| noster, nostra, nostrum | *unser* |
| vester, vestra, vestrum | *euer* |
| eōrum, eārum, eōrum *(nicht-refl.)* | *ihr(e)* |
| suus, sua, suum *(refl.)* | *ihr(e)* |

## Pronomen: Demonstrativ-Pronomen

**Tab 2.3**

| | Lateinisch | | | | | | Deutsch | | | |
|---|---|---|---|---|---|---|---|---|---|---|
| | Singular | | | Plural | | | Singular | | | Plural |
| | m | f | n | m | f | n | m | f | n | m/f/n |
| **Nom.** | is | ea | id | iī (eī) | eae | ea | *dieser* | *diese* | *dieses* | *diese* |
| **Gen.** | eius | eius | eius | eōrum | eārum | eōrum | *dieses* | *dieser* | *dieses* | *dieser* |
| **Dat.** | eī | eī | eī | eīs (iīs) | eīs (iīs) | eīs (iīs) | *diesem* | *dieser* | *diesem* | *diesen* |
| **Akk.** | eum | eam | id | eōs | eās | ea | *diesen* | *diese* | *dieses* | *diese* |
| **Abl.** | cum eō | cum eā | eō | cum eīs (iīs) | cum eīs (iīs) | eīs (iīs) | *mit diesem* | *mit dieser* | *mit diesem* | *mit diesen* |

| | Lateinisch | | | | | | Deutsch | | | |
|---|---|---|---|---|---|---|---|---|---|---|
| | Singular | | | Plural | | | Singular | | | Plural |
| | m | f | n | m | f | n | m | f | n | m/f/n |
| **Nom.** | hic | haec | hoc | hī | hae | haec | *dieser* | *diese* | *dieses* | *diese* |
| **Gen.** | huius | huius | huius | hōrum | hārum | hōrum | *dieses* | *dieser* | *dieses* | *dieser* |
| **Dat.** | huic | huic | huic | hīs | hīs | hīs | *diesem* | *dieser* | *diesem* | *diesen* |
| **Akk.** | hunc | hanc | hoc | hōs | hās | haec | *diesen* | *diese* | *dieses* | *diese* |
| **Abl.** | cum hōc | cum hāc | hōc | cum hīs | cum hīs | hīs | *mit diesem* | *mit dieser* | *mit diesem* | *mit diesen* |

| | Lateinisch | | | | | | Deutsch | | | |
|---|---|---|---|---|---|---|---|---|---|---|
| | Singular | | | Plural | | | Singular | | | Plural |
| | m | f | n | m | f | n | m | f | n | m/f/n |
| **Nom.** | ille | illa | illud | illī | illae | illa | *jener* | *jene* | *jenes* | *jene* |
| **Gen.** | illīus | illīus | illīus | illōrum | illārum | illōrum | *jenes* | *jener* | *jenes* | *jener* |
| **Dat.** | illī | illī | illī | illīs | illīs | illīs | *jenem* | *jener* | *jenem* | *jenen* |
| **Akk.** | illum | illam | illud | illōs | illās | illa | *jenen* | *jene* | *jenes* | *jene* |
| **Abl.** | cum illō | cum illā | illō | cum illīs | cum illīs | illīs | *mit jenem* | *mit jener* | *mit jenem* | *mit jenen* |

| | Lateinisch | | | | | | Deutsch |
|---|---|---|---|---|---|---|---|
| | Singular | | | Plural | | | |
| | m | f | n | m | f | n | m/f/n |
| **Nom.** | ipse | ipsa | ipsum | ipsī | ipsae | ipsa | |
| **Gen.** | ipsīus | ipsīus | ipsīus | ipsōrum | ipsārum | ipsōrum | |
| **Dat.** | ipsī | ipsī | ipsī | ipsīs | ipsīs | ipsīs | *selbst* |
| **Akk.** | ipsum | ipsam | ipsum | ipsōs | ipsās | ipsa | |
| **Abl.** | ipsō | ipsā | ipsō | ipsīs | ipsīs | ipsīs | |

| | Lateinisch | | | | | | Deutsch | | | |
|---|---|---|---|---|---|---|---|---|---|---|
| | Singular | | | Plural | | | Singular | | | Plural |
| | m | f | n | m | f | n | m | f | n | m/f/n |
| **Nom.** | īdem | eadem | idem | iīdem | eaedem | eadem | *derselbe* | *dieselbe* | *dasselbe* | *dieselben* |
| **Gen.** | eiusdem | eiusdem | eiusdem | eōrundem | eārundem | eōrundem | *desselben* | *derselben* | *desselben* | *derselben* |
| **Dat.** | eīdem | cīdem | eīdem | eīsdem<br>(iīsdem) | eīsdem<br>(iīsdem) | eīsdem<br>(iīsdem) | *demselben* | *derselben* | *demselben* | *denselben* |
| **Akk.** | eundem | eandem | idem | eōsdem | eāsdem | eadem | *denselben* | *dieselbe* | *dasselbe* | *dieselben* |
| **Abl.** | cum eōdem | cum eādem | eōdem | cum eīsdem<br>(iīsdem) | cum eīsdem<br>(iīsdem) | eīsdem<br>(iīsdem) | *mit demselben* | *mit derselben* | *mit demselben* | *mit denselben* |

## Pronomen: Relativ-Pronomen

Tab 2.4

| | | qui, quae, quod | | | | | |
|---|---|---|---|---|---|---|---|
| | | m | f | n | m | f | n |
| Sg. | Nom. | quī | quae | quod | *der* | *die* | *das* |
| | Gen. | cuius | cuius | cuius | *dessen* | *deren* | *dessen* |
| | Dat. | cui | cui | cui | *dem* | *der* | *dem* |
| | Akk. | quem | quam | quod | *den* | *die* | *das* |
| | Abl. | quōcum | quācum | quō | *mit dem* | *mit der* | *mit dem* |
| Pl. | Nom. | quī | quae | quae | *die* | *die* | *die* |
| | Gen. | quōrum | quārum | quōrum | *deren* | *deren* | *deren* |
| | Dat. | quibus | quibus | quibus | *denen* | *denen* | *denen* |
| | Akk. | quōs | quās | quae | *die* | *die* | *die* |
| | Abl. | quibuscum | quibuscum | quibus | *mit denen* | *mit denen* | *mit denen* |

## Pronomen: Interrogativ-Pronomen

Tab 2.5

| | Substantivisch | |
|---|---|---|
| | quis?/quid? | |
| Nom. | quis?/quid? | *wer?/was?* |
| Gen. | cuius? | *wessen?* |
| Dat. | cui? | *wem?* |
| Akk. | quem?/quid? | *wen?/was?* |
| Abl. | ā/dē quō?<br>quōcum? | *von wem?/über wen?*<br>*mit wem?* |

| | Adjektivisch | | | | | |
|---|---|---|---|---|---|---|
| | quī, quae, quod? | | | | | |
| | m | f | n | m | f | n |
| Nom. | quī | quae | quod | *welcher?* | *welche?* | *welches?* |
| Gen. | cuius | cuius | cuius | *welches?* | *welcher?* | *welches?* |
| *usw.* | *usw. wie Relativ-Pron. Tab 2.4* | | | *usw.* | *usw.* | *usw.* |

## ★ Pronomen: Indefinit-Pronomen

Tab 2.6

| | | Substantivisch/Adjektivisch | | |
|---|---|---|---|---|
| | | quīdam, quaedam, quoddam<br>*ein (gewisser)* | | |
| | | m | f | n |
| Sg. | Nom. | quīdam | quaedam | quoddam* |
| | Gen. | cuiusdam | cuiusdam | cuiusdam |
| | Dat. | cuidam | cuidam | cuidam |
| | Akk. | quendam | quandam | quoddam* |
| | Abl. | cum quōdam | cum quādam | quōdam |
| Pl. | Nom. | quīdam | quaedam | quaedam |
| | Gen. | quōrundam | quārundam | quōrundam |
| | Dat. | quibusdam | quibusdam | quibusdam |
| | Akk. | quōsdam | quāsdam | quaedam |
| | Abl. | cum quibusdam | cum quibusdam | quibusdam |

*Bei substantivischem Gebrauch lautet der Nom./Akk. Sg. des Neutrums *quiddam*. Alle anderen Formen sind identisch.

| | aliquis/aliquid | |
|---|---|---|
| Nom. | aliquis/aliquid | *irgendjemand/irgendetwas* |
| Gen. | alicuius | *irgendjemandes* |
| Dat. | alicui | *irgendjemandem* |
| Akk. | aliquem/aliquid | *irgendjemanden/irgendetwas* |
| Abl. | ā/dē aliquō<br>cum aliquō | *von/über irgendjemandem/n*<br>*mit irgendjemandem* |

## Numeralia: Grundzahlen 1–3, Plural von 1 000

Tab 3.1

| ūnus | | | duo | | | trēs | | | mīlia |
|---|---|---|---|---|---|---|---|---|---|
| ūnus | ūna | ūnum | duo | duae | duo | trēs | trēs | tria | mīlia |
| ūnīus | ūnīus | ūnīus | duōrum | duārum | duōrum | trium | trium | trium | mīlium |
| ūnī | ūnī | ūnī | duōbus | duābus | duōbus | tribus | tribus | tribus | mīlibus |
| ūnum | ūnam | ūnum | duō(s) | duās | duo | trēs | trēs | tria | mīlia |
| ūnō | ūnā | ūnō | duōbus | duābus | duōbus | tribus | tribus | tribus | mīlibus |

## Numeralia: Grund- und Ordnungszahlen 1–10

Tab 3.2

| Ziffer | | Grundzahl | Ordnungszahl |
|---|---|---|---|
| 1 | I | ūnus, ūna, ūnum | prīmus, -a, -um |
| 2 | II | duo, duae, duo | secundus, -a, -um |
| 3 | III | trēs, trēs, tria | tertius, -a, -um |
| 4 | IV | quattuor | quārtus, -a, -um |
| 5 | V | quīnque | quīntus, -a, -um |
| 6 | VI | sex | sextus, -a, -um |
| 7 | VII | septem | septimus, -a, -um |
| 8 | VIII | octō | octāvus, -a, -um |
| 9 | IX | novem | nōnus, -a, -um |
| 10 | X | decem | decimus, -a, -um |

# Zur Formenlehre des Verbs

## Konjugationen: Präsens, Imperfekt, Futur Aktiv

Tab 4.1

| | | ā-Konjugation | ē-Konjugation | ī-Konjugation | Konsonantische Konjugation | Gemischte Konjugation |
|---|---|---|---|---|---|---|
| Infinitiv | | *(zu) rufen* vocāre | *(zu) mahnen* monēre | *(zu) hören* audīre | *(zu) schicken* mittĕre | *(zu) fangen* capĕre |
| Präsens | | Indikativ | | | | |
| | *ich rufe, …* | vocō | moneō | audiō | mittō | capĭō |
| | | vocās | monēs | audīs | mittis | capĭs |
| | | vocat | monet | audit | mittit | capĭt |
| | | vocāmus | monēmus | audīmus | mittimus | capĭmus |
| | | vocātis | monētis | audītis | mittitis | capĭtis |
| | | vocant | monent | audiunt | mittunt | capĭunt |
| | | Konjunktiv | | | | |
| | | vocem | moneam | audiam | mittam | capĭam |
| | | vocēs | moneās | audiās | mittās | capĭās |
| | | vocet | moneat | audiat | mittat | capĭat |
| | | vocēmus | moneāmus | audiāmus | mittāmus | capĭāmus |
| | | vocētis | moneātis | audiātis | mittātis | capĭātis |
| | | vocent | moneant | audiant | mittant | capĭant |
| Imperfekt | | Indikativ | | | | |
| | *ich rief, …* | vocābam | monēbam | audiēbam | mittēbam | capĭēbam |
| | | vocābās | monēbās | audiēbās | mittēbās | capĭēbās |
| | | vocābat | monēbat | audiēbat | mittēbat | capĭēbat |
| | | vocābāmus | monēbāmus | audiēbāmus | mittēbāmus | capĭēbāmus |
| | | vocābātis | monēbātis | audiēbātis | mittēbātis | capĭēbātis |
| | | vocābant | monēbant | audiēbant | mittēbant | capĭēbant |
| | | Konjunktiv | | | | |
| | | vocārem | monērem | audīrem | mitterem | capĕrem |
| | | vocārēs | monērēs | audīrēs | mitterēs | capĕrēs |
| | | vocāret | monēret | audīret | mitteret | capĕret |
| | | vocārēmus | monērēmus | audīrēmus | mitterēmus | capĕrēmus |
| | | vocārētis | monērētis | audīrētis | mitterētis | capĕrētis |
| | | vocārent | monērent | audīrent | mitterent | capĕrent |
| Futur | *ich werde rufen, …* | vocābō | monēbō | audiam | mittam | capĭam |
| | | vocābis | monēbis | audiēs | mittēs | capĭēs |
| | | vocābit | monēbit | audiet | mittet | capĭet |
| | | vocābimus | monēbimus | audiēmus | mittēmus | capĭēmus |
| | | vocābitis | monēbitis | audiētis | mittētis | capĭētis |
| | | vocābunt | monēbunt | audient | mittent | capĭent |
| | | Imperativ | | | | |
| | *rufe!* | vocā! | monē! | audī! | mittĕ! | capĕ! |
| | *ruft!* | vocāte! | monēte! | audīte! | mittite! | capĭte! |

## Konjugationen: Präsens, Imperfekt, Futur Passiv

Tab 4.2

| | | ā-Konjugation | ē-Konjugation | ī-Konjugation | Konsonantische Konjugation | Gemischte Konjugation |
|---|---|---|---|---|---|---|
| **Infinitiv** | | ***gerufen (zu) werden*** **vocārī** | ***gemahnt (zu) werden*** **monērī** | ***gehört (zu) werden*** **audīrī** | ***geschickt (zu) werden*** **mittī** | ***gefangen (zu) werden*** **capī** |
| **Präsens** | ***ich werde gerufen, ...*** | | | Indikativ | | |
| | | vocor | moneor | audior | mittor | capĭor |
| | | vocāris | monēris | audīris | mitt*e*ris | caperis |
| | | vocātur | monētur | audītur | mitt*i*tur | capĭtur |
| | | vocāmur | monēmur | audīmur | mitt*i*mur | capĭmur |
| | | vocāminī | monēminī | audīminī | mitt*i*minī | capĭminī |
| | | vocantur | monentur | audi*u*ntur | mitt*u*ntur | capĭ*u*ntur |
| | | | | Konjunktiv | | |
| | | voc**e**r | mone**a**r | audi**a**r | mitt**a**r | capĭ**a**r |
| | | voc**ē**ris | mone**ā**ris | audi**ā**ris | mitt**ā**ris | capĭ**ā**ris |
| | | voc**ē**tur | mone**ā**tur | audi**ā**tur | mitt**ā**tur | capĭ**ā**tur |
| | | voc**ē**mur | mone**ā**mur | audi**ā**mur | mitt**ā**mur | capĭ**ā**mur |
| | | voc**ē**minī | mone**ā**minī | audi**ā**minī | mitt**ā**minī | capĭ**ā**minī |
| | | voc**e**ntur | mone**a**ntur | audi**a**ntur | mitt**a**ntur | capĭ**a**ntur |
| **Imperfekt** | ***ich wurde gerufen, ...*** | | | Indikativ | | |
| | | vocā**bar** | monē**bar** | audi*ē***bar** | mitt*ē***bar** | capĭ*ē***bar** |
| | | vocā**bā**ris | monē**bā**ris | audi*ē***bā**ris | mitt*ē***bā**ris | capĭ*ē***bā**ris |
| | | vocā**bā**tur | monē**bā**tur | audi*ē***bā**tur | mitt*ē***bā**tur | capĭ*ē***bā**tur |
| | | vocā**bā**mur | monē**bā**mur | audi*ē***bā**mur | mitt*ē***bā**mur | capĭ*ē***bā**mur |
| | | vocā**bā**minī | monē**bā**minī | audi*ē***bā**minī | mitt*ē***bā**minī | capĭ*ē***bā**minī |
| | | vocā**ba**ntur | monē**ba**ntur | audi*ē***ba**ntur | mitt*ē***ba**ntur | capĭ*ē***ba**ntur |
| | | | | Konjunktiv | | |
| | | vocā**re**r | monē**re**r | audī**re**r | mitte**re**r | capě**re**r |
| | | vocā**rē**ris | monē**rē**ris | audī**rē**ris | mitte**rē**ris | capě**rē**ris |
| | | vocā**rē**tur | monē**rē**tur | audī**rē**tur | mitte**rē**tur | capě**rē**tur |
| | | vocā**rē**mur | monē**rē**mur | audī**rē**mur | mitte**rē**mur | capě**rē**mur |
| | | vocā**rē**minī | monē**rē**minī | audī**rē**minī | mitte**rē**minī | capě**rē**minī |
| | | vocā**re**ntur | monē**re**ntur | audī**re**ntur | mitte**re**ntur | capě**re**ntur |
| **Futur** | ***ich werde gerufen werden, ...*** | vocā**bo**r | monē**bo**r | audi**a**r | mitt**a**r | capĭ**a**r |
| | | vocā**be**ris | monē**be**ris | audi**ē**ris | mitt**ē**ris | capĭ**ē**ris |
| | | vocā**b*i***tur | monē**b*i***tur | audi**ē**tur | mitt**ē**tur | capĭ**ē**tur |
| | | vocā**b*i***mur | monē**b*i***mur | audi**ē**mur | mitt**ē**mur | capĭ**ē**mur |
| | | vocā**b*i***minī | monē**b*i***minī | audi**ē**minī | mitt**ē**minī | capĭ**ē**minī |
| | | vocā**b*u***ntur | monē**b*u***ntur | audi**e**ntur | mitt**e**ntur | capĭ**e**ntur |

## Konjugationen: Perfekt, Plusquamperfekt Aktiv

**Tab 4.3**

| | | ā-Konjugation | ē-Konjugation | ī-Konjugation | Konsonantische Konjugation | Gemischte Konjugation |
|---|---|---|---|---|---|---|
| **Infinitiv** | | *gerufen (zu) haben*<br>vocāvisse | *gemahnt (zu) haben*<br>monuisse | *gehört (zu) haben*<br>audīvisse | *geschickt (zu) haben*<br>mīsisse | *gefangen (zu) haben*<br>cēpisse |
| **Perfekt** | *ich habe gerufen, …* | Indikativ | | | | |
| | | vocā**v**ī | mon**u**ī | audī**v**ī | mī**s**ī | c**ē**pī |
| | | vocā**v**istī | mon**u**istī | audī**v**istī | mī**s**istī | c**ē**pistī |
| | | vocā**v**it | mon**u**it | audī**v**it | mī**s**it | c**ē**pit |
| | | vocā**v**imus | mon**u**imus | audī**v**imus | mī**s**imus | c**ē**pimus |
| | | vocā**v**istis | mon**u**istis | audī**v**istis | mī**s**istis | c**ē**pistis |
| | | vocā**v**ērunt | mon**u**ērunt | audī**v**ērunt | mī**s**ērunt | c**ē**pērunt |
| | | Konjunktiv | | | | |
| | | vocā**v**erim | mon**u**erim | audī**v**erim | mī**s**erim | c**ē**perim |
| | | vocā**v**eris | mon**u**eris | audī**v**eris | mī**s**eris | c**ē**peris |
| | | vocā**v**erit | mon**u**erit | audī**v**erit | mī**s**erit | c**ē**perit |
| | | vocā**v**erimus | mon**u**erimus | audī**v**erimus | mī**s**erimus | c**ē**perimus |
| | | vocā**v**eritis | mon**u**eritis | audī**v**eritis | mī**s**eritis | c**ē**peritis |
| | | vocā**v**erint | mon**u**erint | audī**v**erint | mī**s**erint | c**ē**perint |
| **Plusquamperfekt** | *ich hatte gerufen, …* | Indikativ | | | | |
| | | vocā**v**eram | mon**u**eram | audī**v**eram | mī**s**eram | c**ē**peram |
| | | vocā**v**erās | mon**u**erās | audī**v**erās | mī**s**erās | c**ē**perās |
| | | vocā**v**erat | mon**u**erat | audī**v**erat | mī**s**erat | c**ē**perat |
| | | vocā**v**erāmus | mon**u**erāmus | audī**v**erāmus | mī**s**erāmus | c**ē**perāmus |
| | | vocā**v**erātis | mon**u**erātis | audī**v**erātis | mī**s**erātis | c**ē**perātis |
| | | vocā**v**erant | mon**u**erant | audī**v**erant | mī**s**erant | c**ē**perant |
| | | Konjunktiv | | | | |
| | | vocā**v**issem | mon**u**issem | audī**v**issem | mī**s**issem | c**ē**pissem |
| | | vocā**v**issēs | mon**u**issēs | audī**v**issēs | mī**s**issēs | c**ē**pissēs |
| | | vocā**v**isset | mon**u**isset | audī**v**isset | mī**s**isset | c**ē**pisset |
| | | vocā**v**issēmus | mon**u**issēmus | audī**v**issēmus | mī**s**issēmus | c**ē**pissēmus |
| | | vocā**v**issētis | mon**u**issētis | audī**v**issētis | mī**s**issētis | c**ē**pissētis |
| | | vocā**v**issent | mon**u**issent | audī**v**issent | mī**s**issent | c**ē**pissent |

## Konjugationen: Perfekt, Plusquamperfekt Passiv

**Tab 4.4**

| | | ā-Konjugation | ē-Konjugation | ī-Konjugation | Konsonantische Konjugation | Gemischte Konjugation |
|---|---|---|---|---|---|---|
| **Infinitiv** | | *gerufen worden (zu) sein*<br>vocātum, -am, -um esse | *gemahnt worden (zu) sein*<br>monitum, -am, -um esse | *gehört worden (zu) sein*<br>audītum, -am, -um esse | *geschickt worden (zu) sein*<br>missum, -am, -um esse | *gefangen worden (zu) sein*<br>captum, -am, -um esse |
| **Perfekt** | *ich bin gerufen worden, …* | Indikativ | | | | |
| | | vocātus, -a, -um sum / es / est | monitus, -a, -um sum / es / est | audītus, -a, -um sum / es / est | missus, -a, -um sum / es / est | captus, -a, -um sum / es / est |
| | | vocātī, -ae, -a sumus / estis / sunt | monitī, -ae, -a sumus / estis / sunt | audītī, -ae, -a sumus / estis / sunt | missī, -ae, -a sumus / estis / sunt | captī, -ae, -a sumus / estis / sunt |
| | | Konjunktiv | | | | |
| | | vocātus, -a, -um sim / sīs / sit | monitus, -a, -um sim / sīs / sit | audītus, -a, -um sim / sīs / sit | missus, -a, -um sim / sīs / sit | captus, -a, -um sim / sīs / sit |
| | | vocātī, -ae, -a sīmus / sītis / sint | monitī, -ae, -a sīmus / sītis / sint | audītī, -ae, -a sīmus / sītis / sint | missī, -ae, -a sīmus / sītis / sint | captī, -ae, -a sīmus / sītis / sint |
| **Plusquamperfekt** | *ich war gerufen worden, …* | Indikativ | | | | |
| | | vocātus, -a, -um eram / erās / erat | monitus, -a, -um eram / erās / erat | audītus, -a, -um eram / erās / erat | missus, -a, -um eram / erās / erat | captus, -a, -um eram / erās / erat |
| | | vocātī, -ae, -a erāmus / erātis / erant | monitī, -ae, -a erāmus / erātis / erant | audītī, -ae, -a erāmus / erātis / erant | missī, -ae, -a erāmus / erātis / erant | captī, -ae, -a erāmus / erātis / erant |
| | | Konjunktiv | | | | |
| | | vocātus, -a, -um essem / essēs / esset | monitus, -a, -um essem / essēs / esset | audītus, -a, -um essem / essēs / esset | missus, -a, -um essem / essēs / esset | captus, -a, -um essem / essēs / esset |
| | | vocātī, -ae, -a essēmus / essētis / essent | monitī, -ae, -a essēmus / essētis / essent | audītī, -ae, -a essēmus / essētis / essent | missī, -ae, -a essēmus / essētis / essent | captī, -ae, -a essēmus / essētis / essent |

## Konjugationen: Nominalformen des Verbs – Infinitive

Tab 4.5

| | | ā-Konjugation | ē-Konjugation | ī-Konjugation | Konsonantische Konjugation | Gemischte Konjugation |
|---|---|---|---|---|---|---|
| **Infinitiv** | | | | | | |
| AKTIV | **Präsens** | vocā**re** | monē**re** | audī**re** | mitt**ere** | cap**ere** |
| | **Perfekt** | vocāv**isse** | monu**isse** | audīv**isse** | mīs**isse** | cēp**isse** |
| PASSIV | **Präsens** | vocā**rī** | monē**rī** | audī**rī** | mitt**ī** | cap**ī** |
| | **Perfekt** | vocā**tum, -am, -um esse** | moni**tum, -am, -um esse** | audī**tum, -am, -um esse** | mis**sum, -am, -um esse** | cap**tum, -am, -um esse** |

## Konjugationen: Nominalformen des Verbs – Partizipien

Tab 4.6

| | | ā-Konjugation | ē-Konjugation | ī-Konjugation | Konsonantische Konjugation | Gemischte Konjugation |
|---|---|---|---|---|---|---|
| **Partizip** | | | | | | |
| AKTIV | **Präsens** | vocā**ns, -nt**is | monē**ns, -nt**is | audiē**ns, -nt**is | mittē**ns, -nt**is | capiē**ns, -nt**is |
| PASSIV | **Perfekt** | vocā**tus, -a, -um** | moni**tus, -a, -um** | audī**tus, -a, -um** | mis**sus, -a, -um** | cap**tus, -a, -um** |

## ★ Konjugationen: Nominalformen des Verbs – Gerundium/Gerundivum

Tab 4.7

| | ā-Konjugation | ē-Konjugation | ī-Konjugation | Konsonantische Konjugation | Gemischte Konjugation |
|---|---|---|---|---|---|
| **Gerundium** | | | | | |
| AKTIV | vocan**dī** *usw.* | monen**dī** *usw.* | audien**dī** *usw.* | mitten**dī** *usw.* | capien**dī** *usw.* |
| **Gerundivum** | | | | | |
| PASSIV | vocan**d**us, -a, -um | monen**d**us, -a, -um | audien**d**us, -a, -um | mitten**d**us, -a, -um | capien**d**us, -a, -um |

## Tab 5.1 Tabelle der Verben: ā-Konjugation

**Perfekt-Bildung mit -v-**

| | | | | | |
|---|---|---|---|---|---|
| 1. | vocō | vocāvī | vocātum | vocāre | rufen; nennen |

*In gleicher Weise werden die Stammformen der meisten Verben der ā-Konjugation gebildet.*

**Perfekt-Bildung mit -u-**

| | | | | | |
|---|---|---|---|---|---|
| 2. | vetō | vetuī | vetitum | vetāre | verbieten; verhindern |

**Perfekt-Bildung durch Dehnung**

| | | | | | |
|---|---|---|---|---|---|
| 3. | iuvō | iūvī | iūtum | iuvāre *(m. Akk.)* | helfen, unterstützen |
| 4. | lavō | lāvī | lavātum/lautum | lavāre | waschen |

**Perfekt-Bildung durch Reduplikation**

| | | | | | |
|---|---|---|---|---|---|
| 5. | dō | dedī | datum | dare | (von sich) geben |
| 6. | stō | stetī | statum | stāre | (da)stehen |
| | īn \| stō | īnstitī | – | īnstāre | drohen, bevorstehen |
| | prae \| stō | praestitī | – | praestāre | *(m. Akk.)* leisten; erweisen; zeigen; *(m. Dat.)* übertreffen |
| | re \| stō | restitī | – | restāre | übrig sein, übrig bleiben; überleben |

## Tab 5.2 Tabelle der Verben: ē-Konjugation

**Perfekt-Bildung mit -v-**

| | | | | | |
|---|---|---|---|---|---|
| 1. | dēleō | dēlēvī | dēlētum | dēlēre | zerstören, vernichten |
| 2. | fleō | flēvī | flētum | flēre | weinen; beklagen |
| 3. | ex \| pleō | explēvī | explētum | explēre | (an-, aus-, er)füllen; befriedigen |

**Perfekt-Bildung mit -u-**

| | | | | | |
|---|---|---|---|---|---|
| 4. | arceō | arcuī | – | arcēre | abwehren, fernhalten |
| 5. | careō | caruī | – | carēre *(m. Abl.)* | frei sein *(von etw.)*, *(etw.)* nicht haben |
| 6. | cēnseō | cēnsuī | cēnsum | cēnsēre | schätzen; der Ansicht sein; beantragen |
| 7. | doceō | docuī | doctum | docēre | unterrichten; lehren |
| 8. | doleō | doluī | – | dolēre | Schmerz empfinden; bedauern; schmerzen, weh tun |
| 9. | flōreō | flōruī | – | flōrēre | blühen; glänzend dastehen |
| 10. | habeō | habuī | habitum | habēre | haben; halten |
| | dēbeō | dēbuī | dēbitum | dēbēre | *(m. Inf.)* müssen; verdanken; schulden |
| | praebeō | praebuī | praebitum | praebēre | (dar)reichen, geben; bieten; zeigen |
| | pro \| hibeō | prohibuī | prohibitum | prohibēre | fernhalten; hindern, abhalten |
| 11. | horreō | horruī | – | horrēre *(m. Akk.)* | erschrecken *(vor)*; Entsetzen empfinden *(vor)*; sich scheuen *(etw. zu tun)* |
| 12. | iaceō | iacuī | – | iacēre | (da)liegen |
| 13. | lateō | latuī | – | latēre | verborgen sein; sich verbergen |
| 14. | misceō | miscuī | mixtum | miscēre | mischen, zusammenbringen; verwirren |

| | | | | |
|---|---|---|---|---|
| 15. moneō | monuī | monitum | monēre | erinnern; mahnen, auffordern |
| ad \| moneō | admonuī | admonitum | admonēre | erinnern; mahnen, auffordern |
| 16. pāreō | pāruī | – | pārēre | gehorchen |
| ap \| pāreō | appāruī | – | appārēre | erscheinen, sich zeigen; offensichtlich sein |
| 17. pateō | patuī | – | patēre | offen stehen; offenkundig sein; sich erstrecken |
| 18. placeō | placuī | placitum | placēre | gefallen |
| 19. studeō | studuī | – | studēre *(m. Dat.)* | sich bemühen *(um)*; wollen; sich beschäftigen *(mit)*, *(etw.)* studieren |
| 20. taceō | tacuī | – | tacēre | schweigen, still sein |
| 21. teneō | tenuī | – | tenēre | (zurück-, fest)halten |
| con \| tineō | continuī | – | continēre | (an-, auf-, fest)halten, enthalten |
| ob \| tineō | obtinuī | – | obtinēre | erlangen; behaupten |
| per \| tineō | pertinuī | – | pertinēre ad *(m. Akk.)* | sich beziehen (auf), betreffen; sich erstrecken |
| sus \| tineō | sustinuī | – | sustinēre | aushalten, ertragen |
| 22. terreō | terruī | territum | terrēre | *(jmdn.)* erschrecken |
| 23. timeō | timuī | – | timēre | (sich) fürchten, Angst haben (vor) |
| 24. valeō | valuī | – | valēre | gesund sein; Einfluss haben |
| *Unpersönliche Ausdrücke* | | | | |
| 25. appāret | appāruit | – | appārēre | es ist offensichtlich |
| 26. libet | libuit | – | libēre | es gefällt, es beliebt |
| 27. licet | licuit | – | licēre *(m. Dat.)* | es ist möglich; es ist erlaubt, *(jmd.)* darf |
| 28. oportet | oportuit | – | oportēre | es ist nötig, es ist angebracht; *(jmd.)* soll |
| 29. placet | placuit | – | placēre | es macht Spaß |

**Perfekt-Bildung mit -s-**

| | | | | |
|---|---|---|---|---|
| 30. ārdeō | ārsī | – | ārdēre | (ver)brennen; entbrannt sein |
| 31. augeō | auxī | auctum | augēre | vergrößern, vermehren |
| 32. iubeō | iussī | iussum | iubēre *(m. Akk.)* | *(jmdm.)* befehlen, *(jmdn.)* beauftragen |
| 33. maneō | mānsī | – | manēre | bleiben; erwarten |
| 34. rīdeō | rīsī | rīsum | rīdēre | lachen |
| 35. suādeō | suāsī | suāsum | suādēre | raten, zureden |

**Perfekt-Bildung durch Dehnung**

| | | | | |
|---|---|---|---|---|
| 36. caveō | cāvī | cautum | cavēre *(m. Akk.)* | vorsichtig sein, sich hüten *(vor)* |
| 37. faveō | fāvī | fautum | favēre *(m. Dat.)* | gewogen sein; *(jmdn.)* begünstigen |
| 38. moveō | mōvī | mōtum | movēre | bewegen; beeinflussen |
| com \| moveō | commōvī | commōtum | commovēre | erregen; bewegen, veranlassen |
| 39. sedeō | sēdī | sessum | sedēre | (da)sitzen |
| ob \| sideō | obsēdī | obsessum | obsidēre | belagern; bedrängen |
| 40. videō | vīdī | vīsum | vidēre | sehen |

**Perfekt-Bildung durch Reduplikation**

| | | | | |
|---|---|---|---|---|
| 41. spondeō | spopondī | spōnsum | spondēre | versprechen; sich verbürgen |
| re \| spondeō | respondī | respōnsum | respondēre | antworten, entgegnen |

## Tab 5.3 Tabelle der Verben: ī-Konjugation

**Perfekt-Bildung mit -v-**

| | | | | | |
|---|---|---|---|---|---|
| 1. | audiō | audīvī | audītum | audīre | (an-, er-, zu)hören |
| 2. | custōdiō | custōdīvī | custōdītum | custōdīre | bewachen |
| 3. | dormiō | dormīvī | - | dormīre | schlafen |
| 4. | sciō | scīvī | scītum | scīre | wissen, kennen; können |
| | ne \| sciō | nescīvī | - | nescīre | nicht wissen, nicht kennen |
| 5. | serviō | servīvī | - | servīre | Sklave sein, dienen |

**Perfekt-Bildung mit -u-**

| | | | | | |
|---|---|---|---|---|---|
| 6. | aperiō | aperuī | apertum | aperīre | öffnen; aufdecken |

**Perfekt-Bildung mit -s-**

| | | | | | |
|---|---|---|---|---|---|
| 7. | sentiō | sēnsī | sēnsum | sentīre | fühlen; merken; meinen |
| | cōn \| sentiō | cōnsēnsī | cōnsēnsum | cōnsentīre | übereinstimmen |

**Perfekt-Bildung durch Dehnung**

| | | | | | |
|---|---|---|---|---|---|
| 8. | veniō | vēnī | ventum | venīre | kommen |
| | ad \| veniō | advēnī | adventum | advenīre | ankommen |
| | con \| veniō | convēnī | conventum | convenīre | zusammenkommen; zusammenpassen; *(m. Akk.)* treffen |
| | in \| veniō | invēnī | inventum | invenīre | (auf)finden; erfinden, entdecken |
| | per \| veniō | pervēnī | perventum | pervenīre | hinkommen, ankommen; gelangen |

**Perfekt-Bildung durch Reduplikation**

| | | | | | |
|---|---|---|---|---|---|
| 9. | com \| periō | cómperī | compertum | comperīre | erfahren, in Erfahrung bringen |
| | re \| periō | répperī | repertum | reperīre | finden, wiederfinden |

## Tab 5.4 Tabelle der Verben: konsonantische Konjugation

**Perfekt-Bildung mit -v-**

| | | | | | |
|---|---|---|---|---|---|
| 1. | arcessō | arcessīvī | arcessītum | arcessere | herbeirufen, holen |
| 2. | cernō | crēvī | - | cernere | erkennen; sehen |
| 3. | nōscō | nōvī | nōtum | nōscere | erkennen; kennenlernen |
| | cog \| nōscō | cognōvī | cognitum | cognōscere | erfahren; erkennen; kennenlernen |
| | īg \| nōscō | īgnōvī | īgnōtum | īgnōscere | verzeihen |
| 4. | petō | petīvī | petītum | petere | bitten, verlangen; angreifen; aufsuchen; gehen zu/fahren nach |
| 5. | quaerō | quaesīvī | quaesītum | quaerere | suchen; fragen |
| 6. | quiēscō | quiēvī | - | quiēscere | (aus)ruhen; schlafen |
| 7. | sinō | sīvī | situm | sinere | (zu)lassen, erlauben |
| | dē \| sinō | dēsiī | dēsitum | dēsinere | aufhören |

**Perfekt-Bildung mit -u-**

| | | | | | |
|---|---|---|---|---|---|
| 8. | colō | coluī | cultum | colere | verehren; ausüben; bebauen |
| 9. | cōnsulō | cōnsuluī | cōnsultum | cōnsulere | *(m. Akk.)* um Rat fragen, befragen; *(m. Dat.)* sorgen für |
| 10. | pōnō | posuī | positum | pōnere | setzen; stellen; legen |
| | dē \| pōnō | dēposuī | dēpositum | dēpōnere | niederlegen; aufgeben |
| | ex \| pōnō | exposuī | expositum | expōnere | ausstellen; aussetzen; darlegen |
| | im \| pōnō | imposuī | impositum | impōnere | setzen, stellen, legen (an, auf, in); auftragen; bringen |
| 11. | (serō | seruī | sertum | serere | aneinanderreihen) |
| | dē \| serō | dēseruī | dēsertum | dēserere | im Stich lassen, verlassen |
| | dis \| serō | disseruī | dissertum | disserere | sprechen über, erörtern |

**Perfekt-Bildung mit -s-**

| | | | | | |
|---|---|---|---|---|---|
| 12. | cēdō | cessī | cessum | cēdere | (weg-, aus)gehen; nachgeben; überlassen |
| | ac \| cēdō | accessī | accessum | accēdere | herantreten; hingehen |
| | dē \| cēdō | dēcessī | dēcessum | dēcēdere | weggehen, gehen (aus) |
| | dis \| cēdō | discessī | discessum | discēdere | weggehen, verschwinden |
| | prō \| cēdō | prōcessī | prōcessum | prōcēdere | vorrücken, vorankommen |
| 13. | claudō | clausī | clausum | claudere | (ab-, ein)schließen |
| 14. | dīcō | dīxī | dictum | dīcere | sagen; sprechen; *(m. doppeltem Akk.)* nennen |
| | in \| dīcō | indīxī | indictum | indīcere | ankündigen, bekannt machen |
| 15. | dūcō | dūxī | ductum | dūcere | führen; ziehen; *(m. doppeltem Akk.)* halten für |
| | ab \| dūcō | abdūxī | abductum | abdūcere | wegführen; (weg)bringen; verschleppen |
| | ad \| dūcō | addūxī | adductum | addūcere | heranführen; veranlassen |
| | re \| dūcō | redūxī | reductum | redūcere | zurückführen; zurückbringen |
| 16. | gerō | gessī | gestum | gerere | (aus)führen; tragen |
| 17. | con \| iungō | coniūnxī | coniūnctum | coniungere | vereinigen, verbinden |
| 18. | intel \| legō | intellēxī | intellēctum | intellegere | verstehen; erkennen, einsehen |
| | neg \| legō | neglēxī | neglēctum | neglegere | nicht (be)achten, vernachlässigen |
| 19. | lūdō | lūsī | lūsum | lūdere | spielen |
| 20. | mittō | mīsī | missum | mittere | schicken; werfen |
| | ā \| mittō | āmīsī | āmissum | āmittere | verlieren |
| | ad \| mittō | admīsī | admissum | admittere | zulassen; hinzuziehen |
| | dī \| mittō | dīmīsī | dīmissum | dīmittere | wegschicken; freilassen; entlassen |
| | per \| mittō | permīsī | permissum | permittere | erlauben; überlassen |
| | prō \| mittō | prōmīsī | prōmissum | prōmittere | versprechen |
| 21. | nūbō | nūpsī | nūptum | nūbere *(m. Dat.)* | heiraten |
| 22. | plaudō | plausī | plausum | plaudere | Beifall klatschen, applaudieren |
| 23. | premō | pressī | pressum | premere | (unter-, zusammen)drücken; bedrängen |
| | ex \| primō | expressī | expressum | exprimere | ausdrücken; darstellen; auspressen |
| | op \| primō | oppressī | oppressum | opprimere | überfallen, überwältigen; unterdrücken |
| 24. | regō | rēxī | rēctum | regere | (be)herrschen |
| | cor \| rigō | corrēxī | corrēctum | corrigere | berichtigen |
| | per \| gō | perrēxī | perrēctum | pergere | fortfahren, *(etw.)* weiter *(tun)* |
| | su \| rgō | surrēxī | surrēctum | surgere | aufstehen, sich erheben |
| 25. | scrībō | scrīpsī | scrīptum | scrībere | (auf)schreiben |
| 26. | ex \| stinguō | exstīnxī | exstīnctum | exstinguere | auslöschen, vernichten |
| 27. | stringō | strīnxī | strictum | stringere | ziehen |

| | | | | | |
|---|---|---|---|---|---|
| 28. | (struō | strūxī | strūctum | struere | schichten, bauen) |
| | ex \| struō | exstrūxī | exstrūctum | exstruere | errichten, erbauen |
| 29. | sūmō | sūmpsī | sūmptum | sūmere | nehmen |
| | cōn \| sūmō | cōnsūmpsī | cōnsūmptum | cōnsūmere | verbrauchen, verwenden; zubringen |
| 30. | tegō | tēxī | tēctum | tegere | bedecken; schützen |
| 31. | trahō | trāxī | tractum | trahere | ziehen; schleppen |
| | re \| trahō | retrāxī | retractum | retrahere | zurückhalten; zurückziehen |
| 32. | (vādō | – | – | vādere | gehen, schreiten) |
| | in \| vādō | invāsī | invāsum | invādere | eindringen, angreifen |
| 33. | dī \| vidō | dīvīsī | dīvīsum | dīvidere | teilen; trennen |
| 34. | vīvō | vīxī | – | vīvere | leben |

**Perfekt-Bildung durch Dehnung**

| | | | | | |
|---|---|---|---|---|---|
| 35. | agō | ēgī | āctum | agere | tun; handeln; (*m. Adv. und* cum) umgehen *(m. jmdm.)* |
| | cō \| gō | coēgī | coāctum | cōgere | sammeln; zwingen |
| 36. | cōnsīdō | cōnsēdī | – | cōnsīdere | sich setzen, sich niederlassen |
| 37. | emō | ēmī | ēmptum | emere | kaufen |
| 38. | frangō | frēgī | frāctum | frangere | (zer)brechen |
| 39. | legō | lēgī | lēctum | legere | lesen; sammeln; auswählen |
| | dē \| ligō | dēlēgī | dēlēctum | dēligere | (aus)wählen |
| | ē \| ligō | ēlēgī | ēlēctum | ēligere | auswählen; auslesen |
| 40. | relinquō | relīquī | relictum | relinquere | zurücklassen, verlassen |
| 41. | rumpō | rūpī | ruptum | rumpere | *(etw.)* zerbrechen; *Pass. auch* platzen |
| 42. | vincō | vīcī | victum | vincere | (be)siegen; übertreffen |

**Perfekt-Bildung durch Reduplikation**

| | | | | | |
|---|---|---|---|---|---|
| 43. | cadō | cécidī | – | cadere | fallen, sinken |
| | ác \| cidit | áccidit | – | accidere | sich ereignen, zustoßen |
| | óc \| cidō | óccidī | – | occidere | untergehen; umkommen |
| 44. | (caedō | cecīdī | caesum | caedere | töten; niederschlagen) |
| | oc \| cīdō | occīdī | occīsum | occīdere | töten; niederschlagen |
| 45. | canō | cecinī | cantātum | canere | (be)singen |
| 46. | currō | cucurrī | cursum | currere | laufen; eilen |
| | ac \| currō | accurrī | accursum | accurrere | herbeilaufen, angelaufen kommen |
| | oc \| currō | occurrī | occursum | occurrere | entgegenkommen, begegnen |
| | suc \| currō | succurrī | succursum | succurrere | zu Hilfe kommen, beistehen |
| 47. | (dō | dedī | datum | dare | [von sich] geben) |
| | ad \| dō | addidī | additum | addere | hinzufügen |
| | con \| dō | condidī | conditum | condere | gründen |
| | crēdō | crēdidī | crēditum | crēdere | glauben; (an)vertrauen |
| | ē \| dō | ēdidī | ēditum | ēdere | verkünden; herausgeben |
| | per \| dō | perdidī | perditum | perdere | vernichten; verlieren |
| | red \| dō | reddidī | redditum | reddere | zurückgeben; *(m. doppeltem Akk.)* *(etw.)* ... machen |
| | trā \| dō | trādidī | trāditum | trādere | übergeben, ausliefern; überliefern |
| | vendō | vendidī | venditum | vendere | verkaufen |
| 48. | discō | didicī | – | discere | lernen; in Erfahrung bringen |
| 49. | parcō | pepercī | – | parcere *(m. Dat.)* | *(jmdn.)* schonen |
| 50. | pellō | pépulī | pulsum | pellere | schlagen, stoßen; vertreiben |
| | re \| pellō | réppulī | repulsum | repellere | zurückstoßen; entfernen, vertreiben |
| 51. | (pendō | pependī | pēnsum | pendere | aufhängen) |
| | sus \| pendō | suspendī | suspēnsum | suspendere | (auf)hängen |

| | | | | |
|---|---|---|---|---|
| 52. poscō | poposcī | – | poscere | fordern, verlangen |
| 53. (stō | stetī | statum | stāre | [da]stehen) |
| cōn \| sistō | cōnstitī | – | cōnsistere | stehen bleiben; sich hinstellen; bestehen (aus) |
| re \| sistō | restitī | – | resistere | Widerstand leisten; stehen bleiben |
| 54. tangō | tétigī | tāctum | tangere | berühren |
| con \| tingō | cóntigī | contāctum | contingere | berühren; gelingen |
| 55. (tendō | tetendī | tentum | tendere | (aus)strecken; spannen) |
| at \| tendō | attendī | attentum | attendere | achtgeben; (aus)strecken |
| con \| tendō | contendī | contentum | contendere | sich anstrengen; eilen; kämpfen; behaupten |
| os \| tendō | ostendī | – | ostendere | zeigen |
| 56. tollō | sustulī | sublātum | tollere | hochheben; beseitigen, vernichten; entfernen |

**Perfekt-Bildung ohne Veränderung**

| | | | | |
|---|---|---|---|---|
| 57. bibō | bibī | – | bibere | trinken |
| 58. in \| cendō | incendī | incēnsum | incendere | anzünden; entflammen, in Aufregung versetzen |
| 59. dē \| fendō | dēfendī | dēfēnsum | dēfendere | verteidigen; abwehren |
| of \| fendō | offendī | offēnsum | offendere | beleidigen; (an)stoßen |
| 60. metuō | metuī | – | metuere | sich fürchten; befürchten |
| 61. minuō | minuī | minūtum | minuere | vermindern, verringern |
| 62. (prehendō | prehendī | prehēnsum | prehendere | ergreifen, fassen) |
| com \| prehendō | comprehendī | comprehēnsum | comprehendere | ergreifen, festnehmen; begreifen |
| 63. ruō | ruī | – | ruere (in *m. Akk.*) | *(auf jmdn.)* losstürmen; einstürzen |
| 64. a \| scendō | ascendī | ascēnsum | ascendere | (hin)aufsteigen, hinaufklettern |
| dē \| scendō | dēscendī | dēscēnsum | dēscendere | herabsteigen; hinuntergehen |
| 65. statuō | statuī | statūtum | statuere | beschließen, entscheiden; aufstellen; festsetzen |
| īn \| stituō | īnstituī | īnstitūtum | īnstituere | beginnen; einrichten; unterrichten |
| re \| stituō | restituī | restitūtum | restituere | wiederherstellen |
| 66. tribuō | tribuī | tribūtum | tribuere | zuteilen; schenken; erweisen |
| 67. vertō | vertī | versum | vertere | wenden; drehen; verwandeln |
| ā \| vertō | āvertī | āversum | āvertere | abwenden; vertreiben |
| con \| vertō | convertī | conversum | convertere | (um)wenden; verändern; ausrichten |
| 68. vīsō | vīsī | vīsum | vīsere | besichtigen; besuchen |
| 69. volvō | volvī | volūtum | volvere | rollen, wälzen; überlegen |

## Tab 5.5 Tabelle der Verben: gemischte Konjugation

**Perfekt-Bildung mit -v-**

| | | | | | |
|---|---|---|---|---|---|
| 1. | cupiō | cupīvī | cupītum | cupere | wünschen, begehren; verlangen |

**Perfekt-Bildung mit -u-**

| | | | | | |
|---|---|---|---|---|---|
| 2. | rapiō | rapuī | raptum | rapere | (an sich, weg)reißen; rauben |
| | ē \| ripiō | ēripuī | ēreptum | ēripere | entreißen |

**Perfekt-Bildung mit -s-**

| | | | | | |
|---|---|---|---|---|---|
| 3. | a \| spiciō | aspexī | aspectum | aspicere | anblicken |
| | dē \| spiciō | dēspexī | dēspectum | dēspicere | *(auf etw.)* herabblicken; verachten |
| | īn \| spiciō | īnspexī | īnspectum | īnspicere *(m. Akk.)* | hineinschauen *(in etw.)* |

**Perfekt-Bildung durch Dehnung**

| | | | | | |
|---|---|---|---|---|---|
| 4. | capiō | cēpī | captum | capere | (ein)nehmen, erobern; (er)fassen |
| | ac \| cipiō | accēpī | acceptum | accipere | annehmen, empfangen; aufnehmen |
| | dē \| cipiō | dēcēpī | dēceptum | dēcipere | täuschen |
| | in \| cipiō | coepī | coeptum/ inceptum | incipere | anfangen, beginnen |
| | re \| cipiō | recēpī | receptum | recipere | aufnehmen; zurücknehmen |
| | sus \| cipiō | suscēpī | susceptum | suscipere | unternehmen; auf sich nehmen; sich *(einer Sache)* annehmen |
| 5. | faciō | fēcī | factum | facere | machen; *(m. doppeltem Akk.)* *(jmdm.)* machen *(zu)* |
| | af \| ficiō | affēcī | affectum | afficere *(m. Abl.)* | versehen *(m. etw.)* |
| | cōn \| ficiō | cōnfēcī | cōnfectum | cōnficere | beenden; durchführen |
| | ef \| ficiō | effēcī | effectum | efficere | bewirken, erreichen; ausführen |
| | inter \| ficiō | interfēcī | interfectum | interficere | töten |
| | prae \| ficiō | praefēcī | praefectum | praeficere *(m. Dat.)* | an die Spitze stellen, mit der Leitung beauftragen *(von)* |
| 6. | fugiō | fūgī | – | fugere *(m. Akk.)* | fliehen *(vor)*; *(etw.)* meiden |
| 7. | iaciō | iēcī | iactum | iacere | werfen; ausstoßen, prahlen |
| | prō \| iciō | prōiēcī | prōiectum | prōicere | (nieder-, vor)werfen |
| | trā \| iciō | trāiēcī | trāiectum | trāicere | hinüberbringen, *über*setzen |

**Perfekt-Bildung durch Reduplikation**

| | | | | | |
|---|---|---|---|---|---|
| 8. | pariō | péperī | partum | parere | erwerben; hervorbringen; gebären |

# ★ Zur Formenlehre des Deponens

## Konjugationen: Präsens, Imperfekt, Futur

Tab 6.1

| | | ā-Konjugation | ē-Konjugation | ī-Konjugation | Konsonantische Konjugation | Gemischte Konjugation |
|---|---|---|---|---|---|---|
| **Infinitiv** | | *(zu) versuchen*<br>cōnārī | *(zu) fürchten*<br>verērī | *(zu) spenden*<br>largīrī | *(zu) reden*<br>loquī | *(zu) leiden*<br>patī |
| | | Indikativ | | | | |
| **Präsens** | *ich versuche, …* | cōnor<br>cōnāris<br>cōnātur<br>cōnāmur<br>cōnāminī<br>cōnantur | vereor<br>verēris<br>verētur<br>verēmur<br>verēminī<br>verentur | largior<br>largīris<br>largītur<br>largīmur<br>largīminī<br>largi*u*ntur | loquor<br>loqueris<br>loqu*i*tur<br>loqu*i*mur<br>loqu*i*minī<br>loqu*u*ntur | patĭor<br>patĕris<br>patĭtur<br>patĭmur<br>patĭminī<br>patĭ*u*ntur |
| | | Konjunktiv | | | | |
| | | cōner<br>cōnēris<br>*usw.*<br>*s. Tab 4.2* | verear<br>vereāris<br>*usw.*<br>*s. Tab 4.2* | largiar<br>largiāris<br>*usw.*<br>*s. Tab 4.2* | loquar<br>loquāris<br>*usw.*<br>*s. Tab 4.2* | patĭar<br>patĭāris<br>*usw.*<br>*s. Tab 4.2* |
| | | Indikativ | | | | |
| **Imperfekt** | *ich versuchte, …* | cōnābar<br>cōnābāris<br>*usw.*<br>*s. Tab 4.2* | verēbar<br>verēbāris<br>*usw.*<br>*s. Tab 4.2* | largiēbar<br>largiēbāris<br>*usw.*<br>*s. Tab 4.2* | loqu*ē*bar<br>loqu*ē*bāris<br>*usw.*<br>*s. Tab 4.2* | patĭ*ē*bar<br>patĭ*ē*bāris<br>*usw.*<br>*s. Tab 4.2* |
| | | Konjunktiv | | | | |
| | | cōnārer<br>cōnārēris<br>*usw.*<br>*s. Tab 4.2* | verērer<br>verērēris<br>*usw.*<br>*s. Tab 4.2* | largīrer<br>largīrēris<br>*usw.*<br>*s. Tab 4.2* | loquerer<br>loquerēris<br>*usw.*<br>*s. Tab 4.2* | patĕrer<br>patĕrēris<br>*usw.*<br>*s. Tab 4.2* |
| **Futur** | *ich werde versuchen, …* | cōnābor<br>cōnāberis<br>*usw.*<br>*s. Tab 4.2* | verēbor<br>verēberis<br>*usw.*<br>*s. Tab 4.2* | largiar<br>largiēris<br>*usw.*<br>*s. Tab 4.2* | loquar<br>loquēris<br>*usw.*<br>*s. Tab 4.2* | patĭar<br>patĭēris<br>*usw.*<br>*s. Tab 4.2* |
| | | Imperativ | | | | |
| | *versuche!*<br>*versucht!* | cōnāre!<br>cōnāminī! | verēre!<br>verēminī! | largīre!<br>largīminī! | loquere!<br>loqu*i*minī! | patĕre!<br>patĭminī! |

## Konjugationen: Perfekt, Plusquamperfekt

Tab 6.2

| | | ā-Konjugation | ē-Konjugation | ī-Konjugation | Konsonantische Konjugation | Gemischte Konjugation |
|---|---|---|---|---|---|---|
| **Infinitiv** | | *versucht (zu) haben* cōnātum, -am esse | *gefürchtet (zu) haben* veritum, -am esse | *gespendet (zu) haben* largītum, -am esse | *geredet (zu) haben* locūtum, -am esse | *gelitten (zu) haben* passum, -am esse |
| **Perfekt** | | Indikativ | | | | |
| | *ich habe versucht, ...* | cōnātus, -a sum *usw.* cōnātī, -ae sumus *usw.* *s. Tab 4.4* | veritus, -a sum *usw.* veritī, -ae sumus *usw.* *s. Tab 4.4* | largītus, -a sum *usw.* largītī, -ae sumus *usw.* *s. Tab 4.4* | locūtus, -a sum *usw.* locūtī, -ae sumus *usw.* *s. Tab 4.4* | passus, -a sum *usw.* passī, -ae sumus *usw.* *s. Tab 4.4* |
| | | Konjunktiv | | | | |
| | | cōnātus, -a sim *usw.* cōnātī, -ae sīmus *usw.* *s. Tab 4.4* | veritus, -a sim *usw.* veritī, -ae sīmus *usw.* *s. Tab 4.4* | largītus, -a sim *usw.* largītī, -ae sīmus *usw.* *s. Tab 4.4* | locūtus, -a sim *usw.* locūtī, -ae sīmus *usw.* *s. Tab 4.4* | passus, -a sim *usw.* passī, -ae sīmus *usw.* *s. Tab 4.4* |
| **Plusquamperfekt** | | Indikativ | | | | |
| | *ich hatte versucht, ...* | cōnātus, -a eram *usw.* cōnātī, -ae erāmus *usw.* *s. Tab 4.4* | veritus, -a eram *usw.* veritī, -ae erāmus *usw.* *s. Tab 4.4* | largītus, -a eram *usw.* largītī, -ae erāmus *usw.* *s. Tab 4.4* | locūtus, -a eram *usw.* locūtī, -ae erāmus *usw.* *s. Tab 4.4* | passus, -a eram *usw.* passī, -ae erāmus *usw.* *s. Tab 4.4* |
| | | Konjunktiv | | | | |
| | | cōnātus, -a essem *usw.* cōnātī, -ae essēmus *usw.* *s. Tab 4.4* | veritus, -a essem *usw.* veritī, -ae essēmus *usw.* *s. Tab 4.4* | largītus, -a essem *usw.* largītī, -ae essēmus *usw.* *s. Tab 4.4* | locūtus, -a essem *usw.* locūtī, -ae essēmus *usw.* *s. Tab 4.4* | passus, -a essem *usw.* passī, -ae essēmus *usw.* *s. Tab 4.4* |

## Konjugationen: Nominalformen des Deponens

Tab 6.3

| | ā-Konjugation | ē-Konjugation | ī-Konjugation | Konsonantische Konjugation | Gemischte Konjugation |
|---|---|---|---|---|---|
| **Infinitiv** | | | | | |
| **Präsens** | cōnā**rī** | verē**rī** | largī**rī** | loq**uī** | pat**ī** |
| **Perfekt** | cōnā**tum, -am esse** | veri**tum, -am esse** | largī**tum, -am esse** | locū**tum, -am esse** | pas**sum, -am esse** |
| **Partizip** | | | | | |
| **Präsens** | cōnā**ns, -nt**is | verē**ns, -nt**is | largie**ns, -ntis** | loquē**ns, -nt**is | patiē**ns, -nt**is |
| **Perfekt** | cōnā**tus, -a** | veri**tus, -a** | largī**tus, -a** | locū**tus, -a** | pas**sus, -a** |
| **Gerundium** | | | | | |
| | cōna**ndī** *usw.* | vere**ndī** *usw.* | largie**ndī** *usw.* | loque**ndī** *usw.* | patie**ndī** *usw.* |
| **Gerundivum** | | | | | |
| | cōna**nd**us, -a | vere**nd**us, -a | largie**nd**us, -a | loque**nd**us, -a | patie**nd**us, -a |

### Tab 7.1 Tabelle der Deponentien: ā-Konjugation

| | | | | |
|---|---|---|---|---|
| 1. | cōnor | cōnātus sum | cōnārī | versuchen |

*In gleicher Weise werden die Stammformen der anderen Deponentien der ā-Konjugation gebildet.*

### Tabelle der Deponentien: ē-Konjugation

| | | | | |
|---|---|---|---|---|
| 1. | vereor | veritus sum | verērī | verehren; fürchten |
| 2. | videor | vīsus sum | vidērī *(m. Inf.)* | *(etw. zu tun)* scheinen, den Anschein erwecken, dass |

### Tabelle der Deponentien: ī-Konjugation

| | | | | |
|---|---|---|---|---|
| 1. | largior | largītus sum | largīrī | spenden, schenken |

### Tabelle der Deponentien: konsonantische Konjugation

| | | | | |
|---|---|---|---|---|
| 1. | pro\|ficīscor | profectus sum | proficīscī | aufbrechen, (ab)reisen |
| 2. | loquor | locūtus sum | loquī | reden, sprechen |
| 3. | queror | questus sum | querī | (be)klagen; sich beklagen |
| 4. | ūtor | ūsus sum | ūtī *(m. Abl.)* | *(etw.)* benutzen, gebrauchen |

### Tabelle der Deponentien: gemischte Konjugation

| | | | | |
|---|---|---|---|---|
| 1. | ē\|gredior | ēgressus sum | ēgredī | verlassen; hinausgehen |
| | prō\|gredior | prōgressus sum | prōgredī | vorrücken, weitergehen; Fortschritte machen |
| 2. | morior | mortuus sum | morī | sterben |
| 3. | patior | passus sum | patī | (er)leiden, ertragen; zulassen, geschehen lassen |

## Tab 7.2 Tabelle der Semi-Deponentien: ē-Konjugation

| | | | | |
|---|---|---|---|---|
| 1. | audeō | ausus sum | audēre | wagen |
| 2. | gaudeō | gāvīsus sum | gaudēre | sich freuen |
| 3. | soleō | solitus sum | solēre | gewohnt sein, *(etw.)* normalerweise *(tun)* |

## Tabelle der Semi-Deponentien: konsonantische Konjugation

| | | | | |
|---|---|---|---|---|
| 1. | revertor | revertī (reversus) | revertī | zurückkehren |

## Sonderkonjugationen: *esse* - *posse* - *īre*

Tab 8.1

| | ESSE | | | POSSE | | | IRE | | |
|---|---|---|---|---|---|---|---|---|---|
| | Präsens | Imperfekt | Futur | Präsens | Imperfekt | Futur | Präsens | Imperfekt | Futur |
| Indikativ | sum | eram | erō | possum | poteram | poterō | eō | ībam | ībō |
| | es | erās | eris | potes | poterās | poteris | īs | ībās | ībis |
| | est | erat | erit | potest | poterat | poterit | it | ībat | ībit |
| | sumus | erāmus | erimus | possumus | poterāmus | poterimus | īmus | ībāmus | ībimus |
| | estis | erātis | eritis | potestis | poterātis | poteritis | ītis | ībātis | ībitis |
| | sunt | erant | erunt | possunt | poterant | poterunt | eunt | ībant | ībunt |
| Konjunktiv | sim | essem | | possim | possem | | eam | īrem | |
| | sīs | essēs | | possīs | possēs | | eās | īrēs | |
| | sit | esset | | possit | posset | | eat | īret | |
| | sīmus | essēmus | | possīmus | possēmus | | eāmus | īrēmus | |
| | sītis | essētis | | possītis | possētis | | eātis | īrētis | |
| | sint | essent | | possint | possent | | eant | īrent | |
| | Imperativ | Sg. es! | Pl. este! | | | | Imperativ | Sg. ī! | Pl. īte! |
| | | | | | | | Partizip Präsens | iēns, euntis | |
| | | | | | | | Gerundium | eundī *usw.* | |
| | | | | | | | Gerundivum | eundum (est) | |

| Perfekt | Perfekt | Perfekt |
|---|---|---|
| **fuī** | **potuī** | **iī** |

## Tab 8.2 Sonderkonjugationen: Komposita von *esse*

| | | | |
|---|---|---|---|
| ab\|sum | āfuī | abesse | abwesend sein, fehlen; entfernt sein |
| ad\|sum | adfuī/affuī | adesse | anwesend sein, da sein; *(m. Dat.)* helfen |
| inter\|sum | interfuī | interesse *(m. Dat.)* | teilnehmen *(an etw.)* |

### Tab 8.3 Sonderkonjugationen: Komposita von *īre*

| | | | | |
|---|---|---|---|---|
| ab\|eō | abiī | abitum | abīre | (weg)gehen |
| ex\|eō | exiī | – | exīre | hinausgehen |
| in\|eō | iniī | initum | inīre | (hin)eingehen; beginnen |
| per\|eō | periī | – | perīre | zugrunde gehen, umkommen |
| prōd\|eō | prōdiī | – | prōdīre | hervortreten; vorrücken |
| red\|eō | rediī | reditum | redīre | zurückgehen, zurückkehren |
| trāns\|eō | trānsiī | trānsitum | trānsīre | überschreiten, überqueren; hinübergehen |

## ★ Sonderkonjugationen: *velle – nōlle – mālle*

Tab 8.4

| | VELLE | | | NOLLE | | | MALLE | | |
|---|---|---|---|---|---|---|---|---|---|
| | Präsens | Imperfekt | Futur | Präsens | Imperfekt | Futur | Präsens | Imperfekt | Futur |
| Indikativ | volō | volē**bam** | vol**am** | nōlō | nōlē**bam** | nōl**am** | mālō | mālē**bam** | māl**am** |
| | vīs | volē**bās** | vol**ēs** | nōn vīs | nōlē**bās** | nōl**ēs** | māvīs | mālē**bās** | māl**ēs** |
| | vult | volē**bat** | vol**et** | nōn vult | nōlē**bat** | nōl**et** | māvult | mālē**bat** | māl**et** |
| | vol*u*mus | volē**bā**mus | vol**ē**mus | nōl*u*mus | nōlē**bā**mus | nōl**ē**mus | māl*u*mus | mālē**bā**mus | māl**ē**mus |
| | vultis | volē**bā**tis | vol**ē**tis | nōn vultis | nōlē**bā**tis | nōl**ē**tis | māvultis | mālē**bā**tis | māl**ē**tis |
| | vol*u*nt | volē**ba**nt | vol**e**nt | nōl*u*nt | nōlē**ba**nt | nōl**e**nt | mālunt | mālē**ba**nt | māl**e**nt |
| Konjunktiv | velim | vel**lem** | | nōlim | nōl**lem** | | mālim | māl**lem** | |
| | velīs | vel**lēs** | | nōlīs | nōl**lēs** | | mālīs | māl**lēs** | |
| | velit | vel**let** | | nōlit | nōl**let** | | mālit | māl**let** | |
| | velīmus | vel**lē**mus | | nōlīmus | nōl**lē**mus | | mālīmus | māl**lē**mus | |
| | velītis | vel**lē**tis | | nōlītis | nōl**lē**tis | | mālītis | māl**lē**tis | |
| | velint | vel**le**nt | | nōlint | nōl**le**nt | | mālint | māl**le**nt | |
| | | | | Imperativ | Sg.nōlī! | Pl. nōlī**te**! | | | |
| | Partizip Präsens | volēns, volentis | | Partizip Präsens | nōlēns, nōlentis | | Partizip Präsens | mālēns, mālentis | |

| Perfekt | Perfekt | Perfekt |
|---|---|---|
| **voluī** | **nōluī** | **māluī** |

## ★ Sonderkonjugationen: *ferre*

Tab 8.5

| | AKTIV FERRE | | | PASSIV FERRI | | |
|---|---|---|---|---|---|---|
| | Präsens | Imperfekt | Futur | Präsens | Imperfekt | Futur |
| Indikativ | ferō | ferēbam | feram | feror | ferēbar | ferar |
| | fers | ferēbās | ferēs | ferris | ferēbāris | ferēris |
| | fert | ferēbat | feret | fertur | ferēbātur | ferētur |
| | ferimus | ferēbāmus | ferēmus | ferimur | ferēbāmur | ferēmur |
| | fertis | ferēbātis | ferētis | feriminī | ferēbāminī | ferēminī |
| | ferunt | ferēbant | ferent | feruntur | ferēbantur | ferentur |
| Konjunktiv | feram | ferrem | | ferar | ferrer | |
| | ferās | ferrēs | | ferāris | ferrēris | |
| | ferat | ferret | | ferātur | ferrētur | |
| | ferāmus | ferrēmus | | ferāmur | ferrēmur | |
| | ferātis | ferrētis | | ferāminī | ferrēminī | |
| | ferant | ferrent | | ferantur | ferrentur | |
| | Imperativ | Sg. fer! | Pl. ferte! | | | |

| Perfekt | Perfekt |
|---|---|
| **tulī** | **lātus, -a** (-um) sum |

### Tab 8.6 Sonderkonjugationen: Nominalformen von *ferre*

| Infinitiv | AKTIV | PASSIV |
|---|---|---|
| Präsens | ferre | ferrī |
| Perfekt | tulisse | lātum, -am, -um esse |
| Gerundium | ferendī *usw.* | – |
| Gerundivum | – | ferendus, -a, -um |

| Partizip | AKTIV | PASSIV |
|---|---|---|
| Präsens | ferēns, -ntis | – |
| Perfekt | – | lātus, -a, -um |

### Tab 8.7 Sonderkonjugationen: Komposita von *ferre*

| | | | | | |
|---|---|---|---|---|---|
| ★ | af\|ferō | attulī | allātum | afferre | (herbei)bringen; melden |
| ★ | dif\|ferō | distulī | dīlātum | differre | aufschieben; sich unterscheiden |
| ★ | ef\|ferō | extulī | ēlātum | efferre | heraustragen; hervorheben |
| ★ | īn\|ferō | intulī | illātum | īnferre | hineintragen; zufügen |
| | of\|ferō | obtulī | oblātum | offerre | entgegenbringen; anbieten |
| | per\|ferō | pertulī | perlātum | perferre | (über)bringen; ertragen |
| | prō\|ferō | prōtulī | prōlātum | prōferre | hervorbringen, hervorholen; vorbringen |
| ★ | re\|ferō | rettulī | relātum | referre | (zurück)bringen; berichten |
| | (tollō) | sústulī | sublātum | (tollere) | hochheben; beseitigen, vernichten; entfernen |

## ⋆ Sonderkonjugationen: *fierī*

Tab 8.8

| | FIERI | | |
|---|---|---|---|
| | Präsens | Imperfekt | Futur |
| Indikativ | fīō<br>fīs<br>fit<br>fīmus<br>fītis<br>fi*u*nt | fīē**bam**<br>fīē**bās**<br>fīē**bat**<br>fīē**bāmus**<br>fīē**bātis**<br>fīē**bant** | fī**am**<br>fī**ēs**<br>fi**et**<br>fī**ēmus**<br>fī**ētis**<br>fi**ent** |
| Konjunktiv | fī**am**<br>fī**ās**<br>fī**at**<br>fī**āmus**<br>fī**ātis**<br>fī**ant** | fie**rem**<br>fie**rēs**<br>fie**ret**<br>fie**rēmus**<br>fie**rētis**<br>fie**rent** | |

Perfekt

| |
|---|
| fac**tus, -a** (-um) sum |

### Tab 8.9 Formelhafte Verben

**Grußformeln:**

| | | |
|---|---|---|
| Salvē!/Salvēte! | Valē!/Valēte! | Avē! |
| Sei/Seid gegrüßt! Hallo! | Leb/Lebt wohl! | Sei gegrüßt! |

**Höflichkeitsformel:**

quaesō
ich bitte; bitte

**Verben mit nur wenigen gebräuchlichen Formen:**

| | |
|---|---|
| inquit | āiō/ait |
| sagt/sagte (er, sie) | ich sage, behaupte/ er, sie es sagt, behauptet |

ōdī, odisse *(nur Perf.-Stamm)*
ich hasse

**Tab 9 Präpositionen**

| Präposition | örtlich | zeitlich | übertragen |
|---|---|---|---|
| **1. Präpositionen mit Genitiv** | | | |
| **causā** *(nachgestellt)* | – | – | wegen; um ... zu |
| **2. Präpositionen mit Akkusativ** | | | |
| **ad** | zu; zu ... hin; an; bei | – | zu |
| **adversus** | gegenüber | – | gegen; gegenüber |
| **ante** | vor | vor | – |
| **apud** | bei; in der Nähe von | – | – |
| **contrā** | – | – | gegen |
| **extrā** | außerhalb | – | über ... hinaus |
| **inter** | zwischen; unter | während | – |
| **intrā** | innerhalb | – | – |
| **ob** | – | – | wegen |
| **per** | durch (... hindurch); über ... hin | hindurch (lang) | durch; mithilfe |
| **post** | nach; hinter | nach | – |
| **praeter** | – | – | außer |
| **propter** | – | – | wegen |
| **trāns** | über (... hinüber); jenseits | – | – |
| **3. Präpositionen mit Ablativ** | | | |
| **ā/ab** | von (... her), von ... weg | von; seit | – |
| **cōram** | vor | – | in Gegenwart (von) |
| **cum** | mit | – | (zusammen) mit |
| **dē** | von; von ... herab | – | von; über; im Hinblick auf |
| **ē/ex** | (her)aus | von (... an) | – |
| **prō** | vor | – | für; anstelle (von) |
| **sine** | – | – | ohne |
| **4. Präpositionen mit Akkusativ oder Ablativ** | | | |
| **in** *(m. Akk.)* | in, an, auf, nach *(Frage: wohin?)* | – | gegen(über) |
| **in** *(m. Abl.)* | in, an, auf *(Frage: wo?)* | in; während | – |
| **sub** *(m. Akk.)* | unter; nahe an (... heran) *(Frage: wohin?)* | – | – |
| **sub** *(m. Abl.)* | unter, unterhalb *(Frage: wo?)* | zur Zeit | – |

**Tab 10.1 Satzverbindungen: Konjunktionen in der Satzreihe**

| | Deutsche Bedeutung | Sinnrichtung |
|---|---|---|
| atque, ac<br>et<br>et ... et<br><br>etiam<br>neque<br><br>neque ... neque/nec ... nec<br>-que *(angehängt)* | und, und auch<br>und; auch<br>sowohl ... als auch;<br>einerseits ... andererseits<br>auch; sogar<br>und ... nicht; auch ... nicht;<br>aber ... nicht<br>weder ... noch<br>und | *anreihend* |
| at<br>autem *(nachgestellt)*<br>sed<br>tamen<br>vērō | (aber ...) doch; dagegen<br>aber, (je)doch<br>aber, (je)doch; sondern<br>dennoch, trotzdem<br>aber; in der Tat, wirklich | *entgegensetzend* |
| an<br>aut<br>aut ... aut<br>vel | oder, oder etwa<br>oder<br>entweder ... oder<br>oder | *ausschließend* |
| ergō<br>igitur<br>itaque<br>proinde | also<br>also, folglich<br>deshalb, daher<br>also; daher | *folgernd* |
| enim *(nachgestellt)*<br>nam | denn, nämlich<br>denn | *begründend* |

**Tab 10.2 Satzverbindungen: Subjunktionen im Satzgefüge**

| mit Indikativ | Deutsche Bedeutung | Sinnrichtung |
|---|---|---|
| cum<br><br>dum *(m. Ind. Präs.)*<br>postquam *(m. Ind. Perf.)*<br>priusquam<br><br>ubī *(m. Ind. Perf.)* | (damals) als; als plötzlich;<br>(immer) wenn<br>während<br>nachdem<br>bevor;<br>*(nach verneintem Satz)* bevor nicht<br>sobald | *temporal/Angabe der Zeit* |
| quod<br>quia<br>quoniam | weil<br>weil<br>weil (... ja), wo ... doch | *kausal/Angabe des beachteten Grundes* |
| nisī<br>sī | wenn nicht; außer<br>wenn, falls | *konditional/Angabe der Bedingung* |
| etsī<br>quamquam | auch wenn, obwohl<br>obwohl, obgleich | *konzessiv/Angabe des nicht beachteten Grundes* |
| ut | wie | *Angabe des Vergleichs* |
| quod | dass | *faktisch/Angabe der Tatsache* |
| **mit Konjunktiv** | **Deutsche Bedeutung** | **Sinnrichtung** |
| cum | als, nachdem | *temporal/Angabe der Zeit* |
| cum | da, weil | *kausal/Angabe des beachteten Grundes* |
| cum | obwohl | *konzessiv/Angabe des nicht beachteten Grundes* |
| ut<br>nē | dass, damit<br>dass/damit nicht | *final/Angabe des Wunsches oder Zwecks* |
| nē | dass | *(nach Ausdrücken des Fürchtens)* |
| ut (nōn) | sodass (nicht) | *konsekutiv/Angabe der Folge* |
| quasi | als ob | *Angabe des Vergleichs* |
| nisī<br>sī | wenn nicht<br>wenn, falls | *konditional/Angabe der Bedingung* (im Irrealis) |

**Tab 11 Negationen**

| | | | |
|---|---|---|---|
| nōn/haud | nicht/ganz und gar nicht | nōn iam | nicht mehr |
| nēmō | niemand | nōndum | noch nicht |
| nūllus, -a, -um | kein | numquam | niemals |
| nihil | nichts | neque ... neque/ nec ... nec | weder ... noch |
| neque | und ... nicht; auch ... nicht; aber ... nicht | | |

**Tab 12 Mehrdeutige Satzeinleitungen**

| | Deutsche Bedeutung | Sinnrichtung |
|---|---|---|
| CUM | als, nachdem *(m. Konj.)*<br>da, weil *(m. Konj.)*<br>obwohl *(m. Konj.)*<br>als; als plötzlich *(m. Ind.)*<br>(immer) wenn *(m. Ind.)* | *Angabe der Zeit*<br>*Angabe des beachteten Grundes*<br>*Angabe des nicht beachteten Grundes*<br>*Angabe der Zeit*<br>*Angabe der Zeit* |
| UT | dass, damit *(m. Konj.)*<br>sodass *(m. Konj.)*<br>wie *(m. Ind.)* | *Angabe des Wunsches/der Absicht*<br>*Angabe der Folge*<br>*Angabe des Vergleichs* |
| NE | dass/damit nicht *(m. Konj.)*<br>dass *(m. Konj., nach Ausdrücken des Fürchtens)* | *Angabe des Wunsches/der Absicht*<br>*Angabe des Wunsches* |
| UBI | wo?<br>sobald *(m. Ind. Perf.)*<br>wo | *Einleitung eines Fragesatzes*<br>*Angabe der Zeit*<br>*Angabe des Ortes/Einleitung eines Relativsatzes* |
| QUAM | wie; wie sehr<br>die/welche | *Einleitung eines Fragesatzes/eines Ausrufs*<br>*Einleitung eines Relativsatzes* |
| QUI | wie? wie denn? welcher?<br>der, welcher; wer; die, welche | *Einleitung eines Fragesatzes*<br>*Einleitung eines Relativsatzes* |
| QUO | wohin?<br>durch den/das, durch welchen/welches | *Einleitung eines Fragesatzes*<br>*Einleitung eines Relativsatzes* |
| QUOD | das; was<br>dass<br>weil<br>welches | *Einleitung eines Relativsatzes*<br>*Angabe der Tatsache*<br>*Angabe des beachteten Grundes*<br>*Einleitung eines Fragesatzes* |

## Tab 13 Satzglieder im Satzmodell

Im Bau des Satzes verbinden sich insgesamt **fünf Satzglieder** zu einer Aussageeinheit.
Die **Rolle eines Satzgliedes** können **verschiedene Wortarten** oder **Konstruktionen** übernehmen.
Du hast folgende kennengelernt:

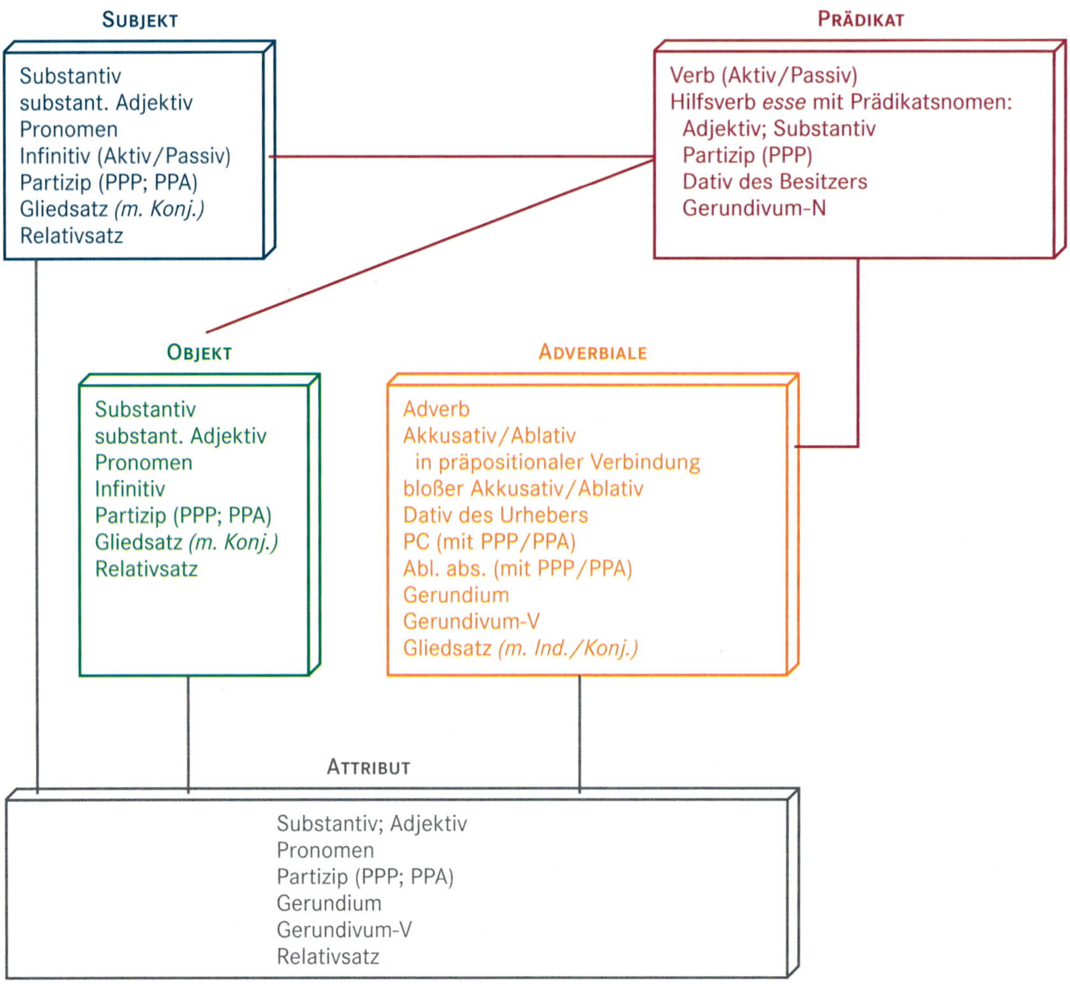

GrG = Grammatische Grundbegriffe, S. 9 ff.; G = Grammatikkapitel, S. 12 ff.; M = Methodenteil, S. 126 ff.; L = Lautlehre, S. 132 f.; St = Stilmittel, S. 134; Tab = Tabellenteil, S. 139 ff.